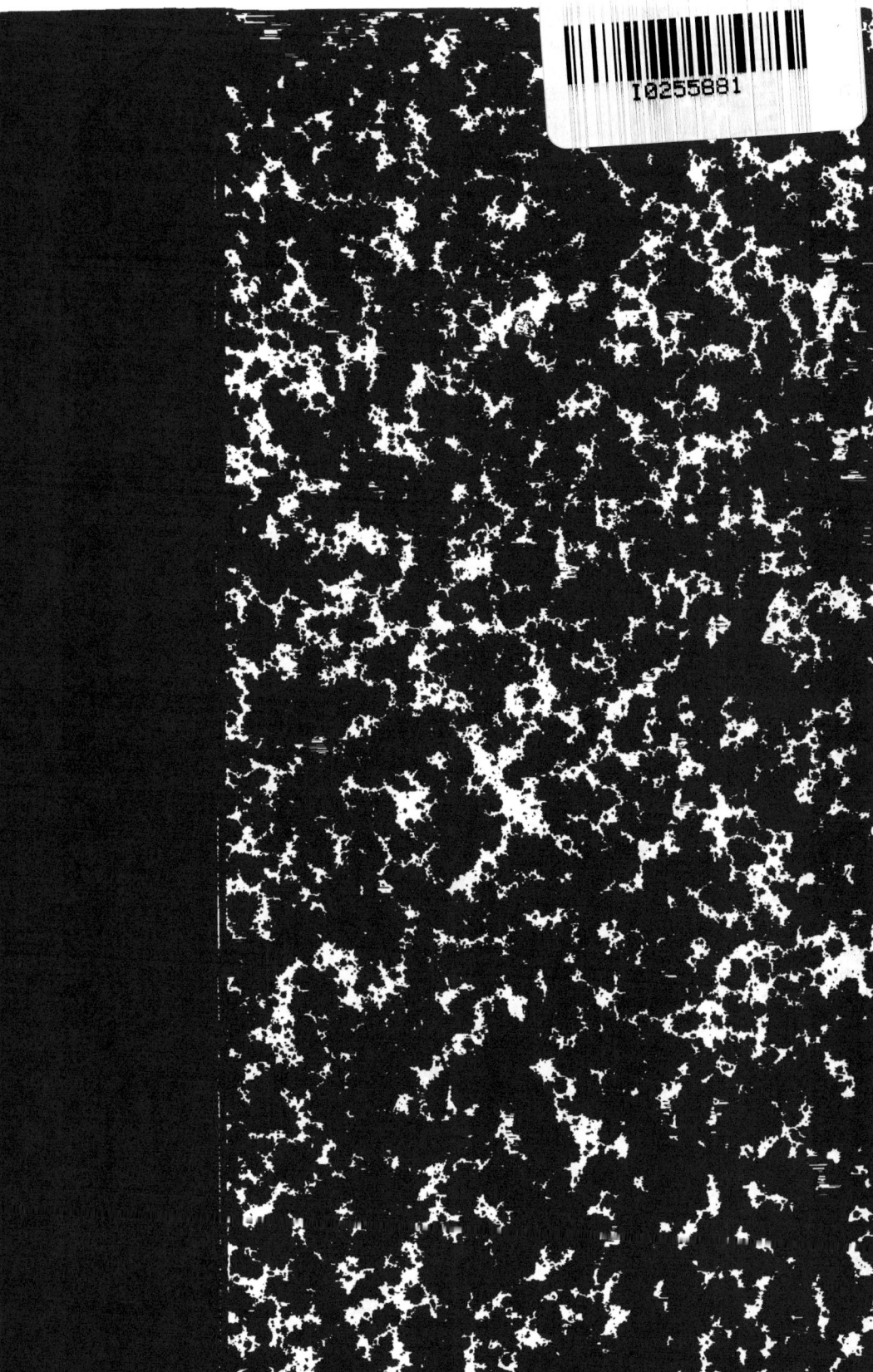

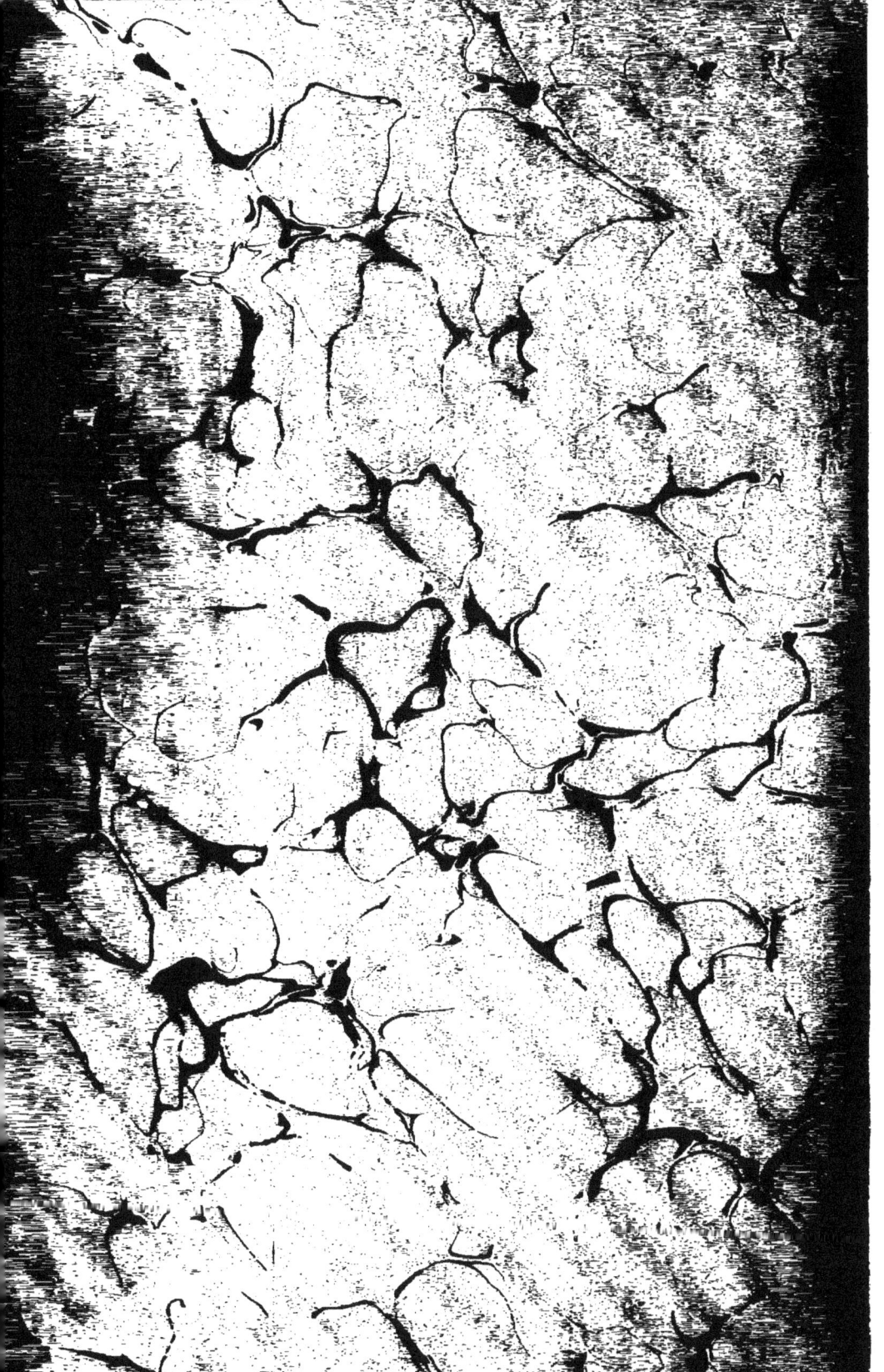

Albert-Joseph Paridaens

JOURNAL HISTORIQUE

1787-1794

TOME DEUXIÈME

MONS
IMPRIMERIE DEQUESNE-MASQUILLIER & FILS
MCMVII

SOCIÉTÉ
DES
BIBLIOPHILES BELGES

séant à Mons

N° 32 DES PUBLICATIONS

Exemplaire de la Bibliothèque nationale, à Paris.

N° 34

Les Vice-Présidents,

Le Secrétaire,

Léon Losseau

Journal Historique

DE

Albert=Joseph PARIDAENS

TOME II

Albert-Joseph PARIDAENS

JOURNAL HISTORIQUE

1787=1794

TOME SECOND

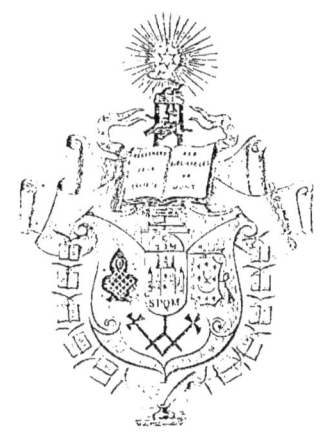

MONS
IMPRIMERIE DEQUESNE-MASQUILLIER & FILS
MCM

Au mois d'août 1903, notre collègue M. Ernest Matthieu me communiquait un manuscrit, copie présumée de la suite du *Journal historique*. Il provenait de la succession de Pierre-Servais Hahn(¹), lequel l'avait acheté lors de la vente de la bibliothèque de feu Hubert Dolez, en 1880, à la salle Bluff de Bruxelles(²).

Grâce au Révérend Père Hahn(³), je pus acquérir ce registre in-f°; c'était la partie que l'on croyait perdue du mémoire

---

(1) Pierre Servais naquit, le 26 janvier 1835, à Verviers, de Jean-Pierre Hahn, l'introducteur de la lithographie en cette ville, et de Joséphine Müsch, hollandaise. Il devint un graveur-lithographe excellent et demeurait à Bruxelles, en 1880. C'était un fureteur et un érudit hors ligne, ce vieux à l'air singulier. Toujours mis très simplement, le torse grêle sous la redingotte fripée, un chapeau de paille noire, même en hiver, il avait les allures du bohême et celles du savant. Ses lettres sont de pures merveilles de style et d'originalité ; son écriture imitait, à s'y méprendre, les anciens manuscrits. Nommé, dans les derniers temps de sa vie, archiviste communal de Verviers, il y mourut célibataire, chez sa sœur, le 18 décembre 1894.

Cf. : Armand Weber, *Essai de Bibliographie verviétoise*, t. II, p. 118, n° 998 (Verviers, 1901).

(2) Albert Paridaens, *Journal historique*, édité par la Société des Bibliophiles belges séant à Mons, t. I, p. xiii (Mons, MCMIII).

(3) Jean-Hubert-Joseph Hahn, frère puîné de Pierre, naquit à Verviers le 23 décembre 1836. Dix ans plus tard, il vint, à Liège avec sa famille et entra, le 20 mai 1858, au noviciat de Tronchiennes. Le Révérend Père Hahn

autographe de Paridaens. L'écriture est identique à son premier volume, la pagination (423-770) le continue et un feuillet de garde porte la signature : Dolez.

Ce manuscrit authentique servit à l'édition textuelle de notre second volume ; une des anciennes copies compléta la partie manquante, peu considérable, du 28 juin au 31 août 1794.

La publication des Bibliophiles belges est terminée. Elle aurait dû comprendre les pièces les plus importantes auxquelles l'auteur renvoie sans les annexer. Mais entre les nombreux documents que Delmotte et Chalon avaient retrouvés, comment choisir de manière à contenter chacun ? Les donner tous ! Il ne fallait point y songer. Plusieurs tomes auraient été nécessaires, et ils eussent contenu de nombreux passages remplis de phrases longues, contournées, pénibles à lire. D'ailleurs, la collection en est conservée à la bibliothèque publique de notre ville et chez M. Abel Letellier.

La bibliographie touffue de cette époque mouvementée de 1787-1794, est connue (¹). Hippolyte Rousselle indique toutes les éditions montoises et M. Legrand cite, dans sa *Révolution brabançonne*, plusieurs annexes imprimées à Bruxelles (²).

---

fut longtemps professeur au collège Saint-Stanislas, à Mons ; il y laissa les meilleurs souvenirs. Revenu dans sa ville natale, en 1876, il enseigna les sciences au collège Saint-François-Xavier, contribua à la fondation de la *Société verviétoise d'archéologie et d'histoire*, dont il devint vice-président, publia de nombreux travaux historiques et mourut à Verviers, le 27 février 1906.

Cf. : JULES PEUTEMAN, *Panthéon littéraire. Le R. P. Jos. Hahn, S. J.*, pp. 8, 11, 15-17 (Verviers, anno MCMVI).

(1) *Catalogue des livres imprimés de la Bibliothèque publique de la ville de Mons*, t. II, pp. 203-253, 275-302 et 304 (Bruxelles, 1852) et même ouvrage, *Supplément*, t. II, pp. 92-144 (Mons, 1887).

(2) M. LEGRAND, *Révolution brabançonne. Essai historique*, pp. 62-109 (Bruxelles, 1843) ; HIPPOLYTE ROUSSELLE, *Bibliographie montoise. Annales de l'imprimerie à Mons, depuis 1580 jusqu'à nos jours*, pp. 519-624 (Mons, M.DCCC.LVIII).

Malgré toutes nos recherches, les notes complémentaires de Henri-Florent Delmotte n'ont pas été retrouvées.

La chronologie des faits, détaillés avec un soin méticuleux et due à la plume de Charles De Le Court, se trouve à la fin du premier et du second volume ; une table onomastique clôture ce dernier et facilitera les recherches.

Alphonse WINS

JOURNAL HISTORIQUE.

Du 3 janvier 1791.

Aujourd'hui pendant vacances le Conseil fut assemblé à la convocation de Monsieur Delecourt ancien. Ce fut à cause de la réception des lettres patentes de L.L. A.A. R.R. l'archiduchesse Marie-Christine et le duc Albert de Saxe-Teschen, par lesquelles le Roi Léopold les confirmoit dans le gouvernement général des Pays-Bas. Ces lettres patentes étoient datées de Vienne le 30 mars 1790 et la lettre de L.L. A.A. R.R. qui les accompagnoit étoit aussi datée de Vienne le 7 décembre 1790. Ci-joint un exemplaire de ces pièces imprimées depuis.

On a remarqué que ces patentes étoient données dans un tems beaucoup antérieur à l'époque où les États Belgiques avoient consenti à rentrer sous la domination autrichienne, et ainsi dans un tems où le Roi Léopold n'avoit aucune autorité sur ces pays, puisque l'Empereur Joseph II avoit pour juste cause été déclaré déchu de la souveraineté de ces mêmes pays. En conséquence on a délibéré si on feroit enregistrer les dites patentes ; on a remarqué que cet enregistrement pourroit avoir de très grands inconvénients puisque, si l'on regardoit Léopold comme ayant été notre souverain dès le mois de mars 1790, il s'ensuivroit que, dès lors, les Belges auroient été dans un état de rébellion et sans nulle juste cause,

1791 puisque Léopold n'avoit commis aucun grief à leur égard. On a observé cependant que les mêmes patentes de confirmation avoient été suffisamment ratifiées et confirmées depuis que les Provinces Belgiques étoient rentrées sous la domination d'Autriche, puisque dans les patentes du comte Mercy-Argenteau, L.L. A.A. R.R. étoient encore qualifiées de gouverneurs généraux des Pays-Bas et, d'après cette observation, on a délibéré si on n'ordonneroit pas l'enregistrement des patentes de L.L. A.A. RR. en fesant mention de celles du ministre et de la confirmation virtuelle y contenue. Il a emporté finalement de ne rien disposer quant à présent sur les patentes de L.L. A.A. RR. et de les bien conserver.

Dans la même séance, la Cour ayant été informée que le greffier Fleur se mettoit en devoir de reprendre ses fonctions, qu'il étoit même actuellement en sa chambre du greffe, la Cour lui a fait notifier, par le ministère du greffier Maugis, que sa démarche étoit prématurée et qu'elle pourroit tirer à conséquence pour d'autres; qu'il sembloit qu'à l'égard des personnes qui avoient discontinué leurs fonctions comme désagréables au peuple, lors de la révolution, il falloit attendre que Sa Majesté eût disposé sur le mémoire que les députés des États avoient présenté au comte de Mercy-Argenteau, où ils demandoient que ces personnes ne pussent plus rentrer dans leurs ci-devant places.

Le greffier Maugis, s'étant acquitté avec douceur et politesse, est venu faire rapport, la séance tenant encore, que Fleur avoit fort bien reçu cette notification, et qu'il remercioit la Cour de la manière modérée et discrète dont elle la lui avoit fait faire.

Du 4 janvier.

La Cour s'étant de nouveau assemblée cejourd'hui pour

appointer la requête restée hier sur le bureau, présentée de la part des échevins de Binche, qui avoient été établis par les États au mois de février 1790, époque fixée par les chartes dudit Binche, contre le sieur Stassart et les échevins par lui commis au moment qu'il étoit rentré dans la dite ville avec les troupes autrichiennes à la fin de novembre 1790 ; on a ordonné de communiquer cette requête (présentée à l'adjonction des États du Pays) à partie, pour y avertir............ et par provision on a déclaré que les suppliants continueroient à exercer les fonctions mentionnées, interdisant aux pris à partie de les y troubler.

1791

Du 7 janvier.

Aujourd'hui il me parvient un exemplaire de l'intéressant mémoire que les États ont fait imprimer, présenté par leurs députés étant encore à Lahaye, à M. de Mercy-Argenteau, avec extrait des rapports desdits députés. Ci-joint cette pièce.

La députation du Conseil composée de trois conseillers de robe longue, d'un conseiller ecclésiastique et d'un Chevalier de Cour, part pour Bruxelles à l'effet d'aller complimenter le comte de Mercy-Argenteau, ministre plénipotentiaire pour le gouvernement général des Pays-Bas, pendant l'absence de LL. AA. RR.

Du 9 janvier.

Retour de la députation, dont j'étois membre.

Du 10 janvier.

La députation fait son rapport au Conseil, en la séance du matin. Ils disent qu'à leur arrivée à Bruxelles, le 7 vers le soir, ils envoyèrent l'agent demander heure pour le lendemain,

1791 pour être admis à l'audience de son Excellence ; que le ministre fit répondre qu'il nous attendroit vers onze heures. Nous fûmes introduits après la sortie des députés de la Westflandre, qui avoient été annoncés avant nous, les conseillers de robe étant en robe et en rabbat. On ouvrit les deux batantes tant à notre entrée qu'à notre sortie. J'étois chargé de porter la parole, quoique le plus jeune des trois conseillers de robe longue, parce que M. Papin étoit le conseiller-avocat de S. M. et que M. Sébille avoit un petit embarras physique à la langue, M. Delecourt l'ancien de tout le Conseil n'ayant point aimé de faire le voyage à cause de son âge avancé.

Le compliment de courtoisie étoit conçu en ces termes : « Monseigneur, la députation du Conseil souverain de Hainaut » qui a l'honneur de se présenter à votre Excellence est chargée » de lui offrir un hommage de respect et de tous les sentimens » qui sont dûs au caractère public de votre Excellence et à ses » rares qualités personnelles. Nous sommes chargés encore » de féliciter votre Excellence sur la mission pleine de » confiance de la part de Sa Majesté dont elle est revêtue, et » tout en même tems, de lui exprimer notre reconnaissance » envers Sa Majesté d'avoir confié la tâche importante de » rendre le bonheur aux Belges, à des mains si habiles et à » de si droites intentions. »

Comme j'appuyai sur ces dernières paroles et que je laissai tomber la voix en les finissant, le ministre crut que j'avois fini quoiqu'il me restât un paragraphe peu important, qui ne fut point prononcé.

Sa réponse fut fort analogue au compliment, pleine de choses obligeantes et propres à inspirer la confiance.

Ensuite je repris et l'entretins de quelques points dont j'étois chargé par mes instructions données en plein Conseil.

Du 11 janvier.

Les États font imprimer une lettre qu'ils viennent de recevoir, signée de l'Empereur même, datée de Vienne le 1ᵉʳ décembre 1790, avec la lettre d'accompagnement de LL. AA. RR. Ci-joint un exemplaire.

Du 12 janvier.

Les États nomment des députés pour aller à Vienne porter l'hommage de la Nation au nouveau Souverain, d'après la proposition en faite à M. de Mercy-Argenteau étant encore à Lahaye ; en conséquence de laquelle et sur demande itérative lui en faite à Bruxelles, il a déclaré à nos députés ou fait entendre que cette démarche seroit agréable à Sa Majesté. La chambre du clergé nomme le chanoine Carpentier, celle de la noblesse le comte de Thiennes, et le tiers-état MM. Charles Demarbaix et Gendebien. Le choix est applaudi du public sauf celui du clergé, attendu que le chanoine Carpentier avoit été inculpé par le ci-devant gouvernement comme un des personnages qui s'étoit le plus remué pour soulever le peuple.

Du 19 janvier.

Les États reçoivent du comte de Mercy-Argenteau la lettre dont la teneur s'en suit, qui a été communiquée au Conseil par le canal de MM. les Chevaliers de Cour :

MESSIEURS,

« Selon le compte que j'ai rendu à l'Empereur des représen-
» tations que vos députés m'ont remises à Lahaye, S. M. vient
» de me faire connaître qu'elle ne peut accueillir aucune

» demande tendant à innover sur l'ancien ordre des choses tel
» qu'il existoit sous le règne de l'impératrice Marie-Thérèse ;
» que, lorsque son inauguration aura eu lieu, elle accueillera
» comme elle l'a promis et accordera volontiers toute demande
» raisonnable tendant directement au bien-être de la généralité
» du peuple, mais qu'elle ne peut regarder que comme très
» déplacées les mentions qu'on vient faire aujourd'hui de la
» déclaration publiée, au nom de LL. AA. RR., le 2 mars der-
» nier, après qu'on en a fait dans le tems si peu de cas que
» l'on n'y a pas même fait aucune réponse.

» Qu'au surplus, quoiqu'il seroit à désirer qu'on ne consti-
» tuât pas les administrations en dépenses inutiles, S. M.
» recevra une députation que les États feroient à Sa personne,
» mais qu'elle a droit de s'attendre qu'on ne lui enverra que
» des personnes prudentes, éclairées et qui par une réserve
» convenable dans les troubles passés, puissent lui être
» agréables.

» Sur quoi, je vous prie, Messieurs, d'observer que le choix
» qu'on m'assure avoir été fait par vous récemment de per-
» sonnes à députer à Vienne sort précisément de ce principe
» d'égards que vous devez à S. M. et qu'il ne peut lui être que
» très désagréable. Je n'ai pas besoin, je crois, de vous en dire
» davantage à ce sujet, désirant d'éviter des personnalités.

» J'ai l'honneur d'être avec les sentiments les plus distin-
» gués, etc., etc.

(Signé :) Mercy-Argenteau.

« Bruxelles le 18 janvier 1791 ».

La superscription était : « A MM. les États de Hainaut, ou leurs députés à Mons. »

Du 8 février.

Les États du Hainaut reçoivent par dépêche du comte de Mercy-Argenteau quelques exemplaires de deux déclarations concernant les dignités, bénéfices et offices ecclésiastiques, et les emplois et offices civils qui ont été déférés durant les troubles et concernant les espèces de monnoyes frappées au coin des États Belgiques Unis. Voici ces déclarations remarquables surtout par la teneur des lettres d'envoi qui supposent que le tribunal supérieur de la province n'est point légalement organisé.

Déclaration concernant les dignités, bénéfices et offices ecclésiastiques de même que les emplois et offices civils conférés pendant les troubles.

 « Sa Majesté ne voulant laisser subsister aucune disposition
» faite pendant les troubles directement ou indirectement au
» préjudice des droits et hauteurs de Sa Souveraineté, son
» Excellence le comte de Mercy-Argenteau, ministre plénipoten-
» tiaire pour le gouvernement général de Pays-Bas a, pour et au
» nom de Sa dite Majesté, déclaré et déclare nulles toutes les
» collations de dignités, bénéfices et offices ecclésiastiques, ainsi
» que d'emplois et offices civils, faites pendant les dits troubles,
» soit par ceux qui ont usurpé l'autorité souveraine, soit par
» des corps ecclésiastiques ou civils illégalement constitués ; Sa
» Majesté voulant bien cependant, ne pas exclure de la concur-
» rence pour les bénéfices ou emplois effectivement vacans,
» ceux qui en auroient été pourvus de la manière susdite pen-
» dant les troubles : selon quoi tous ceux qu'il peut appartenir
» auront à se régler et conformer.
 » Fait à Bruxelles, sous le cachet secret de Sa Majesté, le
» 29 janvier 1791. »
 Etoit paraphé : Cr. Vt.
(Signé :) MERCY-ARGENTEAU.
Plus bas : « Par ordonnance de Sa Majesté,
(Contresigné :) L. C. VANDEVELD. »

Et à côté étoit apposé le cachet secret imprimé sur hostie rouge couverte de papier blanc.

Imprimé chez Pauwels à Bruxelles ; depuis imprimé en petit format à Mons.

Ci-joint un exemplaire.

Dépêche accompagnant les exemplaires de la déclaration ci-dessus :

Messieurs,

« Ayant résolu de faire émaner une déclaration concernant
» les dignités, bénéfices et offices ecclésiastiques de même que
» les emplois et offices civils conférés pendant les troubles,
» nous vous en remettons ci-joint quelques exemplaires pour
» votre information et direction, vous prévenant que dès que le
» tribunal supérieur de la province sera légalement organisé,
» cette ordonnance lui sera envoyée pour être émanée par son
» canal, comme elle a déjà été envoyée au même effet aux
» tribunaux déjà réintégrés sur le pied de leur composition
» légale. A tant, Messieurs, ...
» Bruxelles, le 29 janvier 1791.

Paraphé : C^r. V^t.

(Signé :) Mercy-Argenteau.

Plus bas : « Aux États de Hainaut. »

Déclaration du 28 janvier 1791, défendant de mettre en circulation des monnoyes d'or, d'argent et de cuivre, fabriquées pendant les derniers troubles, sous le nom des soi-disant États Belgiques Unis :

« Sa Majesté, voulant proscrire toute circulation des mon-
» noyes d'or, d'argent et de cuivre, fabriquées pendant les
» derniers troubles sous le nom des soi-disant États Belgiques
» Unis, et effacer tout vestige d'un attentat aussi coupable

» contre les droits et hauteurs de Sa Souveraineté, son Excel-
» lence a, pour et au nom de Sa Majesté, défendu, comme
» elle défend, toute circulation des monnoyes susdites, à peine
» de cent écus d'amende, tant à charge de ceux qui les donne-
» ront que de ceux qui les recevront, ordonnant de plus que
» tous ceux qui en ont en leur pouvoir, les remettent ou fassent
» remettre à Bruxelles à l'hôtel de la Monnoye qui en paiera
» la valeur intrinsèque, sans préjudice cependant au regrès
» qu'ils pourroient avoir pour le surplus, contre ceux qui par
» leur fait ont donné lieu à l'existence de ces monnoyes. Selon
» quoi tous ceux qu'il peut appartenir auront à se régler et se
» conformer.

» Fait à Bruxelles, le 28 janvier 1791.
Paraphé : Cr. Vt.

(Signé :) MERCY-ARGENTEAU »

Et, « Par ordonnance de Sa Majesté :

(Signé :) L.-C. VANDEVELD. »

A côté étoit apposé le cachet secret de Sa Majesté sur une hostie rouge.

Imprimé chez Pauwels à Bruxelles.

Dépêche accompagnant les exemplaires de l'ordonnance ci-dessus :

« Florimond comte de Mercy-Argenteau, ministre pléni-
» potentiaire, etc., etc.

MESSIEURS,

« Sa Majesté ayant résolu de faire émaner, au sujet des
» monnoyes fabriquées pendant les derniers troubles, la décla-
» ration ci-jointe, nous vous en informons, en vous prévenant
» qu'elle sera envoyée, à l'effet d'être publiée en la forme
» accoutumée, au tribunal supérieur de la province dès qu'il

1791 » sera établi, et qu'en attendant nous l'avons fait insérer dans
» les feuilles publiques. A tant,.....
» De Bruxelles, le 3 février 1791.
» Aux États de Hainaut. »

Du 9 février.

Le fiscal reçoit officiellement copie de la lettre circulaire écrite par le ministre aux supérieurs des ordres mendians établis dans les Pays-Bas, pour leur défendre de recevoir chez eux des religieux de leur ordre venant des maisons supprimées en France, avec ordre au fiscal de tenir la main à l'exécution de cette dépêche.

Du 12 février.

Les députés des États de Hainaut partent pour Vienne, pour aller offrir à S. M. l'hommage de la nation. Cette députation est composée de l'abbé du Rœulx, du comte de Thiennes et de deux membres du tiers-état, tels que l'échevin Durieux et M. Demarbaix le jeune, membre du Conseil de ville. La composition de cette députation avoit été changée depuis la première nomination, par la circonstance que Messieurs Carpentier, Charles Demarbaix et Gendebien s'étoient successivement excusés sur différents prétextes, mais vraisemblablement à cause de la lettre du ministre du 18 janvier.

Du 14 février.

Les États reçoivent du ministre la dépêche que voici :

MESSIEURS,

« Vous nous avez fait, ainsi que la plupart des États de ces
» provinces, des représentations pour obtenir de S. M. qu'elle

» daigne confirmer votre gestion relativement aux emprunts, 1791
» aux dettes et autres obligations que vous avez contractés
» à l'occasion des derniers troubles.

» Nous avons porté les vœux des États à cet égard à la
» connoissance de l'Empereur, mais comme d'une part la
» justice que S. M. doit à ses peuples, et d'un autre les justes
» répétitions qu'Elle a droit d'exercer contre vous, ne lui per-
» mettent point de se décider sur le degré de l'indulgence à
» laquelle Elle pourra être portée dans sa bonté, sans connaître
» au préalable la nature et l'étendue des charges que vous
» avez contractées, c'est notre intention que vous nous
» remettiez incessamment un état tant de vos emprunts, de vos
» dettes de toute espèce, des engagements que vous avez pris
» et des paiements quelconques que vous avez faits jusqu'à
» présent, soit en argent comptant, en constitutions de rentes
» ou de quelque autre manière que ce puisse être, pour et à
» l'occasion des troubles, que des moyens que vous auriez ou
» pourriez proposer pour éteindre ces dettes, ces différents
» engagements.

» En attendant, nous vous interdisons très expressément au
» nom de S. M. de faire, sans notre préalable aveu, aucun
» paiement quelconque, ni de prendre aucun engagement dans
» quelque forme que ce puisse être, qui n'auroit pas pour
» objet les rentes et charges ordinaires de votre administration,
» telles qu'elles étoient avant les troubles, vous prévenant
» qu'à tout évènement vous serez responsables en vos propres
» et privés noms de ce que vous feriez en opposition à nos
» présents ordres. A tant,....

» De Bruxelles le 10 février 1791.
Paraphé : Cr. Vt.

(Signé :) Mercy-Argenteau.

« Aux États de Hainaut. »
Reçu le 14 février 1791.

Du 22 février.

1791 Le Conseil reçoit une lettre des États lui envoyant copie du rapport fait par les députés récemment de retour de Bruxelles, au sujet en quelque sorte d'un projet de nouvelle composition de la Cour. Voici ces pièces :

MESSIEURS,

« Nous vous remettons en copie le rapport que nous ont
» fait nos députés récemment de retour de Bruxelles ; nous
» vous requérons de vouloir vous y expliquer le plus tôt
» possible et nous vous prévenons que trois de ces députés
» seront requis de s'expliquer avec vos commissaires ou
» autres d'entre vous, Messieurs, qui désireroient quelque
» éclaircissement ultérieur.
» Nous avons l'honneur d'être, Messieurs,
» Vos très-humbles et très-obéissants serviteurs,
» Les États du Pays et comté de Hainaut.

(Signé :) DUPRÉ.

» De notre assemblée générale le 22 février 1791.
Plus bas : « Au Conseil souverain de Hainaut ».
Reçu le 22 février 1791 à 5 h. et quart.

Rapport de Messieurs les députés arrivés à Bruxelles le 8 février 1791, et de retour en cette ville, le 16 du dit mois.

« Le 9, nous nous rendîmes chez son Excellence le ministre
» et lui dîmes le doute qui s'étoit élevé en ces États sur le sens
» de sa dépêche du 5, notamment si tous les individus de la
» députation ou seulement ceux composant celle ordinaire
» pour les affaires publiques étoient mandés à Bruxelles.
» Il applaudit à l'interprétation donnée à sa dépêche, nous
» dit que son but étoit que tout s'arrangeât amiablement, parti-

» culièrement l'organisation du Conseil, qu'il nommeroit un ou
» deux commissaires du gouvernement pour entrer en confé-
» rence avec nous sur cet objet, et que le lendemain il nous
» diroit, après le dîner auquel il nous invita, tous les noms
» de ces commissaires.

1791

» Le 10, après ce dîner, il nous dit que le commissaire
» nommé étoit M. Delevielleuze seul, que nous pouvions nous
» adresser à lui et entrer en conférence. Nous nous y rendîmes
» d'abord, mais ne l'ayant pas trouvé, nous lui fîmes demander
» de pouvoir le voir le 11 à 9 heures du matin ; il nous fit
» répondre qu'il nous attendroit vers 5 heures du soir. Le résul-
» tat de cette conférence que nous entamâmes par les observa-
» tions qu'il paroît que, pour ramener une bonne fois la confiance,
» il faut la publication de l'oubli général, la confirmation des
» levées et dépenses faites par les États pendant les derniers
» évènements, le consentement du gouvernement à ce que les
» provinces liquidassent entre elles par députés sur leurs
» dépenses respectives, et la réparation des infractions aux
» constitutions ; le résultat, dit-on, de cette conférence et autres
» est que M. Delevielleuze ayant déclaré que le gouvernement
» étoit bien persuadé que le crédit des États faisoit celui du
» souverain, que les provinces devoient liquider entre elles
» comme sur affaires de ménage, que l'oubli général devoit
» être publié, mais non avant que le tout soit arrangé, et
» que cela dépendroit toujours de notre façon de nous prêter
» à l'organisation du Conseil, se rabatit à nous faire les deux
» propositions suivantes :

» Premièrement, que le gouvernement reconnoîtroit les
» anciens conseillers comme légalement institués quoiqu'ils ne
» le soient plus depuis qu'au mépris de leur serment à S. M.
» ils en avoient prêté un autre, qu'il retireroit la dépêche
» concernant M. le conseiller Demarbaix, qu'il confirmeroit

» notre nomination du conseiller d'église et celle du Chevalier
» de Cour et lors, qu'on remettroit au Conseil quatre des six
» nommés par le gouvernement (¹) ;

» Secondement, que l'on confirmeroit, comme on vient de
» dire, les anciens conseillers, ceux clercs et nobles, et puis
» qu'on rétabliroit les six nommés par le gouvernement et
» qu'on y ajouteroit MM. Fontaine et Anthoine (les deux plus
» anciens de création des États), ce qui donneroit un nombre
» de 21 que l'on diviseroit en trois chambres qui ne subsiste-
» roient que jusques à la réduction au nombre ordinaire des
» conseillers : ce que l'on déclareroit formellement par acte,
» avec protestation de non conséquence et de non pré-
» judice à la présentation ordinaire et légale d'un terne pour
» chaque place vacante au Conseil.

» Ces propositions nous conduisirent à nombre d'objec-
» tions et d'observations et nous déterminèrent à nous borner
» finalement à déclarer que nous ferions rapport de ces pro-
» positions aux États qui seuls pouvoient y résoudre.

» Le 14, nous ne pûmes voir son Excellence qui avoit reçu
» de Vienne un courrier, et nous remit au 15 à midi. Nous y
» allâmes et lui dîmes qu'ayant conféré avec M. Delevielleuze,
» nous nous proposions, sous son bon plaisir, de partir le
» lendemain pour aller faire le rapport des propositions de
» M. Delevielleuze. Il approuva notre proposition, convint que
» les six conseillers nommés par le gouvernement ne l'avoient
» pas été constitutionnellement, nous observa aussi que les
» anciens s'étoient déliés volontairement de leur serment, mais
» que le sacrifice que feroit le gouvernement sembloit mériter
» du retour, et nous promit, sous parole d'honneur, que
» l'on nous donneroit des assurances que cela ne seroit

(¹) Le sieur Lolivier étoit décédé en France durant notre révolution.

» qu'une affaire momentanée qui ne pourroit tirer à consé-
» quence ni préjudice à nos droits de présenter un terne
» chaque fois ; qu'il nous prioit de le bien faire connoître
» aux États, de leur recommander toute l'accélération possible,
» après néanmoins avoir pesé avec réflexion toutes choses et
» d'être persuadés que conformément aux intentions et aux
» ordres de Sa Majesté il ne vouloit que le maintien de la
» Constitution dans toutes ses parties ; il ajouta qu'il nous
» verroit avec plaisir revenir.

» Il nous dit encore qu'il n'y avoit aucun besoin d'un ministre
» dans ces pays, qu'il l'avoit dit hautement et ensuite écrit à
» Vienne, qu'il le répéteroit de dessus les toits ; que le gou-
» vernement alloit changer absolument de face, que L.L. A.A.
» R.R. auroient de pleins pouvoirs, que leur existence dans
» ces pays dépendroit de leurs dispositions à en faire bon
» usage ; enfin, qu'il pouvoit nous assurer comme s'il devroit
» mourir à l'instant, que les intentions de S. M. ne tendoient
» qu'à rendre son peuple heureux.

» Fait à Mons, le 17 février 1791. »

Sont signés : « Le chan. Demeuldre, le comte d'Auxy
» de Neuvilles, Bureau, C. Demarbaix, Gendebien et Du Pré ».

« Pour copie,
(Signé :) J.-B. DUMONT. »

Du 24 février.

Le Conseil, les chambres assemblées, fait aux États la réponse qui s'ensuit :

MESSIEURS,

« Ayant reçu votre dépêche du 22 de ce mois avec la copie
» jointe du rapport fait le 17 par vos députés revenus de
» Bruxelles, nous observons qu'il est assez connu que la

1791 » Constitution a été enfreinte lorsque, sur la fin du dernier
» règne, on a intrus en ce Conseil les six personnes mention-
» nées au dit rapport. Nous avons fait dans ce tems la
» représentation dont copie est ci-jointe. Mais nos justes
» réclamations furent rejetées avec un dédain menaçant, et
» outre la force militaire constamment déployée en cette
» ville, l'intrusion de ces personnes fut soutenue par la pré-
» sence de soldats et de satellites répandus dans les avenues
» et jusque dans la cour du Conseil : de sorte que si les effets
» d'une infraction aussi manifeste à la Constitution subsis-
» toient encore, ils devroient être anéantis aux termes de la
» promesse formelle contenue en la déclaration de S. M. du
» 14 octobre 1790, de remettre en son entier tout ce qui pour-
» roit avoir été fait sous le dernier règne contre la teneur
» des Constitutions.

» Quant aux personnes siégeant en ce Conseil en suite du
» choix des États sur les nominations successivement faites,
» nous joignons ici copie du rapport fait par la députation que
» nous avons envoyée vers son Excellence le ministre à son
» arrivée à Bruxelles, en suite de la réception de sa dépêche du
» 18 décembre dernier par laquelle elle nous notifioit ses
» lettres de pleins pouvoirs. Nous joignons aussi copie de la
» note lui laissée lors, par la dite députation.

» Si, nonobstant la demande contenue en cette note, que
» nous avons motivée sur le vœu et le bien-être public, le
» gouvernement refusoit de confirmer le choix fait par les
» États, il est évident que les places de conseillers vacantes
» devroient être remplies en suite de nominations de ce Conseil.

» Telle est la Constitution de ce pays que nous avons juré
» de garder, et que S. M., en sa prédite déclaration du
» 14 octobre 1790, s'est engagée de la manière la plus for-
» melle de maintenir et observer, « promettant sous sa parole
» « d'Empereur et Roi de ne jamais y donner ni souffrir qu'il y
» « soit donné de sa part ou en son nom la moindre atteinte ».

„ Quant à l'étrange proposition que les anciens membres
„ de ce Conseil ne seroient plus légalement constitués, propo-
„ sition destituée de tout principe et propre à provoquer
„ l'anarchie, elle ne peut qu'exciter notre étonnement comme
„ elle excitera sans doute vos réclamations.
„ Nous avons l'honneur d'être, Messieurs,
„ Vos très humbles et très obéissants serviteurs,
„ Ceux du Conseil souverain de l'Empereur et Roi en
„ Hainaut.

(signé :) MAUGIS. „

Du 25 février.

Les chambres du Conseil s'assemblent pour délibérer si dans les circonstances l'on écriroit, comme de coutume, au gouvernement, pour donner part de la mort du conseiller Kövahl. Il fut dit que ce n'étoit qu'un simple usage, non fondé en loi, ni sur aucun décret et que dans le moment actuel la chose pourroit avoir de grands inconvénients, qu'elle pourroit provoquer quelque disposition défavorable, soit pour le Conseil entier que le ministre ne regardoit plus pour être légalement organisé, soit au moins pour les six nouveaux conseillers promus durant le règne des États, lesquels d'ailleurs étoient fort intéressés à ce qu'il ne se fît pas de nomination jusqu'à ce qu'il fût décidé s'ils seroient confirmés ou pas, puisque dans ce dernier cas ils se trouveroient exclus de la place à laquelle eux-mêmes auroient nommé. Malgré ces considérations, et quoiqu'on n'eût pas eu recours à l'édit de 1736 touchant les nominations pour le Brabant et autres provinces où il est ordonné de donner part de la mort des conseillers, il fut résolu d'écrire, mais de la manière suivante, au ministre bien entendu (1).

(1) La lettre ne se trouve pas dans le manuscrit. (Note des copistes.)

Du 26 février.

1791   On reçoit des nouvelles de Bruxelles, de ce qui s'y est passé hier et avant-hier à l'égard des États de Brabant qui ont été insultés et déchassés du lieu de leur assemblée par une bande du peuple ; ainsi que des exemplaires du décret porté le 25 par le ministre pour la réintégration du Conseil de Brabant. Voici une lettre que j'ai reçue à ce sujet, et un exemplaire que je me suis procuré du décret du ministre. Ladite lettre datée du 25(1). L'on a depuis imprimé une représentation des États de Brabant du 5 avril 1791, qui contient un détail authentique de cette affaire. Voici un exemplaire de cet imprimé.

Du premier mars.

Je reçois une lettre ultérieure de Bruxelles sur ce qui s'y passe. Elle contient notamment que le jour précédent, c'est-à-dire dimanche 27 février, l'on avoit tenu une espèce d'assemblée nationale, portes ouvertes, à l'auberge dite : l'hôtel de Galles ; que M. Edouard Walckiers y avoit été nommé président pour quinze jours, qu'il y avoit bien sept à huit cents personnes, compris les spectateurs. Voici la lettre du 28 février (1).

On voit circuler ici à Mons un imprimé extrait de la Gazette de Bruxelles contenant deux lettres écrites par le ministre, l'une au maréchal De Bender et l'autre aux États de Brabant, toutes deux du 25 février, concernant les fâcheux événements passés à Bruxelles. Ci-joint un exemplaire.

Du 7 et du 8 mars.

Ces jours, lundi et mardi de carnaval, il y a de violentes querelles de cabaret et des batteries entre des bourgeois du

(1) La lettre ne se trouve pas dans le manuscrit. (Note des copistes.)

bas peuple et des soldats de la compagnie franche des chasseurs de Leloup. Le commandant de la garnison fait patrouiller, parmi la ville, de jour et de nuit, par des patrouilles considérables, tant d'infanterie que de houlans.

Du 15 mars.

Les États reçoivent le premier rapport officiel de leurs députés à Vienne. La lettre est du 2 de ce mois. Ils sont arrivés à Vienne le 27 février, le jour est fixé au 6 mars pour être admis à l'audience de S. M.

Du 16 mars.

Rétablissement du magistrat de Mons et du conseil de ville, tel qu'il étoit au commencement du mois de novembre 1789. La chose s'est opérée sans tumulte et presqu'à l'inseu de toûte la ville, en vertu d'une dépêche adressée de la part du ministre au baron de Francqué, chef d'alors de la magistrature, qui s'est assemblé vers neuf heures au bureau avec ses anciens collègues, après en avoir prévenu M. Bureau de la Wastines, chef actuel, par une lettre lui écrite hier le soir, bien tard, et qui ne lui fut remise par ses domestiques qu'aujourd'hui à son lever. L'appareil militaire n'a pas été autrement déployé que par un renforcement de la grand' garde, et quelques sentinelles postées aux avenues de l'hôtel de ville, qui en ont empêché l'entrée à quelques membres de la bonne magistrature qui n'avoient sans doute pas été prévenus à temps par M. Bureau. La garnison étoit sur ses gardes, mais dans les casernes ; des piquets de houlans patrouilloient parmi la ville comme ils avoient coutume de faire depuis le mardi-gras. Il y a pourtant eu deux des échevins réinstallés qui, en retournant chez eux, ont été un peu insultés par la populace.

1791 Les États avoient depuis quelques jours ordonné l'impression de leurs dernières représentations faites au ministre sous la date du premier de ce mois, relativement aux propositions qu'on avoit faites, à Bruxelles, à leurs députés. Cette pièce étoit sortie de la presse ce matin, le débit en fut d'abord arrêté par le commandant militaire, croyant que c'étoit un fait exprès dans le moment présent. En voici cependant un exemplaire.

La première opération de cette magistrature établie a été de notifier leur rétablissement au public par des affiches mises vers le soir, dont voici un exemplaire.

Du 17 mars.

Les États reçoivent le deuxième rapport officiel de leurs députés à Vienne, contenant la relation de l'audience qu'ils ont eue de l'Empereur, le 6 de ce mois, et copie du compliment qu'ils lui ont adressé. Les États font imprimer un extrait de la lettre avec copie du compliment ; depuis ils ont résolu de faire imprimer le compliment et la lettre toute entière. Voici un exemplaire.

Du 18 mars.

On reçoit, par des lettres de Bruxelles, la nouvelle qu'on y a publié militairement et avec grand appareil, une espèce de loi martiale de la part du maréchal De Bender, commandant général des armes. Voici un exemplaire de cette proclamation vraiment extraordinaire. J'y joins la lettre que j'ai reçue qui contient des nouvelles aussi bien extraordinaires.

Du 19 mars.

On affiche militairement à Mons, aux coins de la place et

sur la planche du Conseil, la lettre circulaire du maréchal De Bender, du 14 de ce mois, et on met une sentinelle auprès de chaque affiche.

1791

Cette singularité est surtout remarquable à la bretèque du Conseil, où l'on a aussi mis une affiche sur la planche et placé une sentinelle quoiqu'il y en eût une au grand bureau, à peu près vis-à-vis du Conseil.

Du 21 mars.

A la garde montante, on ôte les sentinelles posées avant-hier pour garder les affiches du maréchal De Bender.

Du 22 mars.

On reçoit à Mons et on réimprime une déclaration de l'Empereur et Roi, du 16 mars, imprimée à Bruxelles, portant révocation de différents édits, ordonnances et décrets en matière ecclésiastique. Voici un exemplaire en petit format.

Du 23 mars.

Dans l'après-dînée arrive le comte de Gomegnies, Président. Le soir, il fait convoquer pour le lendemain 8 heures, les anciens membres de la Cour, y compris M. Charles Demarbaix. La liste dont les huissiers de chambre étoient porteurs fesant cette convocation, signée du Président, comprenoit cinq des intrus en 1789, savoir : MM. Gobart, Dumont, Raoux, Marousé et Henry. On dit que M. Lemaître est mis à la pension.

Du 24 mars.

Le Conseil se trouvant assemblé à 8 heures, suivant la convocation de la veille, il fut fait lecture d'une dépêche du

1791 ministre, dont le Président étoit porteur, pour réintégrer le Conseil. On proposa aux anciens membres de renouveller le serment prêté à leur admission ; la réponse fut que, sans pouvoir reconnoître qu'ils auroient jamais cessé d'être légalement institués, malgré ce qui s'étoit passé pendant la révolution, ils étoient néanmoins prêts à réitérer leur premier serment non seulement une fois, mais aussi souvent que Sa Majesté le trouveroit convenir. Ils ajoutèrent que ce même serment les mettoit dans l'impossibilité d'exercer leurs fonctions de juges à l'intervention de ceux qui ne l'étoient pas et qui ne pouvoient l'être suivant la constitution, n'ayant pas passé par la voie du terne. Ceci occasionna quelques discussions dont le résultat fut que les anciens membres persistant dans leur résolution de ne pouvoir siéger avec les personnes qu'on vouloit leur associer illégalement dans un tems où le souverain actuel a formellement promis le maintien de la constitution et de faire redresser ce qui peut avoir été fait au contraire sous le dernier règne, le Président leur déclara enfin qu'en ce cas ils n'étoient plus membres de la Cour et qu'il ne leur restoit qu'à se retirer, ce qu'ils firent après avoir protesté qu'ils n'abdiquoient pas leurs charges de conseillers, et qu'ils étoient prêts d'en continuer les fonctions lorsqu'ils pourroient le faire librement et constitutionnellement ; répétant encore qu'ils ne refusoient pas de réitérer leur premier serment. De tout quoi ils voulurent déposer acte sur le bureau de la Cour, mais le Président s'y étant opposé, ils ne signèrent leur acte qu'étant sortis de l'hôtel, en y ajoutant la note du refus fait par le Président, pour le tout être envoyé aux États du Pays et par leur canal, à M. de Mercy-Argenteau ou directement à Sa Majesté, s'ils le trouvoient convenir. Quand cette pièce fut toute rédigée et signée, il étoit trop tard ce jour-là pour être remise à l'assemblée des États ; elle fut retenue pour y être remise le 26, lendemain de la Vierge.

Du 25 mars.

On voit paroître dans le public la lettre adressée aux États 1791 par le ministre relativement au Conseil, avec le décret en vertu duquel le Président a fait les opérations d'hier, ces pièces ayant été imprimées par ordre dudit Président. En voici un exemplaire.

Cejourd'hui soir, M. Abrassart, le plus jeune d'entre nous anciens conseillers, remet au pensionnaire des États, notre protestation faite hier en nous retirant du Conseil. Voici cette pièce :

« Les conseillers au Conseil souverain de Hainaut soussi-
» gnés, s'étant rendus cejourd'hui le matin à la séance
» ordinaire du Conseil, pour y vaquer à l'exercice de leurs
» fonctions, outre qu'ils avoient été convoqués dès la veille
» par le Président, il y fut fait lecture d'une dépêche de son
» Excellence le comte de Mercy-Argenteau, ministre plénipo-
» tentiaire de Sa Majesté, du 19 de ce mois, contenant que
» le Conseil seroit désormais composé desdits conseillers
» et en outre des personnes suivantes telles que les sieurs
» Gobart, Dumont, Raoux, Marousé et Henry, présens à la
» dite séance.

» Les dits conseillers, considérant que Sa Majesté, par sa
» déclaration du 14 octobre 1790, a promis d'observer et
» maintenir la constitution, de remettre en son entier tout ce
» qui pourroit avoir été fait au contraire sous le dernier règne,
» et adhérant au contenu de la représentation faite le 1er de
» ce mois par les États de ce pays à la dite Excellence, décla-
» rent qu'ils ne peuvent se dispenser de réclamer contre
» l'introduction illégale en ce tribunal des personnes ci-dessus
» nommées, et qu'ils ne peuvent consentir à exercer leurs
» fonctions à leur intervention ; et comme le Président a

1791 » déclaré que ces personnes ne se retireroient pas, les dits
» conseillers, par respect pour le commissaire de Sa Majesté,
» qui avoit fait ostension de sa commission spéciale, ont cru
» devoir provisionnellement s'abstenir de siéger jusqu'à ce
» qu'ils puissent remplir librement et constitutionnellement
» les fonctions de leur état, plutôt que d'ordonner aux dites
» personnes de se retirer ; et ils ont déposé le présent acte sur
» le bureau de la Cour, dont ils ont retenu le double vers eux.
» Fait à Mons le 24 mars 1791.

« Et comme le Président n'a point voulu souffrir que le
» présent acte fût déposé sur le bureau de la Cour ; qu'il a
» même déclaré que les soussignés ne voulant siéger avec les
» susdites cinq personnes, il ne leur restoit d'autre parti que
» de se retirer de l'assemblée, sans qu'il fût question dans ces
» circonstances de réitérer le serment prêté à leur admission,
» qu'ils avoient néanmoins déclaré être prêts de renouveller
» toutes et quantes fois qu'il plairoit l'exiger, mais qu'ils ne
» pouvoient le faire dans les circonstances présentes sans
» s'exposer à jurer en vain, vu que, dans l'instant même
» qu'ils prêteroient ledit serment, ils contreviendroient à sa
» teneur *de bien et fidèlement garder les franchises et privi-*
» *lèges du Pays,* s'ils consentoient à siéger avec des membres
» inconstitutionnellement établis, dans un tems où le souve-
» rain actuel annonce de toutes parts de vouloir conserver et
» maintenir toutes constitutions, privilèges et coutumes légi-
» times, les soussignés se sont effectivement absentés du
» Conseil, après avoir déclaré positivement qu'ils n'abdi-
» quoient point leurs charges de conseillers et qu'ils étoient
» prêts à en continuer les fonctions lorsqu'ils pourroient le faire
» librement et constitutionnellement ; et, étant sortis de l'hôtel,
» ils ont signé le présent acte pour être envoyé aux États
» de ce pays et, par leur canal, à son Excellence le comte

« de Mercy-Argenteau, ou directement à Sa Majesté, s'ils le
» trouvent convenir. Fait à Mons, le dit jour 24 mars 1791.
(Étoient signés :) « C. Farin, Obert de Quévy, G. Delecourt,
L.-J. Papin, Ig. Sebille, A.-J. Paridaens, G.-G. Cornet et
P. Abrassart. »

Cette pièce ayant été remise aux États, il en a été expédié une copie collationnée par le pensionnaire, avec acte de la dite remise, qui a été délivrée à M. Abrassart, le plus jeune d'entre nous, pour être par lui déposée en mains de M. Delecourt, notre ancien. Les deux greffiers ont aussi désisté de leurs fonctions, disant qu'ils ne pouvoient les exercer avec les membres inconstitutionnels, et qu'ils étoient prêts de les reprendre quand la Cour auroit repris les siennes. Les trois secrétaires en ont fait de même, et ils ont les uns et les autres fait parvenir leurs déclarations aux États.

Cette conduite du greffier Fleur lui fit pleinement recouvrer l'affection du peuple qu'il avoit perdue. A son retour chez lui, il a entendu crier : *Vive Fleur !* On doit même l'avoir embrassé en pleine rue. « Ce jour, a-t-il dit, est le plus beau » de ma vie. » Aussi l'on a eu beau le flatter et le menacer de la part du gouvernement pour l'engager à exercer ses fonctions, il a persisté très fermement dans son refus.

Ce qu'il y a de remarquable, c'est que le sieur Raoux, un des inconstitutionnels, a envoyé sa démission au ministre le 26 ou le 27 ; sur quoi il s'étoit déjà expliqué en notre présence, dans la séance du 24, disant qu'il avoit fait connoître à diverses reprises qu'il n'étoit pas intentionné de rentrer jamais au Conseil, sinon de l'agréation des anciens membres, qu'il persistoit encore dans la même résolution, et, comme MM. les anciens membres se retiroient, que lui il se réservoit d'envoyer sa démission, se regardant entretems comme lié par le serment qu'il avoit prêté.

Du 30 mars.

1791　　L'on affiche de la part des magistrats deux ordonnances ici jointes.

Ce soir, les anciens et vrais membres de la Cour adressent par la poste un mémoire en forme de lettre au ministre, uniquement pour lui faire voir jusqu'à quel point sa religion a été surprise dans sa dépêche aux États du 22 de ce mois, relative au Conseil. Voici ce mémoire :

« Monseigneur,

« Nous croirions manquer à ce que nous devons à
» Sa Majesté, au public et à nous-mêmes, si nous gardions le
» silence sur le contenu de la lettre que votre Excellence a
» adressée aux États de Hainaut en date du 22 de ce mois con-
» cernant le Conseil, rendue publique par la voie de l'impres-
» sion ; et si nous ne fesions parvenir à votre Excellence les
» éclaircissements propres à lui faire comprendre jusqu'à quel
» point sa religion a été surprise.

« Le point capital de cette lettre consiste dans le doute que
» l'on voudroit élever à présent sur une vérité qui n'en a
» jamais souffert aucun, savoir si la manière de pourvoir aux
» places de conseillers au Conseil souverain de Hainaut par
» la voie de nomination de trois sujets jugés les plus dignes
» et capables par le Conseil même, tient essentiellement à la
» constitution ; il nous convient, par conséquent, de nous
» attacher principalement à cet article qui fait la base de toute
» la chose.

» Or, c'est une vérité élémentaire qu'en Hainaut la nomi-
» nation est un point radical de la constitution ; que c'est
» même un des points les plus importants, les plus positifs
» et le plus clairement marqués, une vérité qui a été reconnue

» dans tous les tems, qui a été reconnue et respectée même
» sous le dernier règne, puisque feu Sa Majesté Joseph II n'y
» a jamais porté atteinte qu'après qu'il se fût déclaré délié de
» la constitution, et qu'il avoit même fait rigoureusement
» défense de l'invoquer désormais dans aucun de ses points.

1791

» Ce n'est point qu'il n'entrât peut-être déjà antérieurement
» dans les désirs du gouvernement de placer dans le Conseil
» de Hainaut des personnes non nommées, comme on venoit
» de faire en Brabant et ailleurs où le droit de nomination ne
» procède peut-être que de concession, et tandis que pour le
» Hainaut même l'on différoit toujours de disposer sur deux
» nominations faites et ouvertes depuis 1788, à cause sans
» doute que les personnes nommées n'étoient pas celles que
» l'on avoit principalement eu en vue ; mais tout ce nonobstant
» l'on regardoit qu'en Hainaut la constitution y formoit un
» obstacle invincible et qui ne pouvoit être franchi aussi long-
» tems que la constitution elle-même conservoit quelqu'
» existence.

» Et en effet, Monseigneur, puisqu'il faut en revenir jusqu'à
» démontrer ce qui est de première vérité, la tâche n'en sera
» pas bien difficile.

» Depuis aussi longtems que le pays de Hainaut a une
» existence sociale connue, la justice en dernier ressort y a
» toujours été administrée par la Cour à Mons.

» Cette Cour étoit l'assemblée des pairs, prélats, barons et
» autres hommes féodaux du prince, réunis à la convocation
» du comte de Hainaut ou de son Grand Bailli le représentant.
» Le droit d'être membre de cette assemblée étoit une attribution
» inhérente au fief, tous les fiefvés avoient essentiellement le
» droit d'y intervenir. Nos lois écrites remontent jusqu'en
» l'an 1200 ; elles ne rouloient alors principalement que sur
» deux objets, les matières féodales et le point d'honneur

» autrement dit : forme de la paix ; il ne se présentoit guère
» d'autres discussions judiciaires que relativement à l'un ou
» l'autre de ces points, et c'étoit la Cour à Mons qui les
» décidoit.

» Et quoique par la succession des tems, à mesure que la
» population s'augmentoit et que l'industrie se propageoit,
» les contestations fussent devenues plus fréquentes et plus
» variées, cependant c'étoit encore toujours cette vaste Cour
» féodale qui les décidoit en dernier ressort, et cet état des
» choses a duré jusqu'en 1611.

» Alors pour simplifier et accélérer l'administration journa-
» lière de la justice, il a été trouvé convenable de réduire à
» un certain nombre les hommes féodaux qui seroient
» désormais chargés de cette tâche. Ce changement s'est opéré
» par l'autorité du prince et le concours de la nation par
» l'organe des États ; c'est une sorte de compromis qui s'est
» fait sur les personnes ainsi déterminées pour exercer les
» fonctions de l'entière Cour féodale, le surplus des fiefvés
» ont compromis eux-mêmes, soit expressément ou tacite-
» ment sur ces personnes, et ont jusque là et pour cette fin,
» renoncé au droit inhérent à leur fief d'intervenir personnel-
» lement aux délibérations et jugements.

» Ce n'est pas seulement le nombre de ces personnes de
» confiance qui a été réglé, mais les personnes mêmes ont
» été désignées et déterminées. Pour la première fois les
» personnes ont été convenues, soit individuellement ou par
» relation, et pour l'avenir il a été arrêté que, quand une place
» viendroit à vaquer, la compagnie nommeroit trois sujets
» qu'en conscience et sous son serment, elle croiroit les plus
» dignes et les plus capables, et que le souverain en choisiroit
» un parmi ces trois nommés.

» Ainsi les habitans du Hainaut, depuis que ce pays existe,

» n'ont jamais été soumis à d'autres juges en dernier ressort
» qu'à l'assemblée des hommes féodaux du comte réunis
» sous leur seigneur et prince, et ensuite à l'assemblée de
» ceux d'entre ces féodaux en qui ils avoient placé leur con-
» fiance et qui avoient été en quelque sorte établis arbitres
» avec droit de juridiction.

« Toutes ces choses, on n'est pas réduit à les deviner ni à
» les tirer par des raisonnements hazardeux sur des fragments
» obscurs d'anciennes pièces équivoques ; elles sont claire-
» ment écrites et tout au long dans l'*Institution de la Cour*
» *réformée du Pays et Comté du Hainaut du 6 juillet 1611*, et
» dans plusieurs autres documens antérieurs et postérieurs
» tous également positifs et authentiques.

« Cette Cour ainsi réformée et restreinte à un certain
» nombre de personnes, a retenu toutes les mêmes prééminences
» nences et autorités que l'ancienne Cour, dont elle est non
» seulement une représentation, mais une continuation modi-
» fiée. Le premier article de l'Institution le dit en termes
» formels :

« *Avons voulu et voulons que notre dit Conseil et Cour*
» *ainsi réformée et ordonnée, retenant les marques de prééminence*
» *nence et autorité qu'elle a eue de son origine et ancienne*
» *institution, portera le titre de Noble et Souveraine Cour*
» *comme du passé, et sous cette appellation se prononceront*
» *toutes ordonnances et sentences et se dépêcheront tous actes*
» *et autres affaires en dépendans.*

» Voilà donc, Monseigneur, l'origine et la vraie essence
» du Conseil de la Cour ou du Conseil souverain ; et c'est
» une chose bien digne de remarque que, quelque grands
» que fussent les abus qui pendant une si longue suite de
» tems s'étoient glissés dans l'administration de la justice en
» l'ancienne et vaste Cour à Mons, quelqu'embarrassante
» qu'étoit devenue cette administration dans des tems où les

1791

» contestations s'étoient multipliées presqu'à l'infini, et quel-
» qu'inquiétude que l'on pouvoit avoir d'être jugé par une
» assemblée d'hommes dont fort peu étoient expérimentés en
» fait de justice ; quelqu'évident qu'il fût par suite que la
» réformation de cette ancienne Cour, et l'établissement en
» icelle d'un Conseil composé d'un certain nombre de
» personnes adonnées dès leur jeunesse à l'étude des lois
» devoit produire un grand bien, néanmoins les États n'ont
» accédé qu'avec une extrême répugnance et après une réluc-
» tance de près d'un siècle, au projet de cet établissement :
» c'est ce que l'on voit du préambule de la patente de réfor-
» mation et aussi du préambule d'une espèce de charte de
» l'an 1601 connue sous la dénomination de *Points et articles*
» *confirmés par les Archiducs*.

» Quelle pouvoit être la raison de cette grande répugnance
» des États contre un projet d'une utilité si évidente ? C'est
» qu'ils craignoient d'être tôt ou tard jugés par des commis-
» saires du Prince ; ils prévoyoient que, s'ils consentoient à
» l'établissement d'un Conseil, il pourroit arriver, tôt ou tard,
» que le Prince voudroit en nommer les conseillers et y placer
» des personnes envoyées de sa seule autorité. Ils regardoient
» sans doute pour un moindre inconvénient d'être jugés par
» des personnes de confiance quoique moins instruites, par une
» Cour constitutionnelle où, pour ainsi dire, chaque citoyen trou-
» voit ses pairs parmi ses juges, que par des commissionnés
» du Prince qui pourroient leur être envoyés arbitrairement.

« Un seul moyen pouvoit les rassurer contre cette crainte
» et ce moyen fut adopté et prescrit : c'étoit que le Conseil
» étant une fois réglé à leur appaisement et composé de per-
» sonnes en qui ils pourroient avoir toute confiance, les places
» vides ne pourroient désormais être remplies que par des
» personnes qui auroient été trouvées les plus dignes et les

» plus capables par la compagnie même. A cet effet, il fut
» arrêté comme un point bien positif de la constitution que
» jamais le comte de Hainaut ne pourroit établir des conseillers
» de sa seule et libre volonté, mais qu'à chaque vacance la
» compagnie nommeroit trois personnes dans le cercle des-
» quelles le choix du souverain seroit circonscrit.

» Voici comme ce point est exprimé dans l'acte d'institution,
» article 9 : *Et toutefois et quantes qu'après l'institution de
» notre dit Conseil, l'une des dites quatorze places viendra à
» vaquer soit par mort ou autrement, notre dit Grand Bailli
» avec ceux de notre dite Cour conjointement nous nomme-
» ront, par le serment qu'ils nous doivent, trois personnages
» catholiques, vertueux, de bonnes mœurs, experts, idoines
» et ayant les qualités requises pour desservir ledit état
» vacant, afin de par nous en être choisi l'un.* Cette nomina-
» tion d'un terne tient donc essentiellement à la constitution :
» ce n'est que parmi cette précaution que les États et toute
» l'ancienne Cour ont consenti à la réformation ou réduction
» opérée en 1611 ; et il seroit précisément aussi inconstitu-
» tionnel aujourd'hui de faire des conseillers sans nomination,
» qu'il auroit été inconstitutionnel avant 1611 de faire juger
» les habitans du Hainaut par des étrangers de la Cour.

« Nous pouvons donc le dire, Monseigneur, et nous le disons
» avec autant de confiance que de respect, que votre religion a
» été étrangement surprise lorsqu'on a osé vous dire que le
» droit de nomination ne seroit point proprement constitu-
» tionnel.

» Pour appuyer cette assertion, on allègue qu'il seroit arrivé
» des variations à l'égard du Conseil à différentes époques et
» notamment dans les années 1611, 1619, 1702 et 1774.

» D'abord le Conseil n'existe comme Conseil que depuis
» 1611 ; il ne peut donc avoir éprouvé des variations au pre-
» mier instant de son existence.

1791

« Quant à l'année 1619, époque de l'homologation de la
» dernière charte générale, nous ne trouvons d'autre variation
» sur le point des nominations, duquel il doit être question
» uniquement ici, qu'une nouvelle précaution pour astreindre
» de plus en plus la conscience des individus par qui la nomi-
» nation doit être faite. La charte a statué qu'à chaque fois ils
» prêteroient le serment de pure et sincère nomination, tandis
» que, suivant l'article déjà cité de l'acte d'institution de 1611,
» il suffisoit du serment une fois prêté.

« L'opération qui avoit eu lieu entretems, c'est-à-dire en
» 1617, par la séparation du Conseil de la Cour des sièges de
» judicatures de l'audience et des terrages, depuis nommé le
» *Conseil ordinaire*, lesquels sièges avoient été réunis et
» englobés au Conseil de la Cour en 1611 par l'article 26 de
» la patente de l'institution, sans doute à cause que par
» l'établissement du Conseil de la Cour, à qui on attribuoit
» la connoissance des matières jusques là traitées par-devant
» ces judicatures subalternes, leur existence a paru désormais
» inutile ; cette opération, dit-on, est ici absolument étrangère,
» elle n'a apporté aucun changement ni préjudice au droit de
» nomination statué et érigé en loi constitutionnelle pour le
» Conseil de la Cour par l'acte de son établissement.

» Cette désunion avoit été sollicitée par les États, peu
» importe quels en furent les motifs, et par conséquent elle
» avoit été opérée par leur concours et participation ; mais
» les États et les Archiducs mêmes étoient si éloignés d'en-
» tendre que par là il fût porté quelqu'atteinte au droit de
» nomination établi pour le Conseil de la Cour, que dans la
» charte générale homologuée deux ans après, ce droit fut
» encore confirmé de la manière la plus formelle, même en y
» ajoutant la nouvelle précaution de prêter serment à chaque
» nomination, comme nous venons de l'observer.

» L'époque de 1702 est ici généralement indifférente ; c'est 1791
» celle où les sièges d'audience et des terrages, sous la déno-
» mination de Conseil ordinaire, furent de nouveau unis et
» annexés au Conseil de la Cour. Les choses rentrèrent par là
» dans le même état où elles étoient à l'établissement primitif
» du Conseil de la Cour en 1611.

» Et l'époque de cette réunion paroît être réclamée d'autant
» plus infructueusement pour affaiblir la légalité du droit de
» nomination établi comme article de constitution en 1611,
» confirmé en 1619, observé constamment et sans aucune
» interruption en la Cour, que par ce décret même de réunion
» de 1702, le droit de nomination fut encore expressément et
» spécialement confirmé.

» Au reste, comme cette réunion, quoique remettant les
» choses sur le pied de leur constitution primitive de 1611,
» étoit néanmoins illégale dans la forme, de tant que faite
» par un simple décret, sans le concours ni la participation
» des États, elle excita leurs réclamations après que le pays
» eut cessé d'être occupé par un prince étranger, vers 1710.
» Ces réclamations furent diverses fois réitérées au commen-
» cement du règne de l'Empereur Charles VI, et elles cessèrent
» enfin parce que l'expérience et l'usage démontroient chaque
» jour de plus en plus la sagesse et les avantages de l'ancien
» ordre de choses convenu et réglé, en 1611, pour perfection-
» ner et fixer l'organisation du tribunal supérieur du pays.

» La réunion continua donc à subsister et elle eut paisible-
» ment son effet durant tout le reste du règne de Charles VI
» et jusqu'à nos jours. Marie-Thérèse et Joseph II furent
» inaugurés dans cet état de choses ; au moyen de quoi, le
» retour au pacte constitutionnel de 1611 concernant l'orga-
» nisation de l'ordre judiciaire en dernier ressort a été pleine-
» ment sanctionné et confirmé lors de ces deux inaugurations

» et par l'usage constamment suivi. En spécial, le point
» souverainement important et radicalement constitutionnel
» des nominations fut toujours religieusement maintenu et mis
» en pratique.

» Enfin, quant à l'époque de 1774, nous apprenons qu'il
» s'agit de ce que le souverain a alors choisi deux conseillers
» dans une seule nomination. Mais qu'est-ce que cela fait
» pour dire que le droit de nommer n'est pas un point cons-
» titutionnel ? Ne reste-t'il pas toujours vrai que chacun des
» conseillers ainsi choisi avoit été nommé par le Conseil, ce
» qui est le point essentiel et cardinal de cet article de la
» constitution.

» Quand le souverain pourvoit tout d'un coup et sur une
» seule nomination à plusieurs places vacantes, c'est lui le
» principal intéressé, puisqu'il resserre la sphère de son choix,
» qui, au reste, s'exerce toujours sur des sujets nommés par
» le Conseil ; c'est toujours dans le creuset de la loi qu'il
» prend sa matière.

» Nous osons espérer qu'au moyen de ces réflexions, votre
» Excellence aura la conviction complète qu'en Hainaut la no-
» mination d'un terne tient radicalement à la constitution, d'où
» il s'en suivra, par une conséquence incontestable, que les
» personnes qui ont été pourvues de commissions de conseillers
» en 1789, sans avoir été nommées par le Conseil, n'ont pu
» acquérir, et n'ont acquis en effet aucun droit, d'autant moins
» qu'ils savoient et devoient savoir qu'à défaut de nomination,
» ils étoient absolument inhabiles à être pourvus de ces charges.
» Par une conséquence ultérieure, il s'en suivra que nul principe
» de justice ni d'équité ne réclame en leur faveur.

» Les principes militent au contraire d'autant plus contre
» eux que, des sept places qui leur ont été conférées alors, il
» n'y en avoit que deux proprement vacantes, celle du conseiller

» Debehault, mort au mois d'août 1788, et la charge de
» Chevalier de Cour, qu'avoit occupée le comte de Gomegnies,
» promu à la Présidence.

» Quant aux autres places, les titulaires vivoient et ils en
» restoient pourvus de droit malgré leur destitution illégale.
» C'étoit donc eux qui avoient des droits à leurs places et per-
» sonne d'autre ne pouvoit en acquérir.

» A l'égard même des deux places réellement vacantes, il y
» avoit des nominations faites dès l'an 1788 et dès lors restées
» sans disposition quoiqu'envoyées au gouvernement. Si donc
» quelqu'un pouvoit avoir des droits acquis à ces places réelle-
» ment vacantes, ce seroient sans doute les sujets compris dans
» les nominations faites par le Conseil dans des tems encore
» constitutionnels de fait et de droit ; et après tout, on ne
» sauroit jamais se persuader qu'un non-noble ait pu croire
» d'avoir pu acquérir des droits à une place de Chevalier
» de Cour.

» La justice de Sa Majesté, ni par conséquent sa dignité ne
» paroissent donc être aucunement intéressées à ce que ces
» personnes commissionnées en 1789 rentrent au Conseil
» dans un tems où la constitution est remise en vigueur, et
» où Sa Majesté a promis formellement de la maintenir,
» même de faire réparer ce qui peut avoir été fait au contraire
» sous le dernier règne.

» C'est encore une conséquence de nos premières obser-
» vations que le droit de nomination en Hainaut n'est ni une
» concession ni un privilège, moins encore que ce seroit une
» concession ou un privilège accordé soit au Conseil en
» masse ou aux individus qui le composent, mais que c'est
» une loi fondamentale, un droit de la nation entière, résultant
» de convention et d'arrangement entre le souverain et le
» peuple, un droit par conséquent qui ne peut être enlevé à la
» nation, sans lui enlever sa constitution même.

1791
« Quant au dernier motif de la lettre de votre Excellence,
» qui roule sur le serment prêté durant les troubles, nous
» observons que la Cour à Mons ou le Conseil souverain de
» Hainaut, est le tribunal supérieur, constitutionnel et séden-
» taire du pays, où la justice doit être administrée sans
» déplacer comme il a été fait dans tous les tems et dans
» toutes les situations où le pays s'est trouvé, quelles
» qu'ayent été les causes des événements.

» Par la déclaration du 14 octobre dernier, Sa Majesté a
» manifesté très expressément qu'elle n'entendoit pas d'entrer
» dans le pays en conquérant, mais qu'elle vouloit maintenir
» et observer l'existence des tribunaux qui en font une des
» parties les plus essentielles ; elle a voulu en même tems
» qu'il ne pût y avoir matière à faire un retour sur des tems
» désastreux, ni à examiner les causes des événements qui
» avoient produit tant de malheurs ; elle a déclaré à cet effet
» que tout ce qui avoit rapport à la révolution devoit être
» enseveli dans un profond oubli.

» De là il s'ensuit que Sa Majesté a entendu, et que tous
» ses sujets ont dû l'entendre comme elle, que tous sermens
» prêtés et toutes démarches faites à cause ou dans l'ordre de
» cette révolution, seroient réputés précisément comme non
» avenus, car une chose oubliée est une chose qui ne se
» représente plus sous aucun rapport à la mémoire, non plus
» que si elle n'avoit existé jamais ; et tout en même tems il
» s'en suit que les tribunaux constitutionnels ont dû conser-
» ver leur ancienne essence et la pleine activité de leurs
» fonctions, sur pied du serment primitivement prêté par
» leurs membres, et tout comme si jamais ils n'en avoient
» prêté d'autre depuis.

» C'est d'après cette déclaration formelle, en suite de laquelle
» l'entrée des troupes a eu lieu paisiblement et même avec

» prévenance de la part des États du Hainaut que ce Conseil,
» regardant son serment prêté durant la révolution comme
» non avenu, a d'abord rempli et exercé ses fonctions sous
» l'institution ordinaire de *Conseil souverain de l'Empereur et*
» *Roi en Hainaut*, et sous le serment de la charte prêté par ses
» membres lors de leur admission.

» Telle étoit la conduite que les vrais principes et notre
» devoir nous prescrivoient ; nous nous serions rendus juste-
» ment répréhensibles si, à la rentrée des troupes, nous
» avions regardé le serment prêté pendant la révolution comme
» un obstacle à l'exercice légal de nos fonctions ; car, tous
» les officiers de justice et de police du pays étant dans le
» même cas, l'anarchie universelle se seroit produite aussitôt ;
» cet état de désordre auroit provoqué des exécutions
» militaires ; et une telle interprétation de notre part auroit pu
» être envisagée, aux termes de la déclaration du 14 octobre,
» *comme une manœuvre contre l'exercice paisible de l'autorité de*
» *Sa Majesté*. C'est ce qui met le dernier degré d'évidence à la
» vérité que l'oubli prononcé dans la déclaration de Sa Majesté
» et reçu avec la plus profonde reconnoissance par les
» habitans du pays, a absolument et entièrement effacé tous
» faits avenus durant la révolution, puisque l'interprétation
» contraire entraîneroit dans ces inextricables conséquences.

» Et c'est sur pied de ces motifs qui seroient encore
» susceptibles d'un plus grand développement, que nous
» avons constamment tenu que nous n'avons jamais cessé
» d'être légalement constitués ; et c'est dans ces principes
» que nous avons cru et que nous croyons encore devoir
» puiser les règles de notre devoir.

» Ce devoir nous a mis dans l'impossibilité de faire nos
» fonctions de conseillers avec des individus qui ne le sont
» pas suivant la constitution, parce que ce seroit concourir à

1791

» l'enfreindre, et cela sous le règne d'un monarque qui veut et
» qui a promis formellement sa conservation.

» Nous sommes toujours prêts à reprendre et continuer
» l'exercice de nos fonctions quand nous pourrons le faire
» librement et constitutionnellement, c'est-à-dire sans l'inter-
» vention d'individus que nous ne pouvons regarder comme
» membres de la Cour. C'est ce que nous avons déclaré à
» M. le Président avant que de nous retirer de la séance du
» 24 de ce mois, en ajoutant que nous étions même prêts de
» réitérer notre serment primitif non seulement une fois,
» mais aussi souvent que nous en serions requis, sans
» néanmoins pouvoir reconnoître que nous aurions jamais
» cessé d'être légalement institués et, comme M. le Président
» n'a pas voulu souffrir que notre déclaration fût déposée sur
» le bureau de la Cour, nous nous sommes trouvés réduits à
» l'envoyer aux États, afin que, par leur canal, elle pût par-
» venir là où ils croiroient devoir l'adresser. Nous espérons
» que votre Excellence recevra cette lettre comme une preuve
» de notre attachement à notre devoir et comme l'effet de
» notre zèle pour le service de Sa Majesté et pour le bien
» public.

» C'est avec ces sentimens que nous avons l'honneur de la
» lui adresser et d'être avec un profond respect,

» Monseigneur, de votre Excellence, les très humbles et très
» obéissants serviteurs,

» Les conseillers du Conseil souverain de l'Empereur et
» Roi en Hainaut.

» (Etoient signés): G. Farin, Obert de Quévy, G. Dele-
» court, L.-J. Papin, Ig. Sebille, A.-J. Paridaens, G.-G.
» Cornet et P. Abrassart.

» Mons, le 30 mars 1791. »

Du 31 mars.

La nuit précédente, les États ont dépêché un courrier directement sur Vienne avec des représentations à Sa Majesté sur ce qui venoit d'arriver au Conseil.

Les anciens Conseillers envoyent copie aux États de leur lettre adressée hier à son Excellence ; ils adressent le paquet au pensionnaire avec la lettre d'envoi que voici :

« Monsieur,

» Croyant qu'il est convenable que les États ayent connois-
» sance de la lettre que nous venons d'adresser à son
» Excellence le ministre plénipotentiaire de Sa Majesté,
» concernant sa dépêche du vingt-deux de ce mois relative
» au Conseil, vous trouverez ci-jointe la copie de cette lettre,
» vous priant de la mettre sous les yeux des trois ordres.
» Nous avons l'honneur d'être avec considération, M.,
» vos très humbles et très obéissants serviteurs,
» Les conseillers au Conseil souverain de l'Empereur et Roi
» en Hainaut.
» Étoient signés comme à la lettre au Ministre.
» Mons, le 31 mars 1791. » (1)

A onze heures, on publie à la Toison d'or la déclaration de l'Empereur et Roi du 16, portant révocation de différens édits, ordonnances et décrets en matière ecclésiastique. Cette publication se fait sous l'autorité de la nouvelle Cour inconstitutionnelle, en suite de son ordonnance du jour précédent,

---

(1) Si les États avoient eu cette pièce avant le départ de leur courrier pour Vienne, ils en auroient mis une copie dans le paquet ; mais il n'auroit pas été décent de la leur envoyer avant que l'original pût être remis au Ministre.

1791 signee Marousé, qui fait fonction de greffier, et par commissaire d'icelle prétendue Cour, présent le substitut avocat de S. M., Paternostre.

Du 2 avril.

Les États reçoivent de leurs députés de Vienne un rapport du 23 mars, qu'ils font d'abord imprimer; en voici un exemplaire. Le dernier paragraphe de ce rapport donne de grandes espérances.

On publie à onze heures, sous l'autorité de la Cour inconstitutionnelle, deux placards du 19, étant des déclarations de Sa Majesté, l'une au sujet des présentations accordées aux tribunaux supérieurs de Justice en cas de vacances d'une place ainsi qu'au sujet de l'inamovibilité des emplois des juges des mêmes tribunaux, l'autre portant suspension des ordonnances qui exigent que les degrés de licence soient pris dans l'université de Louvain pour les facultés des arts, du droit et de la médecine.

La première de ces déclarations ne donne, quant au Hainaut, rien que ce que nous avions déjà par la constitution et par les anciens usages.

Du 4 avril.

La Cour inconstitutionnelle fait afficher au greffe la résolution suivante : « La Cour a fixé jour au 14 de ce mois
» pour délibérer dans la séance du matin à dix heures, sur
» les mérites des prétendans à la charge de conseiller de robe
» longue vacante par la démission accordée au conseiller
» Raoux, et au lendemain 15, pour procéder à la nomination
» de trois des dits prétendans en conformité des décrets du
» 18 octobre 1759 et 19 de mars 1791 ».

Du 5 avril.

On publie sous l'autorité de la Cour inconstitutionnelle deux placards du 19 mars, l'un concernant la convention de La Haye du 10 décembre 1790 et l'autre pour la réintégration de l'université de Louvain dans son droit de nomination.

1791

Cette même Cour porte une ordonnance en suite de dépêches du ministre, enjoignant au greffier Fleur de reprendre ses fonctions le 7 de ce mois, à peine que sa place sera conférée.

Il sort de la presse un imprimé sous le titre de *Procès-verbal de la Cour à Mons du 24 mars 1791*, contenant les déclarations et protestations des conseillers, greffiers et secrétaires remises par eux aux États le dit jour 24, et envoyées par les États à Sa Majesté l'Empereur, avec leur représentation à ce sujet. Cette pièce contient quelques notes avantageuses au greffier Fleur, à M. Raoux et à l'ordre des avocats en général, sur leur refus d'exercer leur état sous la Cour inconstitutionnelle.

Du 6 avril.

On voit paroître les rapports imprimés de la part des États, de leurs députés à Vienne, des 3, 13, 16 et 18 mars ; ceux des 6 et 23 l'ayant été séparément d'abord qu'on les eut reçus. Le rapport du 18 contient le mémoire qu'ils ont adressé à Sa Majesté en suite de l'invitation du monarque. Ce mémoire mérite d'être ici transcrit pour le mettre hors de danger de s'égarer :

« SIRE,

« Par une suite de cette sollicitude pour le bonheur de vos
» peuples qui doit vous attacher à jamais leur reconnoissance

1791 » et leur amour, Votre Majesté a bien voulu, en recevant
» l'hommage de la soumission de la province de Hainaut,
» nous inviter elle-même à déposer dans son sein paternel
» ce qu'il pourroit rester à faire pour assurer le calme et la
» tranquillité dans cette province. Nous nous empressons,
» Sire, connoissant les vœux et les intentions des États,
» d'exposer à Votre Majesté avec cette pleine et entière
» confiance qu'elle nous a inspirée, ce qui dans le moment
» actuel fait l'objet de leurs désirs et de leurs inquiétudes.

» 1. — Pour faire perdre tout souvenir des maux soufferts
» dans ces derniers tems, pour ramener la confiance et ôter
» tout obstacle à l'amour inné des Belges envers leurs Souve-
» rains, il faudroit, Sire, élever un mur de séparation entre le
» passé et le présent; il faudroit que non seulement il fût
» impossible de le franchir, mais qu'on ne pût même le
» tenter ; ce mur est l'oubli le plus profond et le plus général
» que Votre Majesté a daigné promettre par sa déclaration
» du 14 octobre dernier. Et en se bornant à excepter de cet
» oubli ceux qui, pour perpétuer les troubles, empêcheroient
» que cette grâcieuse déclaration ne parvînt librement à la
» connoissance de tous ses sujets, Votre Majesté a donné une
» preuve non équivoque qu'elle ne savoit point oublier
» à demi. Cependant, Sire, qu'il nous soit permis de le dire,
» il existe encore des doutes et des incertitudes qui empêchent
» le retour de cette confiance pleine et de cette tranquillité
» profonde qui font l'objet de tous nos soins et de vos désirs.

» Ces doutes, Sire, ne proviennent que du retard qu'éprouve
» la déclaration que Sa Majesté avoit promise. Daignez, Sire,
» la donner incessamment et statuer que personne ne pourra
» être recherché, inquiété, ou molesté d'aucune façon ni
» directement, ni indirectement, à cause des troubles passés ;
» que cet oubli s'étend aux officiers et soldats qui ont aban-

» donné le service impérial pour entrer dans les corps levés
» par les États ; que l'intention de Sa Majesté est de com-
» prendre dans cet oubli général, les fonds qui ont été trouvés
» au trésor royal, à la Monnoye, dans les caisses des receveurs,
» ou qui ont été perçus en après du produit des domaines et
» autres revenus royaux, et qui ont été dépensés par les États
» à cause des troubles ; que son intention est aussi que les
» emprunts que la province de Hainaut a été obligée de faire,
» soient acquittés exactement, et enfin que ce qui peut rester
» à payer aux particuliers qui ont livré leurs marchandises
» dans ces temps malheureux, leur soit promptement acquitté
» par les États.

1791

» 2. — Il est de constitution qu'aucun membre du Conseil
» de Hainaut ne peut être destitué que par justice et sentence.
» Il est aussi de constitution que, pour être membre de ce
» Conseil, il faut avoir été compris dans le terne que ce
» Conseil présente au Souverain.

» En 1789, on a enfreint ces dispositions fondamentales
» de nos lois ; on a destitué arbitrairement plusieurs membres
» de ce Conseil dont deux conseillers ecclésiastiques, un
» Chevalier de Cour, en supprimant les charges de l'un et de
» l'autre, et un conseiller de robe longue ; on les a remplacés
» par la seule voie d'autorité et en franchissant celle de la
» présentation ; on nomma en outre à deux places de conseil-
» lers de robe longue vacantes par mort.

» Dans le courant de novembre de la dite année, ces nou-
» veaux pourvus, au nombre de sept, ont abandonné le
» tribunal et se sont retirés de la province, et ce avant que les
» troupes impériales eussent quitté la ville de Mons.

» Les choses en cet état, et deux autres places de conseil-
» lers étant venues successivement à vaquer par mort, le
» cours de la justice se trouvoit ralenti et interrompu, les

» affaires languissoient et, pour remédier à ces maux, après
» que trois des destitués eurent repris leurs fonctions, les
» États se trouvèrent forcés de nommer aux autres places
» vacantes sur la présentation qui fut faite suivant la consti-
» tution et les lois.

» On craint, Sire, que cette constitution ne souffre une
» nouvelle infraction par la rentrée de la totalité ou de quelques-
» unes des personnes qui avoient été nommées arbitrairement
» par l'ancien gouvernement. Votre Majesté donneroit une
» preuve éclatante de sa justice et de son amour pour nos
» lois, si elle daignoit nous donner l'assurance qu'il ne peut
» en être question et que les États et le Conseil cesseront d'être
» gênés à cet égard.

» 3. — Des esprits novateurs cherchent à répandre la
» division dans nos provinces ; leur système, en sappant
» l'autorité du trône, tend à renverser les lois constitution-
» nelles qui en sont le soutien ; il est temps, Sire, de les
» arrêter, et Votre Majesté fera cesser à cet égard toute inquié-
» tude et tout esprit de parti si elle daigne, suivant sa pro-
» messe contenue dans sa déclaration du 14 octobre, remettre
» en son entier tout ce qui peut avoir été fait contre la teneur
» de la constitution et resserrer par sa prompte inauguration
» les liens qui attachent la nation à son Souverain ; elle fera
» perdre tout espoir de nouveautés contraires aux lois fon-
» damentales et à la tranquillité si nécessaire dans le tems
» présent.

» 4. — Parmi les causes des derniers malheurs, on doit
» compter l'impossibilité où se sont trouvés les États de la
» province de Hainaut de s'adresser directement à leur Souve-
» rain. Daignez, Sire, déclarer que ces États pourront désor-
» mais et sans obstacle s'adresser directement aux gouverneurs
» **généraux** et, selon les circonstances, à leur Auguste Monar-

» que, qu'ils savent être constamment occupé de leur
» bonheur.

» 5. — C'est la confiance des peuples dans le Gouverne-
» ment qui facilite le succès de ses opérations. Votre Majesté a
» déclaré elle-même qu'elle ne vouloit régner que par la
» confiance. Les États de la province de Hainaut persuadés de
» la nécessité de la procurer, ont cru devoir remettre à son
» ministre plénipotentiaire, le comte de Mercy-Argenteau, un
» mémoire entre autres dans lequel ils développent les moyens
» qu'ils ont cru propres à y conduire, et qui doivent la
» cimenter. Veuillez, Sire, prendre égard aux motifs qui ont
» dicté ce mémoire ci-joint par extrait, et y disposer favora-
» blement. Nous sommes convaincus, Sire, que la nation
» attend notre retour avec la plus vive impatience, dans
» l'espoir que Votre Majesté aura daigné accueillir son hom-
» mage et nous osons l'assurer, qu'en portant une décision
» favorable sur les demandes qu'elle nous a invités de lui
» faire, demandes qui, parmi celles faites à son ministre pléni-
» potentiaire le comte de Mercy-Argenteau, paroissent les plus
» pressantes pour consolider la confiance, elle va ramener dans
» notre province, la paix et la tranquillité qui l'ont autrefois
» élevée au plus haut point de gloire et de bonheur.

» Il est ainsi.

» (Étoit signé :) Dupré. »

Du 7 avril.

On voit paroître imprimée la lettre des conseillers écrite au ministre, le 30 mars, avec une note qui dit que les États ont voté un acte d'adhésion de leur part aux principes et aux motifs de cette lettre, en déclarant en conséquence que les autorités et juridiction du Conseil souverain de la province ne pouvoient être exercées légalement et constitutionnellement

1791 que par les anciens membres de ce Conseil composant la Cour à Mons. Cet acte, y est-il dit, a été envoyé au ministre.

On voit paroître imprimées, de la part des États, les résolutions prises par les trois ordres, en suite de la dépêche du ministre du 22 mars 1791, concernant le Conseil souverain de ce pays ; le tiers-état y fait schisme avec les deux premiers ordres qui tiennent pour les bons principes. Ci-joint un exemplaire.

Du 8 avril.

On publie sous l'autorité de la Cour inconstitutionnelle un édit sur le fait des attroupements et contre les perturbateurs du repos public, du 19 mars 1791, et deux déclarations des 28 et 29 janvier auparavant, l'un concernant les dignités, bénéfices et offices ecclésiastiques, de même que les emplois civils conférés pendant les troubles, l'autre défendant de mettre en circulation les monnoyes d'or, d'argent et de cuivre, fabriquées pendant les derniers troubles sous le nom des *soi-disant États Belgiques-unis.*

Assemblée du conseil de ville fort orageuse au sujet de l'emploi de trésorier de la ville qui avoit été conféré pendant les troubles au sieur Delaroche, vacant par la mort de M. Dubus. Le conseil de ville, c'est-à-dire les membres ci-devant fugitifs prétendoient que la collation donnée à M. Delaroche étoit nulle, et comme M. Delaroche avoit protesté contre toute collation nouvelle, on vouloit s'adresser au Conseil de Hainaut, comme il est composé à présent, pour faire déclarer l'emploi vacant ; mais les anciens membres protestèrent contre cette résolution, disant que le Conseil de Hainaut qui siégeoit à présent, n'étoit pas légalement composé et que les États avoient même à cet égard manifesté leur sentiment, qu'ainsi

on ne pouvoit par le fait reconnoître ce Conseil. Et comme le 1791
plus grand nombre l'auroit emporté pour le sentiment
contraire, plusieurs membres, composant la minorité, se sont
retirés de l'assemblée en protestant.

Du 9 avril (fête de Sainte-Waudru).

On voit paroître un imprimé authentique contenant une représentation faite à Sa Majesté par le tiers-état du pays et comté de Hainaut, pour désavouer celle des États adressée à Sa Majesté directement par le courrier parti le 31 mars, tendant à faire révoquer le décret du 19 mars relatif à l'organisation du Conseil. La partie du tiers-état qui a voté cette représentation a envoyé des députés qui sont allés à leurs frais la porter au ministre avec prière de la faire parvenir à Sa Majesté.

Le rapport de ces députés se trouve à la suite du même imprimé.

Le 17 avril, les deux premiers ordres ont adressé au ministre une représentation contre le procédé du tiers-état.

Dans l'après-dînée, il se commet un horrible assassinat, par des chasseurs du corps franc du capitaine Leloup, sur un bourgeois qui étoit dans un cabaret près du clocher de Saint-Germain. Le cabaretier lui-même est blessé d'un coup de sabre qui lui a enlevé le poignet et un autre bourgeois est aussi blessé grièvement.

Le militaire, craignant un soulèvement à cause de ces faits, redouble de précaution ; les postes sont renforcés et les patrouilles redoublent d'activité.

Du 12 avril.

Chacun de nous, anciens membres du Conseil, se trouve signifié par un huissier de chambre de la Cour inconstitution-

1791 nelle, d'une disposition de son Excellence le ministre qui leur accorde encore le terme de trois jours pour renouveller leur serment et reprendre leurs fonctions dans le Conseil composé des individus désignés dans le décret du 19 mars dernier. Voici cette disposition :

« Florimond, comte de Mercy-Argenteau, etc.

« MESSIEURS,

« Nous n'avons appris qu'avec surprise que les sieurs
» Farin, Obert, Delecourt, Papin, Sebille, C. Demarbaix,
» Paridaens, Cornet, Abrassart, Maugis, Demarbaix, Petit et
» Senault, au lieu de profiter des effets de la générosité de
» Sa Majesté, qui vouloit bien les réadmettre à son service
» qu'ils avoient abandonné si déloyalement en prêtant un
» serment contraire à la fidélité qu'ils lui devoient, tant
» comme ses sujets que comme ses officiers, avoient refusé
» de reprendre leurs fonctions avec. les conseillers Gobart,
» Dumont, Raoux, Marousé et Henry.

» Nous pourrions sans doute, après cette conduite, dispo-
» ser d'abord des places dans lesquelles ils ont refusé de
» rentrer, mais voulant bien leur donner encore le moyen de
» revenir du parti que trop de précipitation peut leur avoir
» fait prendre, nous avons accordé et accordons aux dits
» Farin, Obert, Delecourt, Papin, Sebille, C. Demarbaix,
» Paridaens, Cornet, Abrassart, Maugis, Demarbaix, Petit et
» Senault, encore un terme de trois jours, à compter de
» l'intimation que vous leur aurez fait faire du présent décret,
» à l'effet qu'ils viennent renouveller le serment qu'ils avoient
» prêté à Sa Majesté à l'avènement à leurs emplois et
» reprendre les fonctions des dits emplois dans le Conseil
» composé des individus désignés dans notre décret du
» 19 mars dernier.

» Notre intention étant qu'au cas que tous ou quelques-uns
» d'entre eux ne viennent pas dans ledit terme renouveller le
» susdit serment et reprendre leurs fonctions, vous procédiez
» de suite à la nomination pour les places de conseillers qui
» demeureroient vacantes et que vous nous proposiez des sujets
» pour les places de greffiers et de secrétaires qui seroient à
» remplir.

» Nous vous chargeons de faire intimer incessamment notre
» présente disposition auxdits sieurs Farin, Obert, Delecourt,
» Papin, Sebille, C. Demarbaix, Paridaens, Cornet, Abrassart,
» Maugis, Demarbaix, Petit et Senault.

» A tant, Messieurs,...

» De Bruxelles, ce onze avril 1791.

(Étoit paraphé :) » C^r. v^t. (et signé :) MERCY-ARGENTEAU.

(Plus bas :) » Par ordonnance de son Excellence : L. VANDEVELDE.

(Au pied étoit écrit :) » Au Conseil de Hainaut.

» Les Président et gens du Conseil Souverain de l'Empe-
» reur et Roi en Hainaut ayant vu ce décret, ont ordonné et
» ordonnent qu'il sera insinué aux personnes y dénommées.
» Fait en Conseil, le 12 avril 1791.

(Paraphé :) » GOM. v^t. (et signé :) MAROUSÉ.

» Signifié par le soussigné huissier de chambre, ce 12 avril
» 1791. (Signé :) J. B. C. RIDDERBOSCH. »

Ci-joint la copie qui m'a ainsi été insinuée.

Ce même jour, nous nous sommes réunis tous les anciens conseillers chez M. Delecourt, à l'exception de M. Cornet, absent de la ville, et à l'exception de M. C. Demarbaix, aussi absent, mais qui n'a encore point rentré au Conseil. Les conférences ont continué les 13, 14 et 15 sans que M. Cornet soit revenu, quoiqu'invité par lettre de notre part, ayant fait répondre verbalement par la personne de confiance qui lui fut envoyée que « quant à lui, il persistoit à ne point rentrer au

» Conseil avec les inconstitutionnels et qu'il n'estimoit point
» qu'il fût question de ne rien répondre à la dépêche qui
» venoit de nous être intimée ».

Il n'y a pas laissé d'y avoir un partage d'opinions, point tant sur les principes, que sur la considération du bien public, et s'il ne seroit point préférable de rentrer, sans préjudice à nos protestations et à celles des États, que de laisser le pays plus longtems à la merci de ceux actuellement siégeans ; aussi s'il n'étoit pas préférable de n'avoir au Conseil que quatre juges inconstitutionnels, plutôt que d'avoir la compagnie entière composée du même aloi. On disoit qu'en tout cas, si les États réussissoient dans leurs réclamations, il seroit moins difficile d'en expulser quatre que d'en expulser seize ; que si les États ne réussissoient point dans leurs réclamations, le pays seroit toujours moins malheureux avec quatre pareils juges que si le Conseil entier étoit composé de même. Il s'est même présenté deux bourgeois avec un placet raisonné pour nous prier de reprendre nos fonctions, nous fesant connoître que si nous paroissions à ce disposés, ils feroient signer leur placet par un très grand nombre de personnes. On ne s'est pas beaucoup ouvert sur leur proposition, on leur a rendu leur placet et M. Delecourt, qui étoit allé leur parler, les a assurés que ce ne seroit jamais que le bien public et les principes de notre devoir qui régleroient notre conduite. Enfin le 15, dernier jour du terme de la prétendue grâce, quelques-uns d'entre nous ayant dit positivement qu'ils ne pourroient jamais se résoudre à agir contre l'évidence des principes, et cela sur un prétexte au moins très obscur d'éviter un plus grand mal, les autres déclarèrent que si l'on ne rentroit pas tous, eux ne rentreroient pas non plus, évitant ainsi de proclamer positivement leur opinion particulière, et l'on signa tous une lettre au ministre, dont on avoit prié dès la veille un des membres de l'assemblée de former un projet. Voici cette lettre qui fut mise à la poste le même jour 15, sous recommandation.

« MONSEIGNEUR,

» C'est la conviction intime de notre devoir et l'évidence
» des principes qui ont dirigé notre conduite du 24 mars
» dernier, lorsque nous nous sommes absentés du Conseil,
» ne pouvant consentir à exercer nos fonctions de conseillers
» concursivement avec des individus qui ne le sont pas sui-
» vant la constitution.

» La précipitation n'a eu aucune part à cette démarche
» douloureuse, car c'est le comble du malheur de devoir
» lutter contre l'autorité, aux dépens de son repos et au risque
» de sa fortune.

» Nous avons exposé nos motifs dans la déclaration que
» nous avons envoyée aux États pour le refus de monsieur le
» Président de souffrir que nous la laissassions déposée sur
» le bureau de la Cour en nous retirant, et nous les avons
» développés avec plus d'étendue dans la lettre que nous avons
» pris la très respectueuse confiance d'adresser à votre
» Excellence six jours après, sous la date du 30 même
» mois.

» Les principes que nous y avons détaillés n'ont rien perdu
» de leur force depuis lors ; au contraire, ils ont acquis un
» degré de consistance et de certitude de plus par l'adhésion
» des États et par l'opinion publique.

» Nous ne pouvons donc tenir aujourd'hui une conduite
» contraire tandis que notre conviction reste toujours la même.
» Si nous avions trouvé quelque possibilité à déférer aux
» vues de votre Excellence, nous l'aurions fait du fond de
» notre cœur à la première fois, et si nous ne le faisons pas

» encore aujourd'hui, c'est que la même voix impérieuse de
» notre devoir toujours nous en empêche.

» Nous osons espérer que votre Excellence ne donnera pas
» de suite à sa disposition du 11 de ce mois, au moins jusqu'à
» ce que Sa Majesté ait pris en considération et pesé dans
» sa justice les représentations et remontrances que les États
» ont adressées directement à sa personne sacrée, en suite
» d'invitation gracieuse et spontanée de sa part.

» Nous protestons de notre fidélité entière envers Sa Majesté
» et en réitérons ici l'hommage, ainsi que l'offre de renou-
» veller le serment prêté à l'avènement à nos charges, étant
» toujours prêts d'en reprendre les fonctions quand nous
» pourrons le faire sans l'intervention de personnes qui ne
» peuvent être regardées comme établies constitutionnelle-
» ment.

« Nous nous sommes expliqués dans notre lettre du
» 30 mars sur ce qui concerne le serment que nous avions
» prêté durant les troubles ; nous prenons la très respectueuse
» liberté d'y ajouter que le fait de ce serment ne peut nous
» être opposé ni reproché sous aucun rapport sans le retirer
» de l'oubli profond où Sa Majesté a enseveli tout l'espace de
» temps qu'a duré la malheureuse révolution, sur les causes
» de laquelle elle a voulu qu'il ne pût être fait aucun retour
» ni examen.

« Tout cet espace, Sa Majesté l'a absolument retranché de
» la série des temps ; c'est une feuille qu'elle a ôtée des
» annales belgiques et sur laquelle il n'est plus possible de
» rien lire.

« Le fait de notre serment étoit écrit sur cette feuille ; ce
» seroit encore y lire, contre les intentions de Sa Majesté, que
» de nous opposer en manière quelconque ce fait pour nous
» donner des inquiétudes soit dans l'ordre de notre sûreté,

» soit dans l'ordre de nos propriétés et de notre fortune. Un
» fait oublié ne peut donc plus être un motif de nous ôter
» notre état, et ce seroit nous l'ôter que de faire dépendre sa
» conservation de l'accomplissement d'une condition impos-
» sible telle que celle d'exercer les fonctions avec des membres
» inconstitutionnels.

« C'est pourquoi nous espérons encore que votre Excellence
» ne persistera point à vouloir nous astreindre à cette condi-
» tion et qu'au moins elle n'outrera pas l'état des choses à
» cet égard jusques à ce que Sa Majesté ait fait connoître aux
» États de ce pays le résultat de sa détermination sur une
» matière dont elle veut bien s'occuper elle-même.

» Nous sommes en très profond respect, etc.

» Les conseillers au Conseil Souverain de l'Empereur
» et Roi en Hainaut.

» Mons, le 15 avril 1791.

(Étoient signés :) » C. FARIN, OBERT DE QUÉVY, G. DELE-
» COURT, L.-J. PAPIN, IG. SEBILLE, A.-J. PARIDAENS et ABRASSART. »

Les États font aussi partir une représentation très forte : elle renferme une protestation formelle contre tout ce que pourroient faire les personnes qui siègent en l'hôtel du Conseil.

Du 17 avril (dimanche des Rameaux).

Vers huit heures et demie du soir, nous nous trouvons signifiés d'une espèce de lettre de jussion adressée au Président, de la teneur suivante :

« FLORIMOND, comte de MERCY-ARGENTEAU, etc.

» MONSIEUR,

» Sur une représentation qui nous a été faite, avec des
» expressions répétées de fidélité et d'obéissance aux ordres

1791 » de l'Empereur (1) par MM. Farin, Obert de Quévy,
» Delecourt, Papin, Sebille, Abrassart et Paridaens, tendante
» à obtenir un nouveau délai (2) pour prendre les fonctions au
» Conseil souverain de Mons auxquelles nous les avons
» appelés au nom de Sa Majesté, nous vous faisons la pré-
» sente pour vous dire que nous voulons bien mettre à leur
» égard le comble aux dispositions de condescendance que
» nous avons manifestées dans cette affaire et pour vous
» charger en conséquence de faire convoquer pour mardi
» dix-neuf de ce mois lesdits sieurs Farin, Obert de Quévy,
» Delecourt, Papin, Sebille, Abrassart et Paridaens, avec ordre
» de comparoître pour prendre leurs fonctions avec les conseil-
» lers qui siègent actuellement en la Souveraine Cour de Mons,
» à peine de désobéissance (3), après qu'ils nous auront prêté
» un nouveau serment tel qu'ils l'ont prêté à leur premier
» avènement en office de conseillers. Déclarons que c'est
» notre intention que le Conseil procède d'abord à la nomi-
» nation pour toutes les places qui seront vacantes après le
» terme accordé par cette nouvelle interpellation.

» A tant, Monsieur, Dieu vous ait en sa sainte garde.
» De Bruxelles, le 16 avril 1791.
(Étoit paraphé :) » C^r. v^t. (et signé :) Mercy-Argenteau.
(Plus bas :) » Par ordonnance de son Excellence, (contre-
» signé :) L. C. Vandevelde.
(Et au pied est écrit :) » A Monsieur de Gomegnies,
» Président du Conseil de Hainaut ».

(1) Le mot *fidélité* ne se trouve qu'une fois dans notre lettre ; celui *obéissance* ne s'y trouve pas du tout.
(2) La lettre ne tendoit pas à cela.
(3) Ces mots « *à peine de désobéissance* » étoient écrits, par interligne, au décret original dont j'ai pris vue lors de la signification.

A la suite de la copie signifiée de cette dépêche, se trouve en original ce qui suit, écrit de la main du comte de Gomegnies, Président, et signé de lui.

« En conformité du décret en copie ci-dessus de son
» Excellence le ministre plénipotentiaire, vous êtes convoqué,
» Monsieur, pour venir prendre vos fonctions au Conseil
» mardi 19 du courant, avec messieurs les conseillers qui
» siègent actuellement en la Souveraine Cour de Mons.
» Mons, le 17 avril 1791.
(Signé :) » Comte DE GOMEGNIES.
»·Signifié par le soussigné huissier de chambre le 17 avril
» 1791. (Signé :) J. B. C. RIDDERBOSCH. »

Ci-joint cette pièce.

Cette lettre de jussion m'a paru marquer clairement l'embarras du gouvernement par toute sa tournure, qui d'abord n'étoit pas correspondante à notre lettre à laquelle elle se rapportoit, et puis qui accorde une grâce sous menace de désobéissance si on ne l'accepte pas. Cette menace, d'ailleurs, écrite par interligne à l'original, me parut donc être absolument un hors-d'œuvre et un vain épouvantail. Cependant, je résolus dès lors de m'absenter de la ville par simple précaution, d'autant plus que je n'étois point déterminé à intervenir à ce sujet à aucune conférence avec messieurs mes anciens collègues, le mot me paroissant bien tranché dans nos deux lettres au ministre, des 30 mars et 15 avril, dont nous ne pouvions nous écarter sans nous contredire, tandis que l'état des choses restoit le même.

Du 18 avril.

On apporte chez moi une lettre de M. Papin, fiscal, qui m'avertit que les anciens conseillers se rendront à quatre heures après-midi chez M. Delecourt pour parler de la lettre de jussion. Cette lettre, ci-jointe.

1791

Ces messieurs prennent la résolution d'envoyer aux États, comme gardiens de la constitution, copie de la dépêche du ministre du 11, de la deuxième lettre des conseillers du 15 et de la lettre de jussion du 16.

Les États prennent la résolution suivante par le concours des deux premiers ordres : le tiers-état toujours dissident, disant qu'il en étoit fait par son avis particulier du ... (1)

« Du 18 avril 1791.

» Messieurs, des ordres ont conclu qu'il fût envoyé
» ce jourd'hui à son Excellence le comte de Mercy-Argenteau
» une députation composée de membres de chaque
» ordre pour solliciter, au nom de ceux-ci, un sursis aux
» dépêches des 11 et 17 (2) du courant, au moins jusqu'à ce
» qu'on eût reçu la détermination précise de Sa Majesté à la
» justice de laquelle ils s'en sont référés et s'en réfèrent encore
» sur cet objet, nommant pour cette députation de la part de
» messieurs du clergé : M. le chanoine Demeuldre et de la part
» de messieurs de l'ordre de la noblesse : M. le comte d'Auxy
» de Neuvilles. »

Cette députation partit la nuit même.

Du 19 avril.

Les États reçoivent vers six heures du soir, par courrier, un rapport de leurs députés à Bruxelles, contenant que le ministre leur a déclaré que depuis trois jours il avoit reçu la détermination de Sa Majesté et que l'Empereur avoit aggréé la nouvelle organisation que lui, ministre, avoit donnée au Conseil en suite et en vertu de ses pleins pouvoirs. Le courrier étoit chargé d'une lettre particulière, contenant en quelque sorte le duplicata de leur rapport, à l'adresse de M. le conseiller Papin. La communication en ayant été faite à tous les anciens

(1) Voir page 46.
(2) Veut dire du 16, signifiée le 17.

conseillers qui étoient en ville, ils ont regardé que, par cette détermination de l'Empereur à laquelle les États s'étoient référés d'avance, la question cessoit ; en conséquence, ils se sont rendus vers sept heures du soir chez M. le Président, où ils ont renouvellé leur serment et exercé quelques fonctions avec les conseillers nouveaux.

M. Abrassart avoit écrit un billet chez moi pour me prévenir de cette démarche et des motifs, mais j'étois absent de la ville. Ci-joint ce billet ou lettre.

Du 20 avril.

Mon épouse fait partir, à portes ouvrantes, mon domestique avec un billet contenant le récit de la journée de hier, et une voiture pour revenir. Je rentre en ville vers cinq heures l'après-midi et m'étant appaisé de l'état des choses, je me rendis vers huit heures chez le comte de Gomegnies, Président, pour renouveller aussi mon serment. Il me dit que le tems étant écoulé, il n'étoit plus autorisé de le recevoir. Je lui dis que j'étois absent et qu'au moins je le priois de tenir note que je m'étois présenté, ce qu'il me promit de faire.

Vers dix heures du soir, rentrent en ville MM. Demeuldre et d'Auxy, de retour de leur députation de Bruxelles. Ils sont porteurs d'une dépêche du ministre adressée aux deux premiers ordres des États, de la teneur suivante :

« FLORIMOND, comte de MERCY-ARGENTEAU, etc.

» MESSIEURS,

» Vos deux députés m'ont fait connoître que vous
» aviez pris la sage résolution de vous référer à ce que
» la justice de l'Empereur prononceroit sur l'organisation que
» j'ai donnée au Conseil supérieur de votre province, en

1791 " vertu des pleins pouvoirs de Sa Majesté, et que vous
" demandiez un sursis ultérieur aux dépêches des 11 et 17
" de ce mois ; sur quoi je vous fais la présente pour vous
" dire que Sa Majesté ayant approuvé la dite organisation et
" me l'ayant fait connoître par les dépêches royales que j'ai
" reçues passé trois jours, il n'y a pas matière au sursis que
" vous demandez à une disposition dictée par la justice à
" laquelle vous voulez vous référer. A tant, etc.
" De Bruxelles, le 20 avril 1791. "

Du 21 avril (jeudi-saint).

M. Farin, revenant de voyage, vient me faire une visite vers sept heures du soir. Je lui rends compte de la démarche que j'ai faite hier envers le Président ; il la trouve bien et sort de chez moi en me disant qu'il va en faire autant.

Du 23 avril.

Je reçois par la poste, sous enveloppe estampillée de Valenciennes, des vers satiriques contre les cinq conseillers rentrés le 19, avec une petite lettre de louange sur ma conduite. J'ai su ensuite que les conseillers rentrés avoient reçu eux-mêmes ces vers. Voici ce qui m'a été envoyé.

Du 25 avril (lundi de Pâques).

En suite de communication avec M. Abrassart qui m'étoit venu voir de la part des autres conseillers qui ont prêté le serment, et après avoir conféré avec le fiscal qui étoit chargé de la part d'eux tous d'écrire, au nom de tous, au Président relativement à moi, j'ai fait partir ce matin, par exprès, une lettre par moi écrite au comte de Gomegnies, Président, adressée au château d'Attre, de la teneur suivante, le même exprès étant porteur de la lettre du fiscal.

« Monsieur le Président,

» Lorsqu'au retour d'une absence, j'ai eu l'honneur de me
» rendre chez vous, le 20 de ce mois vers huit heures du
» soir, pour renouveller mon serment ainsi qu'avoient fait
» la veille MM. mes anciens collègues qui étoient lors en ville,
» vous m'avez fait celui de me dire, Monsieur, que le tems
» étant écoulé, vous n'étiez plus autorisé à le recevoir, me
» promettant cependant, en suite de ma demande, de tenir
» note que je m'étois présenté. A présent, je viens vous prier,
» M. le Président, d'avoir la bonté de faire rapport de la chose
» à son Excellence le ministre plénipotentiaire de S. M. et de
» le supplier de vous faire parvenir les pouvoirs de recevoir
» le renouvellement de mon serment, afin que je puisse
» rentrer en fonctions avec le surplus de la compagnie après
» les vacances.

» Je vous serai infiniment reconnaissant de ce nouvel effet
» de votre complaisance et de votre inclination connue à
» rendre service.

» Dans cette confiance, je suis avec respect, etc.

(Signé :) » A. J. Paridaens.
» Mons, le 25 avril 1791. »

1791

Je n'ai point vu la lettre écrite par le fiscal.

L'exprès étant de retour le soir, m'a rapporté d'avoir délivré ses lettres à un valet de chambre qui avoit promis qu'elles seroient remises le lendemain au Président qui étoit parti ce-jour là, à six heures du matin.

Du 27 avril.

On colporte dans les rues une requête imprimée, présentée ou à présenter au Conseil de la part des maire et échevins et Conseil de la ville de Mons, pour faire déclarer nulle la colla-

1791 tion de la place de trésorier, donnée au sieur Delaroche pendant les troubles. Ci-joint un exemplaire.

Du 28 avril.

On voit paroître imprimée la note que le prince de Kaunitz a remise à nos députés à Vienne le 11 avril. Ci-joint un exemplaire.

Du 1ᵉʳ mai (dimanche de Quasimodo).

Je reçois de Bruxelles, par la poste, une lettre de réponse de M. le Président à la mienne du 25 avril, conçue dans les termes suivants :

« Bruxelles, le 30 avril 1791.

» Monsieur,

» A mon arrivée à Bruxelles, j'avois informé son Excellence
» le ministre que vous vous étiez présenté le 20 pour renou-
» veller votre serment, etc. La lettre que vous avez bien voulu
» m'écrire, en date du 25, ayant été adressée à Attre, m'a été
» renvoyée ici. J'ai également communiqué son contenu au
» comte de Mercy. J'ai bien du regret, Monsieur, de devoir
» vous faire connoître que son Excellence n'a pas jugé à pro-
» pos de m'autoriser à recevoir votre serment. Il est parti
» hier matin pour la Flandre.

» J'ai l'honneur d'être, très parfaitement, etc.

(Signé :) » Le comte DE GOMEGNIES, Président. »

(L'adresse :) » A Monsieur, Monsieur Paridaens, rue Verte,
» à Mons. »

Vers le midi, j'ai été faire une visite à M. Delecourt, notre ancien, et lui ai communiqué cette lettre ; je l'ai aussi envoyée à lire à M. Abrassart, le plus jeune des anciens. Ces messieurs doivent s'être assemblés dans l'après-dînée chez M. Delecourt, suivant qu'ils en étoient, dit-on, convenus hier.

Le greffier Maugis rentrant chez lui à midi tombe mort sur la rue. On attribue sa mort à la révolution physique qu'a faite sur lui la privation de son emploi. 1791

Du 2 mai.

MM. Obert, Delecourt, Papin, Sebille et Abrassart rentrent au Conseil à huit heures pour y siéger avec les inconstitutionnels. Le peuple leur montre du mécontentement en ne les saluant pas. Il y avoit des précautions prises par le Militaire pourqu'ils ne fussent pas insultés.

Je n'ai nulle nouvelle de M. Farin depuis le jeudi-saint le soir.

On voit paroître un imprimé authentique par extrait du registre des résolutions du tiers-état, avec le rapport d'une députation qu'ils ont envoyée à Bruxelles au ministre, pour lui représenter que les avocats P. Durieux et X. Demarbaix, revenus de Vienne, ne sont pas membres du tiers-état de cette province, qu'en conséquence ils n'ont aucune qualité pour rentrer avec son Excellence en négociations sur les intérêts de la province, etc. Voici un exemplaire. Il est incroyable que le contenu de ce rapport soit vrai, et s'il n'est pas vrai, il est incompréhensible comment on ose l'écrire et le rendre public. *O tempora, O mores !*

Du 3 mai.

Le Conseil fait partir par estaffette, vers midi, une représentation au ministre pour solliciter le rappel des conseillers Farin et Paridaens, qui se sont présentés les 20 et 21 avril pour renouveller leur serment, ainsi que du greffier Fleur et des secrétaires Petit et Demarabix qui s'étoient présentés le 19 au soir, avec les cinq anciens conseillers, mais qui n'avoient pas été admis à réitérer leur serment, n'étant pas

1791 compris dans la dépêche du 16. Notez que le secrétaire Senault étoit rentré seul le 15, dernier jour du terme fixé par la dépêche du 11.

La même estaffette est chargée d'une autre lettre du Conseil, relative à la nomination indiquée pour les 4 et 6 de ce mois et tendant à obtenir un sursis à cette nomination. On a averti qu'on ne la fera pas, ne pouvant mieux rapporter ici la chose, puisque je me trouve actuellement exclu du Conseil, et que je ne peux apprendre ce qui s'y passe que par voie indirecte.

Les deux premiers ordres des États envoyent une députation au ministre pour avoir des explications au sujet du rapport de ceux du tiers-état rapporté, sous la date du 2, ci-dessus.

Du 4 mai.

Vers neuf heures du matin, rentrent en ville deux des quatre députés revenus de Vienne, savoir : l'abbé de Saint-Feuillien et le comte de Thiennes ; les deux autres sont restés à Bruxelles pour continuer les conférences avec le gouvernement et entretenir la correspondance avec Mons. M. Gendebien est aussi revenu avec les deux premiers députés. Il s'étoit rendu à Bruxelles comme simple particulier et s'étoit annoncé comme tel, en fesant demander une audience au ministre, qui laissa à son choix d'avoir son audience en même tems que les députés des États revenus de Vienne ou séparément d'eux. M. Gendebien ayant accepté la première proposition, se présenta et fut admis avec les députés et ensuite continua de voir plusieurs membres du gouvernement, relativement aux affaires de la province. On convint de quelques idées générales et préalables pour l'arrangement de toutes les affaires de la province, et c'est pour communiquer ces premières idées que ces Messieurs sont revenus à Mons dans le dessein d'aller ensuite rejoindre leurs confrères à Bruxelles et continuer les négociations avec le ministre.

Du 8 mai.

On voit paroître un nouveau rapport imprimé d'un député qui a été envoyé par le tiers-état vers le ministre, relativement aux députés revenus de Vienne, avec la réponse du ministre à la représentation dont ce député du tiers-état avoit été chargé. Ci-joint un exemplaire.

Du 19 mai.

On voit paroître encore de nouvelles opérations du tiers-état, commençant par une résolution du 10 de ce mois. Voici un exemplaire.

Du 20 mai.

Les États font imprimer la dépêche qu'ils viennent de recevoir du ministre, leur notifiant qu'il avoit résolu d'envoyer, pour le 23 de ce mois, à leur assemblée, des commissaires chargés des ordres de S. M., relativement à l'inauguration et à ce qui peut tendre à concilier tout ce qui peut intéresser le service de S. M. Ci-joint un exemplaire.

Du 25 mai.

On voit paroître imprimées de la part des États, les lettres de créance des commissaires du gouvernement qui sont le comte de Gomegnies l'aîné et M. Deleveilleuze, conseiller privé, avec copie de la résolution prise par les États, les 23 et 24, relativement à l'inauguration.

La formule du serment y présenté est remarquable en ce

qu'elle ne se rapporte pas à l'état des choses existant sous le règne immédiatement précédent, mais au tems du règne de Marie-Thérèse. Quant au reste, cette formule est conforme aux rétroactes. Je ne sais pas si les États ont bien fait de parler dans leur résolution des promesses de Sa Majesté ratifiées à Vienne le 2 janvier 1791, puisque cette ratification donnée sur la convention de La Haye du 10 décembre 1790, contient une restriction quant à l'observance du serment des inaugurations. Voici un exemplaire.

Les États ont aussi nommé des députés pour entrer en conférences avec les commissaires de S. M. sur les objets relatifs aux conjonctures politiques de la province et se sont réadjournés à lundi prochain, 30 du courant, pour prendre communication du résultat de ces conférences. Les deux premiers ordres ont été d'avis de nommer la députation ordinaire des États et d'y adjoindre les députés qui ont été à Vienne ainsi que M. Gendebien, comme étant particulièrement instruit des affaires du pays; le tiers-ordre a nommé ses députés ordinaires et a vivement réclamé contre le surplus de l'avis du clergé et de la noblesse.

Du 26 mai.

Commencement des conférences entre les commissaires de S. M. et les députés nommés par les États.

Du 31 mai.

On voit paroître une protestation de l'ancienne loi de la ville de Binche, contre la représentation faite à S. M. par les mayeur et notables de la ville et terre de Binche, etc. Voici un exemplaire.

Du 1er juin.

On reçoit la première nouvelle certaine que le prince de Ligne, père, est fait grand bailli de Hainaut. C'est la princesse qui l'a écrit au sieur Claus, caissier de la maison, avec ordre de communiquer sa lettre à quelques personnes de considération y désignées.

1791

Du 9 juin.

Les États font imprimer leurs résolutions de hier, contenant l'offre du clergé d'un don gratuit à faire aux États, d'une somme de quatre cent-cinquante mille florins, pour venir au secours de la généralité de la province dans l'acquittement de ses dettes contractées pendant les troubles. Ci-joint un exemplaire de cet imprimé.

Les nouvelles qu'il contient ont été annoncées au public par le son du carillon et de la grosse cloche, dans l'après-dînée et le soir ; on regarde à ce moyen toutes les affaires du Hainaut comme arrangées, les trois ordres des États ayant agréé le projet convenu avec les commissaires de S. M. pour l'organisation du Conseil.

Du 10 juin.

Les États reçoivent la nouvelle officielle que le prince de Ligne est fait grand bailli. La lettre du ministre étoit conçue en ces termes :

« Messieurs,

» Sur la répugnance que M. le comte d'Arberg a marquée
« depuis longtems de reprendre les fonctions de grand bailli
» du Hainaut, l'Empereur a trouvé bon de conférer cette charge
» à M. le prince de Ligne, chevalier de la Toison d'or, com-

1791 » mandeur de l'ordre militaire de Marie-Thérèse, général
» d'infanterie des armées impériales, pair de Hainaut. Sa Ma-
» jesté connoissant toutes les qualités éminentes dont il est
» doué, a cru ne pouvoir faire un choix plus agréable à la
» province. Je me fais un plaisir de vous l'annoncer.
» J'ai l'honneur d'être, etc.
(Signé :) » MERCY-ARGENTEAU.
» Bruxelles, 9 juin 1791.
» Aux États de Hainaut. »

Les États ni le public ne sont la dupe de la tournure de cette lettre.

Du 16 juin.

L'on apprend par les lettres de Bruxelles que LL. AA. RR. les gouverneurs généraux y ont fait leur rentrée, hier vers onze heures et demie. Il fesoit fort mauvais tems : de l'orage, de la pluie, de la grêle et même de la neige. Le prince de Grimberge, grand maître de la Cour, fut atteint d'une appoplexie au moment qu'il pensoit monter en voiture pour aller à leur rencontre. Tout ceci fut pris pour de mauvais augures. Une singularité augmenta cette inquiétude. Les députés des États, qui étoient allés à leur rencontre jusqu'à Bonn, furent retardés dans le retour par le défaut de chevaux de postes qui étoient tous employés à la suite ou aux équipages de LL. AA. RR. Ces députés ne revenant pas, le bruit se répandit qu'ils étoient arrêtés et détenus à Liége. On ajouta que c'étoit probablement la nouvelle de cette arrestation qui avoit frappé le prince de Grimberge, de tant que c'étoit à sa sollicitation, disoit-on, que les États avoient consenti à envoyer leurs députés jusqu'à Bonn, tandis que suivant l'usage ils ne devoient point outrepasser les limites du Brabant.

Du 22 juin.

La nuit dernière, vers deux heures, est arrivé à Mons Monsieur, frère du Roi de France, se sauvant de Paris d'où il étoit parti vers la même heure de la nuit précédente ; il avoit voyagé par des chemins détournés et difficiles en évitant de passer par les villes ; le Roi et la famille royale étoient partis environ une heure avant lui. Les François émigrans fixés à Mons apprenant cette nouvelle ce matin, furent comme ivres de joie. Ils furent s'éveiller les uns les autres et d'abord ils arborèrent tous la cocarde blanche, hommes et femmes, et ceux qui étoient d'état militaire se mirent en uniforme. Le prince s'étoit logé à la Couronne ; comme il avoit essuyé beaucoup de fatigue, il se découcha un peu tard, et vers le midi tous les François, de l'un et de l'autre sexe, allèrent lui faire la cour. C'est de lui qu'ils apprirent que le Roi s'étoit aussi sauvé. Un officier qui avoit quitté le Roi à la sortie de la forêt de Bondy, distance de quatre lieues de Paris, apporte à Monsieur la nouvelle que le Roi étoit parvenu sain et sauf à cet endroit. On n'en sait rien depuis. Vers deux heures après-midi, Monsieur est parti pour Namur ayant remercié les seigneurs françois de l'offre qu'ils lui firent de monter à cheval et de l'accompagner. Il comptoit de recevoir à Namur des nouvelles ultérieures du Roi. Madame, femme de Monsieur, est attendue ici le soir, venant par Tournay ; la noblesse françoise va à sa rencontre, mais on rentre en ville sans l'avoir apperçue.

1791

Du 23 juin.

Madame n'est arrivée à Mons que vers deux heures de la nuit. Elle a logé chez le marquis de l'Épinay, seigneur françois émigrant demeurant à Mons depuis quelques mois en l'hôtel

1791 du comte de Gomegnies l'aîné, près de la place Saint-Jean. Aujourd'hui, fête du Saint-Sacrement, elle a été entendre la messe à Sainte-Waudru, dans une chapelle derrière le chœur. Les chanoinesses sortent de leurs stalles et vont y saluer la princesse. A midi, elle reçoit les hommages de tous les François et Françoises demeurant à Mons. Elle n'a pas encore la nouvelle que le Roi fût hors du royaume ; cependant elle paroît assez tranquille sur son compte, toutes les mesures ayant, à ce qu'elle dit, été extrêmement bien prises. Elle part de Mons à une heure et demie précise après-midi ; le bruit des voitures me fait accourir à notre porte, mais j'arrive trop tard pour voir la princesse. Sa voiture étoit escortée de quelques seigneurs françois résidens à Mons, qui l'ont accompagnée jusqu'à la première porte. Elle va rejoindre Monsieur à Namur. Elle avoit emprunté quatre louis d'or à Tournay, et elle en a emprunté deux cents à Mons : ce qui prouve avec combien de précipitation et de précaution elle étoit partie de Paris.

Une anecdote de son séjour à Mons qui n'est intéressante que pour moi, c'est que, par la connoissance que j'avois avec plusieurs émigrans françois, j'ai eu l'occasion de prêter au marquis de l'Épinay le lit dans lequel Madame a couché, avec les chaises et fauteuils y correspondans, en sorte que je puis dire que Madame de France a couché dans mon lit.

La procession de la Fête-Dieu a été fort brillante : tout le Conseil réorganisé suivant la convention conclue avec les États y a assisté, à l'exception de M. Delecourt seul, qui s'en est excusé sur son grand âge. Nous avions été convoqués hier après-midi chez le Président où MM. Farin, Demarbaix, Cornet et moi avions renouvellé le serment prêté à notre admission et où nous avions ensuite, avec les autres, procédé à la vérification des patentes de MM. Hardenpont, comte de Thiennes, Fontaine, Anthoine, Delattre et Lamine, c'est-à-dire de leurs nouvelles patentes données par le Gouvernement, S. M. n'ayant pas voulu confirmer celles qu'ils avoient obtenues des États durant les troubles.

Cela fait et ces messieurs ayant prêté le serment de garder le secret des délibérations et opinions des chambres, il fut fait ouverture de deux paquets, l'un contenant la réorganisation du Conseil et l'autre, le décret d'amnistie pour le civil. On a sursis d'y délibérer pour la publication et l'enregistrement jusques après les vacances, à cause de l'absence de M. Delecourt. *Nota* que M. Raoux étoit aussi présent à cette séance qui s'est tenue en l'hôtel du Président ; ensuite M. le Président a réglé la répartition des vingt-deux membres du Conseil en trois chambres comme suit :

Première Chambre :

MM. Le Président,
Hardenpont, ecclésiastique,
Obert, chevalier de Cour,
Papin, fiscal,
Cornet,
Abrassart,
Dumont,
Henry.

Deuxième Chambre :

MM. Delecourt,
Farin, ecclésiastique,
Comte de Thiennes, chevalier,
Gobart, substitut fiscal,
Marousé,
Lemaître,
Delattre.

Troisième Chambre :

MM. Sebille,
Demarbaix,
Paridaens,
Raoux,
Fontaine,
Anthoine,
Lamine.

Les greffiers Fleur et Deronquière étoient aussi présens à la séance.

Finalement on y est convenu d'envoyer une députation pour complimenter LL. AA. RR., composée de MM. le Président, Farin, Obert, Papin et Sebille, qui partiroit le 24.

Du 24 juin.

Grande joie parmi les réfugiés françois à cause de la nouvelle qui se répand que le Roi est sauvé, qu'il s'est arrêté sur la frontière de son royaume entre Longwy et Arlon, près de Luxembourg, où il est protégé par un corps de dix mille hommes sous le commandement du marquis de Bouillez, commandant de Metz en Lorraine.

Du 25 juin.

Grande consternation parmi les réfugiés françois. Ils apprennent que la bonne nouvelle de hier étoit fausse ; qu'au contraire, le Roi a été arrêté à Varennes dans le Clairmontois, à neuf lieues de la frontière.

On vend la proclamation que le Roi avoit laissée à Paris en partant. Voici un exemplaire ; voici aussi un exemplaire de ce qui a été dit à l'Assemblée Nationale par M. Desmeuniers par forme de réponse à la proclamation du Roi.

Du 26 juin.

On reçoit la confirmation certaine de la nouvelle que le Roi de France a été arrêté et la famille royale à Varennes, et qu'il est reconduit à Paris. Depuis on a imprimé plusieurs relations de cet événement, entre autres une à Lille, dont voici un exemplaire. Il est apparant que le mot *arrestation*, créé pour cette circonstance, va désormais enrichir le vocabulaire françois.

Du 27 juin.

Premières séances du Conseil réorganisé sur le pied convenu avec les États. On relit de nouveau, à l'intervention de M. Delecourt, l'acte de cette réorganisation sous la dénomination de déclaration de S. M. l'Empereur et Roi du 16 juin 1791, concernant l'organisation du Conseil souverain de Hainaut. On en ordonne la publication aux plus prochains plaids. Au surplus on statue, par un *retentum* particulier, que les ordonnances, sentences et autres actes à émaner de l'autorité de ladite Cour seront désormais dépêchés sous l'appellation suivante : *Les Grand Bailli, Président et conseillers en la Noble et Souveraine Cour à Mons*. Cette formule a été très réfléchie par les principales têtes du Conseil, quoique dans les délibérations on n'ait point paru y attacher la même importance. Il sembloit d'abord qu'on auroit pu intituler simplement dans tous les cas : *la Noble et Souveraine Cour à Mons*, suivant l'expression de l'acte de réorganisation, mais on a réfléchi que cette intitulation auroit pu, tôt ou tard, fournir des prétextes, surtout d'après la réserve insérée dans l'homologation du dit acte, à prétendre que le grand bailli pourroit exercer ses autorités séparément de la Cour, ou au moins avec quelques conseillers qu'il s'assumeroit à volonté pour assesseurs parmi les membres de la Cour, ce qui seroit

1791 de la dernière inconséquence surtout en matière criminelle où, suivant l'article 39 de l'Institution de 1611, le grand bailli jugeoit sans ressort. Il a donc paru important de conserver la dénomination du grand bailli, et on est convenu de l'employer indistinctement dans tous les actes pour éviter les embarras de la distinction entre les matières où le grand bailli n'a que la semonce et celles où il est juge. Alors on a examiné si l'on mettroit *les Grand Bailli, Président et gens de la Noble et Souveraine Cour à Mons* ; mais là dessus on a observé que le Conseil institué en la Cour ne renfermoit pas toute la Cour, qu'ainsi on ne pouvoit pas se servir du mot *gens* qui est une expression indéfinie et partant universelle : c'est pourquoi on est tombé d'accord de dire *conseillers* plutôt que *gens*, et il a paru plus convenable de dire *en la Noble et Souveraine Cour*, que de dire *de la Noble et Souveraine Cour*, pour deux raisons : la première, parce que le grand bailli est non seulement grand bailli de la Cour, mais de tout le pays de Hainaut, la seconde, que le Président, au contraire, n'est point président de toute la Cour féodale du Comté, mais seulement du Conseil ordonné en ladite Cour. On étoit même près de convenir de mettre : *les Grand Bailli, Président et conseillers ordonnés en la Noble et Souveraine Cour* ; mais ces expressions ne pouvant convenir avec exactitude au grand bailli, on s'est finalement décidé à omettre le mot *ordonné*. Restoit à voir si on n'ajouteroit pas *Cour de S. M. l'Empereur et Roi en Hainaut*. Sur quoi, il y avoit même un membre de la nouvelle création royale qui insistoit beaucoup, mais les plus clairs-voyants ou les citoyens les plus prudents ont adroitement écarté cette idée, sans avoir l'air d'y attacher beaucoup d'importance. D'après toutes ces considérations, on a ordonné que l'expédition des arrêts se feroit en cette forme : *Vu en la Noble et Souveraine Cour à Mons le procès,..., Les*

Grand Bailli, Président et conseillers en ladite Noble et Souveraine Cour ont déclaré et déclarent, etc.... 1791

   Dans la même séance, on a résolu d'indiquer un plaids au lundi suivant 4 juillet, pour faire la publication dudit acte de réorganisation. Durant la même séance, un huissier est venu annoncer que le pensionnaire des États étoit à l'antichambre et demandoit à parler à M. le Président. M. Lamine, plus jeune conseiller, fut envoyé pour recevoir la commission ; le pensionnaire lui remit un acte par lequel les États requéroient la Cour de ne point encore publier l'amnistie, attendu qu'ils alloient faire des représentations pour la faire étendre illimitativement, tandis que jusqu'ici et telle qu'elle étoit envoyée, elle ne comprenoit point les personnes d'état militaire. On a résolu de suspendre en effet la publication ; et comme la réquisition, telle qu'elle se trouvoit rédigée par les députés des États, n'étoit conçue que de la part des deux premiers ordres, tandis que le vœu desdits deux ordres réunis emportoit le suffrage de tout le corps des États, M. le Président et le comte de Thiennes se sont chargés de faire corriger la chose et de faire dresser une réquisition sous le nom collectif des États, ainsi qu'ils disoient qu'il avoit été recommandé aux députés.

   Voici un chronique sur l'arrestation du Roi de France qui paroît mériter d'être conservé. On suppose un François qui parle :

aU soLstICe D'ÉtÉ LoUIs Mon roI fUt arrêtÉ, éLIsabeth sa sœUr, antoInette son épouse et ses enfants aUssI, a Varennes.

   Ce chronique est un peu prosaïque et il y a quelques mots qui ne comptent pas, mais il faut lui pardonner ses petits

1791 défauts en faveur de l'avantage d'exprimer l'histoire complette, avec le jour et l'an. Et si le mot *arrêté*, par exemple, dont on ne pouvoit absolument se passer, ne compte point, ce n'est pas la faute de l'auteur du chronique. C'est moi, Paridaens, qui l'ai composé.

Du .. juillet.

On voit paroître, et les États envoyent à la Cour, des exemplaires de leur représentation faite à LL. AA. RR., afin que l'amnistie soit générale et sans aucune réserve. Ci-joint un exemplaire.

Du 6 juillet.

Les États envoyent à la Cour, pour chacun des membres, des exemplaires imprimés de la nouvelle charte d'organisation publiée aux plaids tenus le 4 de ce mois. Voici un exemplaire.

Ils envoyent aussi des exemplaires de leur lettre écrite à LL. AA. RR. le 29 juin, pour exprimer leur gratitude de ce que Monseigneur viendra célébrer l'inauguration en personne. Cette lettre manque de dignité. Voici un exemplaire.

Du 9 juillet.

Les États envoyent à la Cour, pour chacun des membres, le décret imprimé de LL. AA. RR., du 4 de ce mois, qui déclare, au nom de S. M., que la convention de La Haye du 10 décembre 1790 et la ratification de S. M. y ensuivie publiée le 19 mars dernier, ne porteront aucune atteinte ni préjudice quelconque aux constitutions, lois, chartes, usages, franchises, privilèges et libertés du pays et comté de Hainaut, qui resteront subsister dans toute leur pureté et dans toute leur étendue, comme feu S. M. l'Impératrice Reine et ses Augustes Prédécesseurs les ont jurés. Ci-joint un exemplaire.

1791

Du 11 juillet.

Leurs Altesses Royales les sérénissimes gouverneurs généraux arrivent à Mons, à cause de l'inauguration qui doit se faire demain. Les députés des États sont allés à leur rencontre jusqu'à l'auberge du Grenadier, à Nimy ; les magistrats de Mons jusques auprès des Pilastres, où ils ont présenté à LL. AA. RR. les clefs de la ville ; il y avoit dans chacun de ces deux endroits une estrade avec une petite galerie. A six heures du soir se donna le premier coup de cloche et du carillon pour leur arrivée. La Cour, qui avoit prolongé les séances des chambres jusques lors, se rendit en corps, tous ses membres en voiture, à l'hôtel du grand-bailliage, où les trois ordres des États étoient déjà, et deux salles toutes pleines de dames de la ville, les chanoinesses de Sainte-Waudru, les dames d'État et autres noblesses de tous les rangs, femmes de conseillers, etc., attendant LL. AA. RR. qui devoient y gîter. Le prince et la princesse de Gavre, grand écuyer et grande maîtresse de la cour de LL. AA. RR., étoient arrivés de la veille et étoient là les attendant. Il étoit sept heures lorsque les princes mirent pied à terre ; on les avoit promenés par les rues des Marcottes, du Mont-de-Piété, d'Enghien.

A leur entrée à l'hôtel, Madame dit, en traversant la salle où étoient les États et le Conseil, qu'elle alloit voir ces dames qui étoient dans les autres salles, et qu'ensuite elle auroit l'honneur de nous recevoir. Elle parla en effet avec beaucoup d'affabilité à toutes ces dames et dit quelque chose en particulier à celles qui se firent présenter par la princesse

1791 de Gavre. J'ai su ces détails par ma femme et ma fille qui furent du nombre de celles qui prièrent la grande maîtresse de les présenter. Après cela, LL. AA. RR. se retirèrent dans la salle du fond, où elles reçurent les Corps. Le Conseil fut appelé le premier. Le Président fit son compliment fort bas. Je n'en ai compris que les dernières paroles, par lesquelles il implora la protection de LL. AA. RR. auprès de Sa Majesté. L'archiduchesse y répondit, avec un ton ferme et noble, en donnant des éloges à la province de Hainaut sur la manière dont elle s'étoit conduite dans les circonstances malheureuses qui venoient de se passer, et elle finit par dire relativement à la dernière période de la harangue du Président, que leur protection nous étoit inutile, que nous la trouverions toujours dans le cœur de Sa Majesté.

Du 12 juillet.

L'inauguration se fait avec les formalités ordinaires, à travers d'une pluie qui ne discontinua point. L'archiduchesse en fut spectatrice sur un balcon qu'on avoit pratiqué exprès au-dessus de la porte du Grand Caffé, avec un dais qui lui servit merveilleusement contre la pluie, mais le coup d'œil fut considérablement interrompu par tous les parapluies ouverts sur le théâtre, car tout le monde s'en servoit.

A midi, grand dîner d'hommes aux États où LL. AA. RR. assistèrent, la grande maîtresse et une autre dame d'honneur de l'archiduchesse, sans autres femmes. On y but les santés d'usage et puis quelques autres très intéressantes dans les circonstances, comme celle-ci : *A la réunion des cœurs sous le meilleur des maîtres !* Les applaudissements se firent à chaque fois avec beaucoup de cordialité de la part des princes et des assistans. Le comte de Metternich, arrivé récemment au pays pour y occuper la place de ministre, assista aussi à ce dîner.

Après la table, on alla voir les archives des États et le sieur   1791
Dumont, archiviste, reçut beaucoup de compliments sur le bel
ordre de ces archives.

LL. AA. RR. étant retournées à leur hôtel, elles donnèrent
audience aux seigneurs et dames françoises émigrés à cause
des troubles de leur pays.

Le soir, souper et bal à l'hôtel-de-ville auquel LL. AA. RR.
assistèrent encore, et se retirèrent vers ... heures. J'ai su, de
ma femme et de ma fille, qu'il y avoit eu beaucoup de confusion, à cause du grand nombre de personnes de tout état qui
s'y étoient introduites, sans que la maréchaussée et autres
gardes des portes eussent su les en empêcher. Quant à moi,
je n'y étois pas, m'étant contenté du dîner. Il y avoit cependant
un autre bal de la part des États à la salle des spectacles et
aussi un pour le bas peuple au milieu de la place Saint-Jean.

Du 13 juillet.

LL. AA. RR. vont prendre un déjeuner aux États, à l'issue
duquel elles repartent pour Bruxelles à midi. Ce déjeuner n'a
eu lieu que de la part du tiers-état.

On est informé que l'archiduchesse n'a pas été fort satisfaite
de la réception qu'on lui a faite à Mons. En effet, j'ai su après
coup que le peuple avoit été fort morne à son entrée et toutes
les fois que pendant son séjour on avoit été à portée de la
voir. On a su qu'elle avoit témoigné ouvertement son mécontentement à plusieurs dames chanoinesses sur la manière dont
le chapitre s'étoit conduit dans les affaires de la révolution.
Par fatalité ou autrement, il est arrivé que des trois jours que
la ville a été illuminée à cause de l'inauguration, le chapitre
de Sainte-Waudru n'en a illuminé qu'un. Il est encore arrivé,
sans doute par irréflexion ou mésentente, qu'au départ
de l'archiduchesse de Mons, le chapitre s'est borné à lui

1791 envoyer le bailli pour leur souhaiter un heureux voyage, au lieu de députer quatre chanoinesses. Tout ceci a augmenté son mécontentement contre ces dames, et elle a vraisemblablement communiqué ce sentiment au commandant militaire, car le lendemain ou le surlendemain, on leur a retiré la sentinelle placée dans leur enclos, et, ce qu'il y a de plus remarquable, c'est que la première ou la deuxième nuit après que la sentinelle fut ôtée, on a brisé toutes leurs vitres ; on en a brisé aussi à quelques autres maisons de la ville qu'on disoit n'avoir point illuminé.

La sentinelle du chapitre fut remise quelques jours après, en suite d'un voyage que quelques dames chanoinesses avoient fait à Bruxelles pour se plaindre à LL. AA. RR. de ce qui venoit de leur arriver.

Du 26 juillet.

La Cour reçoit une dépêche de LL. AA. RR. contenant la nouvelle officielle que le prince de Ligne est nommé grand bailli de Hainaut. Il n'y est fait aucune mention ni du comte d'Arberg ni du duc d'Arenberg, ni, en un mot, de quelle manière l'office étoit devenu vacant.

Voici cette dépêche :

« Marie-Christine,   Albert-Casimir, etc.,
» Lieutenants, gouverneurs et capitaines généraux des » Pays-Bas.

» Chers et Bien Amés (1),

« Nous vous faisons la présente pour vous dire que » Sa Majesté a nommé à l'état de grand bailli du pays et du

(1) *Nota.* C'étoit en temps de vacances pour les deux premières chambres, le Président absent.

» comté de Hainaut son général d'infanterie prince de Ligne,
» sur le pied exprimé dans les patentes et instructions que
» nous vous remettons ci-jointes en copie pour votre infor-
» mation et direction, vous prévenant, au surplus, que c'est
» notre intention que, lorsque le prince de Ligne prendra
» possession de cette place, vous fassiez à son égard tout ce
» qui a été observé dans les mêmes circonstances à l'égard de
» ses prédécesseurs immédiats.

» A tant,..
» De Bruxelles, le 20 juillet 1791.
(Plus bas étoit :) » Au Conseil de Hainaut.
(La superscription :) » A nos chers et bien amés ceux du
» Conseil de Hainaut, à Mons. »

Recepta le 26 dudit mois.

Les patentes étoient insérées dans le même paquet ainsi que les instructions qui étoient littéralement les mêmes que celles données au dernier duc d'Arenberg, même l'article 44 qui, à cause de la cécité du duc d'Arenberg, ordonnoit qu'il eût un secrétaire sermenté pour contre-signer.

Les échevins de Mons ayant reçu la même nouvelle, l'ont d'abord fait annoncer au peuple par le son du carillon et de la grosse cloche du château, ce qui fut répété ce soir.

M. Sebille, président la troisième chambre, en a donné part à M. le Président par lettre et lui a demandé quel jour il désiroit qu'on fît convoquer la Cour entière pour examiner et vérifier les patentes. Il lui mande en même tems que l'entrée du prince de Ligne est différée jusqu'au 8 août. M. le Président a répondu de Bruxelles qu'il prioit M. Sebille de convoquer la Cour et de faire avertir les membres absens, pour vendredi 5 août, huit heures du matin.

Du 27 juillet.

1791   On imprime la lettre du prince de Ligne aux députés des États, par laquelle il défère à leur demande de différer son entrée jusqu'au 8 août. Voici un exemplaire.

Du .. juillet.

Les États font imprimer l'octroi qu'ils ont obtenu pour valider les levées faites pendant les troubles, montant à la somme de neuf cent soixante-quatre mille quatre cent dix-huit florins, dix sols, deux deniers et demi. En voici un exemplaire.

Du 5 août.

La Cour entière se rassemble extraordinairement pendant vacances en suite de convocation faite au domicile des absens, pour vérifier les patentes de grand bailli dépêchées sur le prince de Ligne. Le Président entrant en la séance étoit porteur des patentes originales qui venoient, disoit-il, de lui être remises de la part du prince de Ligne, afin que la Cour pût en faire l'examen en même tems si elle le trouvoit convenir, et s'appaiser de la prestation de serment. On en a ordonné l'enregistrement et on s'est mis au fait des rétroactes concernant les formalités et étiquettes de l'entrée et de la prise de possession. L'article de l'illumination n'a donné matière à aucune discussion ; on a supposé en quelque sorte que l'affirmative alloit sans dire. *Vide* pour le comte d'Arberg, page ... (1). Je n'ai eu garde de remémorer cet exemple.

Dans la même séance, on a disposé sur une nouvelle déclaration d'amnistie arrivée aussi depuis que les deux premières chambres étoient en vacances, plus étendue que celle reçue

(1) Tome I, p. 115.

le 27 juin, mais cependant point encore illimitée. On en ordonne la publication.

1791

Du 7 août, dimanche.

On publie la nouvelle déclaration d'amnistie : en voici un exemplaire.

Du 8 août.

Entrée du grand bailli, vers cinq heures et demie l'après-midi : le Conseil étoit assemblé depuis quatre heures. Lorsque le prince eut mis pied à terre en son hôtel, les deux anciens conseillers de robe allèrent, comme de coutume, lui demander à quelle heure il se proposoit de se rendre le lendemain à Sainte-Waudru et à Saint-Germain, et s'il s'y rendroit séparément ou conjointement avec les membres de la Cour, lui observant encore, comme de coutume, que dans ce dernier cas, il convenoit qu'il n'y eût point de mélange de militaire ni d'autres personnes quelconques. Il donna heure pour dix heures et demie, qu'il iroit avec le Conseil et qu'il n'y auroit pas d'autres personnes mêlées.

Cette entrée fut des plus cordiales et fort brillante ; un peuple innombrable dans les rues, à commencer de l'auberge du Grenadier à Nimy, et, aux fenêtres, des cris de joie qui sembloient devoir rompre la voûte des cieux, la rendoient extrêmement touchante. On s'est apperçu que le prince en étoit attendri, ainsi que le prince Charles de Ligne, son fils, qui étoit avec lui dans la même voiture.

La princesse, femme du prince, et les deux jeunes princesses, leurs filles, qui étoient arrivées la veille, virent passer le cortège de chez M. le Président. Elles témoignèrent aussi beaucoup de sensibilité et de reconnaissance. Un escadron de hulands ouvroit la marche, puis, suivoit le capitaine des ci-devant gardes du grand bailli, monté sur un beau cheval, après lui, le capitaine de la maréchaussée à la tête d'un détachement considérable de ses cavaliers, alors six compagnies bourgeoises sous les armes, avec une très grande musique. Il n'a pas fallu, cette fois-ci, employer beaucoup de démarches pour trouver de quoi former ces compagnies, au contraire, il a fallu plustot tempérer le zèle, car tout le monde vouloit s'y mettre ; et elles se trouvèrent composées au moins de deux cents hommes chaque l'une parmi l'autre. Après les compagnies bourgeoises suivoit la maison du prince, ses gardes de bois et de chasses, sa livrée, ses officiers de maisons, ses officiers de régie, tels que receveurs, baillis et greffiers, tous à pied, chapeau bas ; alors le prince dans un carosse attelé de six chevaux, un escadron de dragons du régiment de la Tour, autrefois d'Arberg ; immédiatement après, une troupe considérable de villageois de Belœil, Baudour et environs, habillés en hussards ; après cela, différentes voitures de la suite du prince, et finalement une longue file de voitures de personnes de la ville, hommes et femmes, qui étoient allés à sa rencontre ; aussi des voitures des députés des États. Le prince étoit venu de Belœil ; il arriva au Grenadier vers deux heures et demie, ce qui fut annoncé par un premier coup de carillon et de la grosse cloche du château et aussi par le carillon et la cloche de Sainte-Élisabeth. Il y fit sa toilette et y resta jusqu'à ce qu'on se mît en marche pour entrer à Mons. Il prit par la rue de Nimy, au travers de la Place, rue d'Havré, rue de la Biche et ainsi à l'hôtel du grand bailliage. Il y eut d'abord un cercle considérable de toutes les personnes de distinction de la ville : les princesses étoient entretemps aussi rentrées. Le tems étoit extrêmement favorable et comme fait exprès, car depuis plusieurs jours il faisoit une chaleur excessive et une poussière si abondante qu'on en étoit d'abord couvert ;

mais précisément la nuit précédente, il tomba de la pluie et jusqu'à midi, ce qui abattit absolument la poussière et rendit de la fraîcheur à l'air qui, au moment de l'entrée, étoit serein et fort agréable.

1791

Le soir, souper et bal aux États ; j'y fus avec ma femme et notre fille aînée. Tout s'y passa avec beaucoup d'ordre : l'on fut reçu au grand salon qui étoit très magnifiquement illuminé.

Il étoit dix heures et demie lorsque les princes et les princesses y arrivèrent ; ils avoient été au spectacle et ensuite avoient fait un tour dans la ville pour voir les illuminations. On soupa dans la chambre de la noblesse où mangèrent les princesses, dans la salle verte où mangea le prince, aussi dans la chambre du tiers-état et au bureau. J'étois avec ma famille à la salle verte, où l'on but très cordialement et avec transports à la santé du prince qui chaque fois se leva et remercia avec attendrissement.

Du 9 août.

Le grand bailli va prêter les sermens avec les cérémonies d'usage à Sainte-Waudru et à Saint-Germain. Le midi, la Ville de Mons lui donne un grand dîner. Le soir, souper et bal au grand bailliage où toutes les personnes de distinction furent invitées jusqu'aux femmes des membres du Conseil de ville.

Du 10 août.

Le nouveau grand bailli va prêter le serment à Soignies. Il y est accompagné comme d'usage du Président, de l'ancien conseiller ecclésiastique et de l'ancien Chevalier de Cour, des deux anciens conseillers de robe longue et d'un greffier. La Ville de Soignies lui donne un grand repas. La princesse de Ligne et les deux princesses ses filles y assistent aussi et

1791 plusieurs autres personnes de leur compagnie et de leur suite. On revint à Mons vers sept heures du soir. Les princesses vont à un concert payant que donnent des étrangers à la salle du concert bourgeois. Un virtuose sur la clarinette y exécute quelques morceaux. C'est un musicien attaché au prince de Ligne, fils.

Du 11 août.

Le grand bailli assiste aux séances du Conseil et fait ses fonctions successivement dans les trois chambres. Les trois huissiers de chambre et tous les huissiers exploitans sont allés le chercher à son hôtel, où il est arrivé en voiture au pas des chevaux vers huit heures et demie. Les deux Chevaliers de Cour, aussi en voiture, suivoient la sienne. Toute la Cour assemblée vint le recevoir jusques près de l'escalier, en haut s'entend, et on l'introduisit en la première chambre, d'où un instant après, les membres des autres chambres sortirent et se retirèrent dans leurs chambres respectives. Il étoit près d'onze heures et demie, lorsque le grand bailli arriva dans la troisième. Nous sortîmes pour le recevoir et pour le faire entrer premier. MM. de la seconde chambre l'avoient conduit jusques là. Ce fut M. Fontaine qui rapporta une petite affaire de complainte en main levée qui étoit fort jolie, mais qui n'offroit nulle difficulté. Elle fut jugée de voix unanime, compris celle du grand bailli qui, dans ce cas, avoit voix délibérative. Après l'affaire finie, les deux premières chambres vinrent le rejoindre dans la nôtre, où le Président lui fit un petit compliment dont la conclusion étoit qu'on lui demandoit la continuation de sa bienveillance et qu'il voulût nous faire l'honneur de revenir de tems en tems prendre séance parmi nous. Il répondit qu'il le feroit bien volontiers si ce n'étoit pas nous gêner; que le meilleur moyen pour lui de s'instruire étoit de venir souvent recueillir les lumières de ces Messieurs.

L'on descendit tous en même tems et le grand bailli monta en voiture pour se rendre aux États.

Le midi, il donne à dîner au corps du Conseil, y compris les secrétaires, aux députés des États, à plusieurs des deux premiers ordres et à quelques militaires. La table étoit de soixante couverts ou environ. C'étoit un repas d'hommes, cependant la princesse de Ligne y a dîné aussi. Elle étoit à la tête de la table, ayant à sa gauche le comte de Lauragais, père de la duchesse d'Arenberg arrivé d'Enghien, et à sa droite, le comte de Gomegnies, l'aîné; les princesses filles étoient aussi à table sur le côté, ayant leur frère le prince Charles entre elles deux.

L'après-midi, grande cour chez la princesse : toutes les dames de la ville viennent lui faire la visite. Le soir, souper et bal comme le 9. Il y avoit trois cent vingt-cinq couverts, suivant que me l'a dit un valet de chambre pendant le souper. La cour étoit superbement illuminée et aussi le jardin. Entre le souper et le bal, tandis qu'on levoit les tables, toute la compagnie s'y est promenée ; on ne sauroit donner une juste idée de la beauté de ce spectacle. La duchesse d'Ursel et les demoiselles ses filles et la princesse Pauline, fille du duc d'Arenberg, qui étoient arrivées le matin d'Enghien, furent aussi de la fête.

Du 12 août, vendredi.

Le soir, le prince donne bal gratis au théâtre; il fait illuminer la place de Saint-Jean et y donne bal pour le peuple : il y avoit deux lampions à chaque arbre, dans le milieu une estrade illuminée pour la musique avec une haute piramide. Cela fesoit un effet ravissant ; ce tems étant beau et serein,

1791 un grand clair de lune, qui loin d'offusquer l'illumination ajoutoit à sa beauté, c'étoit comme un globe d'argent qui en couronnoit le faîte. La quantité de monde qui s'y promenoit étoit immense et dans le nombre, plusieurs dames parées qui de là s'en sont allées au bal qui se donnoit, par les abonnés du Concert Bourgeois, à leur salle ordinaire. En sorte qu'on se divertissoit en trois endroits tout à la fois. Les princes et les princesses ont fait le tour de la place Saint-Jean en voiture, ensuite ils sont allés au bal du théâtre, où les jeunes princesses ont dansé, et finalement elles sont venues au bal du Concert, où les jeunes princesses ont aussi dansé, mais une contre-danse seulement ; les princes y étoient aussi. Ils se sont retirés tous vers onze heures, pour aller souper à leur hôtel.

Du 13 août, samedi.

Le prince de Ligne et sa famille repartent de Mons vers dix heures du matin.

Du 19 août.

L'on m'envoye de Bruxelles un exemplaire de la dépêche de LL. AA. RR. aux États de Brabant, en date du 3 de ce mois, relative principalement à l'affaire du Conseil. Voici cette pièce qui est très intéressante.

Voici un exemplaire des vers que les écoliers d'Houdain ont présentés aux échevins de Mons sur leur continuation. On y remarque beaucoup d'adresse dans l'auteur, car la louange devenoit difficile.

Du 23 août.

La Cour reçoit par dépêche de LL. AA. RR. le diplôme de l'Empereur, donné à Vienne le 27 juillet dernier, rétablissant la forme du gouvernement général des Pays-Bas, sur le pied où elle étoit vers la fin du règne de feu S. M. l'Impératrice-Reine Marie-Thérèse. Le paquet me fut délivré à moi Paridaens étant le plus ancien des conseillers en ville pendant vacances. La dépêche de LL. AA. RR. est du 20 août ; elle ajoute : « Vous prévenant en même tems que Sa Majesté a trouvé » également bon de rétablir la secrétairerie d'État et de guerre, » la chambre des comptes, la jointe établie en 1764 pour les » affaires d'administration et de subsides, le tribunal aulique » la jointe des monnoyes, celle des monts-de-piété et, par » provision, remise en activité des chambres suprêmes pour » les affaires contentieuses des douanes et des domaines ; le » tout, sur le pied où ces conseils et départemens existoient » dans les dernières années du règne de feu l'Impératrice-» Reine ».

1791

Du .. août.

La Cour reçoit la disposition du Gouvernement convenue avec les États, relativement aux actions d'injures et d'indemnités pour des faits arrivés durant les troubles et à cause d'iceux ; on en ordonne la publication.

La Cour reçoit aussi une dépêche du Gouvernement pour donner avis sur la représentation y jointe des échevins de Mons qui se prétendoient non soumis à la voie de plainte d'excès qu'avoit prise la femme de l'avocat Sirault, contre le décret de prise de corps porté par les dits échevins à la charge de son mari constitué prisonnier en vertu dudit décret. On conclut de rescrire d'après les principes. Le conseiller Sebille est nommé rapporteur, à l'adjonction de MM. Demarbaix, Paridaens et Raoux.

Du 30 août.

La Cour s'assemble expressément pour examiner le projet de rescription dans l'affaire du conflit de juridiction au sujet

1791 du décret de prise de corps porté contre l'avocat Sirault. Le projet qui avoit été rédigé par M. Raoux à l'aide des autres rapporteurs, est applaudi et accepté ; on ordonne de l'expédier tout de suite pour partir le soir par la poste ; on convient aussi d'en expédier une copie pour le prince de Ligne, afin de le mettre au fait de l'affaire et en état d'appuyer à l'occasion les autorités de la Cour et les siennes.

Pendant la séance, on reçoit une dépêche du Gouvernement portant ordre d'assister en corps au Te Deum dimanche prochain 4 septembre, à cause de la paix entre l'Empereur et la Porte Ottomane.

Les échevins de Mons ayant reçu une dépêche semblable du Gouvernement avec ordre d'assister en corps au Te Deum, ils se sont empressés de la faire imprimer dans la même journée. Voici un exemplaire. Il est à remarquer que les échevins de Mons s'étant autrefois fait inscrire à Bruxelles sur la liste d'envoi de semblables dépêches, sont depuis lors dans l'usage de les recevoir directement. Il est arrivé que, sous ce prétexte, ils ont méprisé l'ordre qu'ils reçoivent du Conseil comme les magistrats de toutes les autres villes de la province et qu'ils ont renvoyé au Conseil sa lettre ; mais, plaintes en ayant été faites au Gouvernement, les échevins de Mons ont reçu une mercuriale, avec ordre de recevoir et de respecter désormais la lettre du Conseil.

Du 4 septembre, dimanche.

A onze heures, grand'messe et Te Deum à Sainte-Waudru au sujet de la paix avec le Turc. Le Conseil y assiste en corps, ainsi que les échevins. L'état major et le corps d'officiers de la garnison y assistent aussi ; ils sont placés à côté de l'autel du côté de l'épitre, sur des chaises ordinaires de l'église. Un détachement militaire fait des décharges de mousqueterie et

l'on tire le canon sur les remparts ; c'étoient les canons de la 1791
garnison, ceux de la ville n'étant pas encore revenus.

Du 13 septembre.

Assemblée générale de la Cour, la troisième chambre étant encore en vacances et moi à Hal, au sujet d'un nouveau placet de la femme de l'avocat Sirault demandant qu'il fût disposé sur sa plainte d'excès. On conclut d'envoyer deux membres de la compagnie à Bruxelles pour solliciter l'expédition de cette affaire et la levée de la surséance décernée sur la représentation des échevins de Mons. Les députés sont : M. Sebille, rapporteur, et M. Raoux, rapporteur-adjoint. Ils partent vers le soir.

Du 19 septembre.

Assemblée générale de la Cour, la troisième chambre étant encore en vacances, pour entendre le rapport des députés revenus de Bruxelles.

Le rapport porte qu'on leur a dit que, depuis plus de huit jours, la rescription et pièces jointes du Conseil, étoit envoyé aux échevins de Mons pour s'y expliquer, et qu'on a dépêché l'itérative à ce sujet tandis qu'ils étoient à Bruxelles ; qu'ils avoient été extrêmement bien accueillis de S. E. le comte de Metternich, ministre, et qu'il avoit paru être touché de nos motifs, qu'il s'étoit fait expédier une copie de la rescription du Conseil d'après la minute dont M. Raoux étoit porteur et que, comme les deux pièces y employées n'étoient pas avec la minute, il avoit eu pour agréable la proposition de lui en envoyer copie ; ils ont dit qu'ils avoient dîné chez lui vendredi 16. En conséquence, on a ordonné que copies des deux pièces jointes à notre rescription seroient envoyées au ministre.

1791 Dans la même séance, M. le Président a communiqué la dépêche arrivée la veille soir et l'ordonnance y jointe, concernant le sequestre des biens que les couvents et autres établissements ecclésiastiques, supprimés en France, possédoient sous la domination de S. M. aux Pays-Bas. On a délibéré si on ne différeroit pas de quelques jours la publication, jusqu'à ce que les États eussent pu prendre en considération le danger auquel les biens du clergé des Pays-Bas situés en France alloient être exposés sous prétexte de représailles ; mais eu égard aux inconvénients qui pouvoient résulter du retard, on a résolu, presque de toutes voix, d'en ordonner l'impression et la publication.

Du 27 septembre.

Je reçois par une lettre de Bruxelles, le réquisitoire du substitut procureur général Deleener, suivi d'un décret du Conseil de Brabant, du 20 de ce mois, concernant la légalité de la composition actuelle du dit Conseil. Ci-joint cet imprimé.

La même lettre me marque que, cejourd'hui, le Conseil de Brabant procéderoit à la nomination d'un terne pour remplir le consulat resté vacant depuis la mort de M. Delmarmol.

Du 6 octobre.

On me marque de Bruxelles que LL. AA. RR. ont nommé au consulat vacant par la mort de M. Delmarmol et que c'est l'avocat Witdonck.

On me mande aussi que le substitut procureur général avoit présenté le 4, un nouveau réquisitoire contre les États à fin de renseignement des argents qu'ils ont levés pendant les troubles.

La Cour à Mons reçoit l'édit de l'Empereur du 19 septembre, concernant les sentences portées et autres actes de juridictions exercées durant les troubles ; en voici un exemplaire. On conclut de le faire réimprimer et publier.

Nota. L'impression et la publication de cet édit en conformité du premier exemplaire a été contredite par une dépêche du lendemain ou du surlendemain, à cause qu'il s'y étoit glissé quelques fautes ; on nous fait parvenir d'autres exemplaires corrects, réimprimés à Bruxelles dont j'en joins ici un, en conséquence desquels l'édit a été publié en Hainaut le 11 octobre 1791. On voit que les fautes de la première édition consistoient principalement dans l'*avis* au lieu de la *délibération* de LL. AA. RR., et en ce que la première édition adressoit aussi le mandement au Conseil de Limbourg, ce qui fut omis dans la seconde.

1791

Du 10 octobre.

On m'envoye de Bruxelles l'exemplaire ci-joint du réquisitoire de l'office fiscal de Brabant, tendant à faire interdire aux États tous payements autres que ceux relatifs aux charges dûment et légalement imposées, etc.

Du 21 octobre.

La tenue des États de Hainaut est achevée et dissoute.

Du 11 novembre.

Je reçois de Bruxelles un imprimé contenant la dépêche de LL. AA. RR. du 3 de ce mois, relative à l'affaire du Conseil de Brabant : le dit imprimé ci-joint.

Il paroît un avis imprimé du Gouvernement concernant l'arrêt civil de quatre députés des États de Brabant en suite d'arrêt du Conseil du 9 novembre 1791. Je joins ici cet imprimé qui peut-être n'a paru que plus tard, car je n'ai tenu la présente note que longtems après coup.

Du 23 décembre.

1791   La Cour reçoit l'édit additionnel à celui du 31 juillet 1738 sur le fait des engagements pour le service des puissances étrangères, du 18 du présent mois de décembre. On ordonne de le publier avec cette réserve : *sans préjudice néanmoins aux lois et anciens usages de ce pays et comté de Hainaut en fait de confiscation.*

Par appointement de ce jour, rendu sur la requête de François-Joseph Bar, licencié de Rheims, tendant à être admis à l'état d'avocat postulant, nous avons déclaré en la troisième Chambre, par communication avec les deux premières, *que ce que le suppliant requiert ne peut s'accorder quant à présent,* ayant été tenu pour certain, malgré ses actes, qu'il n'avoit pas étudié un cours de droit.

Il convient de reprendre cette matière de plus haut pour faire connaître les difficultés qu'a éprouvées la Cour à Mons pour ne point admettre à l'état d'avocat des sujets qui, sous prétexte de la déclaration du Gouvernement du 19 mars dernier concernant l'université de Louvain, alloient prendre précipitamment le degré de licence dans des universités étrangères.

Le premier qui se présenta fut Nicolas-Ghislain-Joseph Couteaux qui, sur sa requête du 9 juillet 1791, reçut pour devoirs lui délivrés par écrit, *qu'il devoit faire conster d'avoir effectivement étudié un cours de droit aux termes du placard de 1695 et ce, par des témoignages de professeurs et autres préposés à l'enseignement du droit.*

Le dit Couteaux se plaignit de cet appointement par sa requête au Gouvernement que voici :

A sa Majesté l'Empereur et Roi, 1791

« Expose avec le plus profond respect Nicolas-Ghislain-
» Joseph Couteaux, qu'en vertu de la déclaration de Votre
» Majesté du 19 mars dernier, il a été au commencement de
» ce mois de juillet faire ses licences en droit à Rheims ;
» qu'en conséquence, il présenta le 9 de ce mois une requête
» au Conseil souverain du Hainaut, à l'effet d'y être admis
» comme avocat postulant, faisant conster par ladite requête
» (ci-jointe avec les pièces) de ses licences et de son âge, ainsi
» que de sa fréquentation pendant deux ans au bureau de
» M. l'avocat Debehault, conformément au prescrit du
» placard du 27 avril 1695 ; que l'exposant a donc rempli
» tous les devoirs que ledit Conseil souverain est en
» droit d'exiger, vu ladite déclaration du 19 mars ; que
» nonobstant cela et contre l'esprit et le prescrit de ladite
» déclaration souveraine, on lui refuse son admission sous le
» prétexte qu'en vertu du même placard de 1695, il devoit
» aussi faire conster par témoignages des professeurs, d'avoir
» étudié pendant un cours de droit à Louvain : sujet de son
» recours très respectueux vers l'autorité de Votre Majesté, la
» suppliant très humblement de daigner ordonner audit
» Conseil souverain du Hainaut de l'admettre sans autre
» délai, moyennant les devoirs qu'il a remplis. C'est la
» grâce, etc.

(Signé :) « Sandelin, Agent. »

Cette supplique ayant été envoyée à l'avis du conseiller Gobart, substitut avocat de S. M., il y fit la réponse suivante, dont il m'a donné copie postérieurement, à ma demande.

Du 14 septembre 1791.

« Sire,

» Votre Majesté m'a chargé, par sa dépêche du 20 juillet der-
» nier, de rendre mon avis sur la requête de N.-G.-J. Couteaux,

1791 » licencié-ès-droits en l'université de Rheims, demandant
» qu'il soit ordonné au Conseil de Hainaut de l'admettre à l'état
» d'avocat postulant, en suite des patentes qu'il a obtenues en
» cette université.

» Le suppliant se fonde sur la déclaration du 19 mars
» dernier qui statue que les degrés de licence qu'on prendra,
» quant aux trois facultés, dans les universités étrangères,
» vaudront comme s'ils avoient été pris dans l'université de
» Louvain.

» Il me paroît qu'à ce moyen, les choses sont remises dans
» l'état où elles étoient avant les décrets de Marie-Thérèse qui
» ont fait défense d'exercer la profession d'avocat sans préalla-
» blement avoir pris les degrés de licence dans l'université de
» Louvain.

« Avant ces dispositions, rien n'empêchoit d'aller prendre
» les degrés de licence en droit dans une université étrangère.
» Nos chartes statuent, chapitre 67, article premier : *Nul ne*
» *pourra exercer l'état d'avocat en notre dite Cour qu'il n'ait*
» *préallablement été trouvé capable et à ce qualifié par examen,*
» *ou qu'étant gradué en quelqu'université fameuse, il y ait aussi*
» *hanté la pratique dudit pays par tems convenable à la*
» *discrétion de la Cour.*

« Voilà ce qu'en disent nos chartes relativement aux qualités
» requises pour être admis à la profession d'avocat : il falloit
» avoir été trouvé capable et à ce qualifié par examen ou, étant
» gradué en quelqu'université fameuse, avoir hanté la pratique
» du pays par tems convenable.

« Des licences comme celles qu'on fait aujourd'hui à Rheims,
» suffisoient-elles pour tenir lieu d'examen ? La Cour à Mons
» croyoit-elle alors qu'il suffisoit, pour être censé avoir fait
» licence dans une université fameuse, qu'on eût fait le chemin
» de Rheims ? C'est sur quoi je ne saurois pas positivement
» répondre, mais j'aurois bien peine à le croire.

« Quand la charte requiert que le candidat ait pris les degrés 1791
» dans une université *fameuse*, ce n'est que relativement à la
» personne du licencié et non par l'intérêt qu'elle prend au
» lustre de l'université qu'elle dispose : c'est en faveur du pauvre
» plaideur qu'elle s'intéresse. Et quel avantage en résulteroit-il
» pour celui-ci, que l'ignorant à qui il confie ses affaires ait été
» promener jusqu'à une ville où il y a une université fertile en
» hommes de mérite !

» Je crois donc que, si on s'attache à l'esprit de nos lois,
» on trouvera que la constitution s'oppose à ce qu'on étende
» les effets de la dite déclaration du 19 mars 1791 jusqu'à
» obliger le Conseil de Hainaut à recevoir avocats ceux
» qui n'ont à produire pour preuve de leur application, que
» des patentes de Rheims. Ce seroit, à ce qu'il me paroît,
» l'obliger à s'écarter du but salutaire qu'ont eu nos législa-
» teurs en exigeant que les candidats aient pris les degrés de
» science dans une université fameuse.

« C'est déjà un si grand malheur que nous soyons ici
» entourés de tant de mauvais avocats dont l'ignorance et le
» défaut d'application sont si souvent la cause de la perte des
» procès et de la ruine des plaideurs !

» Et ce qui doit faire croire que l'intention des archiducs,
» lors de la rédaction de nos chartes, étoit qu'on apportât,
» pour être reçu à patrociner autre preuve d'application que
» celle qui résulte d'un acte de licences faites dans un pays
» étranger, c'est ce qui avoit été ordonné par ces sérénissimes
» princes, lors de leur visite de l'université de Louvain en
» 1617 (ainsi deux ans avant l'homologation de nos chartes) :
» *que personne ne pourroit être admis au degré de licence en*
» *droit, qui n'auroit effectivement étudié et ouï les leçons*
» *publiques l'espace de quatre années et que quiconque seroit*
» *trouvé avoir autrement parvenu à ce degré, ne pourroit être*
» *admis au bureau ou consaux, en qualité d'avocat.*

1791 « C'est ce que rapporte l'ordonnance en date du 27 avril
» 1695 ci-jointe en copie.

» C'est la même ordonnance qui statue : *qu'au regard de*
» *ceux qui auront pris leur degré de licence en quelqu'uni-*
» *versité en laquelle l'on admet la graduation par nos placards,*
» *ils devront faire conster pardevant les Conseils où ils préten-*
» *dront être admis, par des témoignages dignes de foi, d'avoir*
» *effectivement étudié l'espace de quatre ans dans l'université*
» *où ils auront pris leurs degrés, etc.*

« Je n'oserois assurer que cette ordonnance ait été envoyée
» et encore moins qu'elle ait été publiée en cette province (1);
» cependant comme elle se trouve dans le recueil des placards
» imprimés en 1702, je crois qu'on ne peut guère douter
» qu'elle ne l'ait été dans l'intervalle de la paix de Riswick
» de 1697 à cette époque de 1702.

» Ces différentes observations n'ont d'ailleurs rien d'opposé
» à la dite disposition du 19 mars 1791 ; elles subsistent avec
» ce qui est statué, que les degrés pris dans d'autres univer-
» sités vaudront aux candidats à tous effets dans ce pays
» comme s'ils les avoient pris dans l'université de Louvain :
» il ne manque, pour être reçu avocat, que le témoignage
» d'avoir effectivement étudié pendant l'espace requis, etc.,
» duquel tems d'étude, ces patentes de licence prises à
» Rheims ne font pas foi.

» Je crois, d'après ces différentes considérations, qu'il plaira
» à Votre Majesté d'éconduire le suppliant de sa demande.

» Je suis, etc. (Signé :) « GOBART ».

---

(1) M. Gobart, ni la Cour même, n'avoient point alors connoissance de l'édit confirmatif de Charles VI, du 20 octobre 1731, qui leur a seulement été indiqué par moi, Paridaens, lorsque les chambres se sont assemblées au sujet du décret qui s'en suit.

Décret rendu en suite de la demande de Nicolas Couteaux. 1791

« L'Empereur et Roi,

» Très Cher, Chers et Féaux,

» Ayant vu et examiné la requête qui nous a été présentée
» par Nicolas-Ghislain-Joseph Couteaux, ainsi que l'avis y
» rendu par le conseiller substitut avocat fiscal de Hainaut,
» Gobart, nous vous faisons la présente pour vous dire que,
» conformément à notre déclaration du 19 mars dernier et à
» l'article premier du chapitre 67 des chartes du Hainaut,
» notre intention est que le suppliant, licencié-ès-droits de
» l'université de Rheims, et tous autres qui auront obtenu le
» degré de licence dans quelqu'université, soient admis par
» vous à l'état d'avocat, s'ils ont traité la pratique du pays
» par un tems convenable à votre discrétion.
» A tant....
» De Bruxelles, le 26 septembre 1791.
(Paraphé :) « C^r. v^t.
» Par ordonnance de Sa Majesté, (signé :) L. C. Vandevelde.
(Au pied étoit écrit :) » Au Conseil de Hainaut. »
R^a, le 3 octobre 1791.

Représentation du Conseil de Hainaut au sujet du décret ci-dessus.

« Sire,

» Nous avons reçu, le 3 octobre dernier, la dépêche (1) du
» 26 septembre précédent en conséquence de laquelle Nicolas-
» Ghislain-Joseph Couteaux nous a présenté sa requête tendant
» à être admis à l'état d'avocat.

(1) On n'a point dit : *dépêche de V. M.*, parce qu'il n'y est pas énoncé qu'elle avoit été portée à la délibération des gouverneurs généraux.

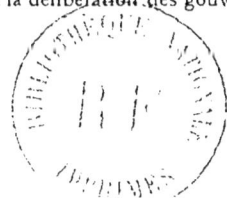

1791 » Selon cette dépêche, l'intention de Votre Majesté est que
» le suppliant, licencié-ès-droits de l'université de Rheims et
» tous autres qui auront obtenu le degré de licence dans
» quelqu'université, soient admis par nous à l'état d'avocat
» s'ils ont traité la pratique du pays par un tems convenable
» à notre discrétion.

» D'abord, nous sommes loin de nous tenir appaisés que
» le dit Couteaux auroit, suivant l'expression des chartes,
» hanté la pratique du pays par un tems convenable ni même
» sérieusement pendant un tems quelconque, puisqu'il est
» de notoriété publique que la profession du barreau n'est
» point celle à laquelle il s'étoit adonné, mais bien plustot à
» l'état de commerçant dont il a pris la qualification encore
» récemment en justice.

» Aussi, l'avocat Debehault, son oncle par affinité, qui a
» signé par importunité sans doute la requête dudit Couteaux
» présentée en cette Cour, n'y affirme-t-il pas en termes précis
» que le suppliant *auroit hanté la pratique* dans son comptoir,
» mais seulement qu'il a *fréquenté* son comptoir ; ce qui est
» susceptible d'un sens tout différent : car il a pu fréquenter
» son comptoir comme toutes les autres chambres de sa
» maison, en allant de tems en tems faire visite à son oncle et
» à sa tante ; et ce n'est que dans ce cas, que la déclaration
» arrachée à l'avocat Debehault ou par lui trop légèrement
» lâchée, puisse n'être pas en opposition manifeste avec la
» notoriété universelle de toute la ville de Mons.

» Mais au surplus Nicolas Couteaux a manqué de sincérité
» jusque dans la supplique qu'il a adressée à Votre Majesté,
» et c'est obrepticement qu'il est parvenu à surprendre la
» dépêche du 26 septembre.

» Il a énoncé que nous lui aurions enjoint de faire conster
» par témoignage des professeurs, d'avoir étudié pendant un

» cours de droit *à Louvain* tandis que les points d'office, qui
» lui ont été communiqués par écrit tels qu'ils sont couchés
» au registre, portent en termes : *qu'il doit faire conster*
» *d'avoir effectivement étudié pendant un cours de droit, aux*
» *termes du placard de 1695, et ce par des témoignages des*
» *professeurs et autres préposés à l'enseignement du droit.*

» Il n'est point là parlé de Louvain, et le placard de 1695,
» non plus que celui confirmatif du 20 octobre 1731, ne
» requièrent point que le candidat ait fait son cours de droit
» dans l'université de Louvain, mais en général qu'il ait
» effectivement étudié l'espace de quatre ans (académiques
» bien entendu, ce qui fait trente-six-mois) dans l'université
» où il aura pris le degré de licence, y compris le tems qu'il
» auroit étudié dans les autres universités admises, y est-il-
» dit, par nos placards.

» Au tems de ces placards, les défenses d'aller prendre le
» degré de licence en droit dans d'autres universités que
» dans celle de Louvain, n'existoient pas encore ; ce ne fut
» que par des ordonnances postérieures que cette exclusion à
» l'égard des autres universités fut établie.

» Or, Sire, nous savons trop que ces ordonnances exclu-
» sives en faveur de l'université de Louvain sont provision-
» nellement tenues en suspens par la déclaration de Votre
» Majesté du 19 mars dernier, pour les avoir réclamées, dans
» nos points conçus d'office, sur la requête dudit Couteaux.
» Aussi, venons-nous d'admettre à l'état d'avocat un sujet
» non licencié de Louvain, mais bien de l'université de Nancy,
» par appointement décerné le 27 octobre, sur la requête

1791

(*) Placards de Brabant, vol. v, fol. 31.
Il n'est point indiqué dans le manuscrit à quel mot cette note se rapporte.

1791 » de François-Louis-Joseph Derobaulx, accompagnée d'appai-
» semens qu'il avoit effectivement fait un cours de droit.

» L'assertion de Nicolas Couteaux, que nous l'aurions chargé
» de faire apparoir qu'il auroit étudié pendant un cours de
» droit à Louvain, est donc une obreption bien téméraire,
» aussi éloignée de notre intention que des termes clairs de
» notre appointement.

» Mais parce que dans ce moment, il ne faut pas être
» licencié de Louvain, ni même avoir fait son cours de droit
» en l'université de Louvain, il raisonne mal s'il croit qu'il
» n'est plus besoin d'avoir fait un cours de droit dans une
» université quelconque ; et ce seroit une décision attenta-
» toire à la sagesse du souverain et contraire à sa dignité,
» que de se fonder sur la déclaration du 19 mars 1791 pour
» prétendre qu'il suffit d'avoir couru en poste acheter chez
» l'étranger le nom de licencié, pour avoir le droit de venir
» jouer l'avocat dans son pays, et y exercer, sous l'apparence
» de ce titre respectable, toutes les bassesses, toutes les inep-
» ties et toutes les concussions qu'on doit craindre de la part
» de gens qui se fourent dans un état qu'il n'ont pas appris.

» On verroit bientôt un essaim d'officiaux, de clercs, d'ar-
» rière-clercs, de petits faiseurs, même de marchands ruinés
» ou près de l'être, couvrir les routes de Rheims, de Nancy et
» d'autres universités étrangères, et en revenir presqu'aussi-
» tôt dans leur pays, inonder les cabarets et tous les lieux où
» ils espéreroient de pouvoir prendre, comme à l'affut, quelque
» paysan sans méfiance, pour l'entraîner dans des mauvais
» procès.

» Autant vaudroit dire qu'on peut aller acheter du poison
» chez l'étranger et venir en infecter l'air et toutes les eaux de
» son pays.

» Voilà où conduiroit l'indécent système de Nicolas Cou-

» teaux ; mais outre qu'il se détruit par sa propre absurdité, 1791
» les principes qui doivent le faire proscrire sont fort simples.

» Ce n'est que sous le règne de Marie-Thérèse qu'il a été
» statué que le degré de licencié en droit devoit s'obtenir dans
» l'université de Louvain ; mais de tout tems la bonne raison
» a dicté que, pour devenir licencié en droit, il falloit avoir
» étudié le droit ; et ce ne fut que pour appuyer d'autant
» plus cette maxime de la raison naturelle et afin d'obvier
» aux fraudes que des gens sans pudeur commençoient déjà
» à y hazarder, que les souverains des Pays-Bas ont érigé en
» loi expresse et positive, par leurs placards de 1695 et de
» 1731, que dans tous les cas où la qualité de licencié est
» requise, il ne suffiroit pas d'en avoir obtenu le degré, mais
» qu'il faudroit faire conster, par des témoignages dignes de
» foi, d'avoir effectivement étudié le droit pendant l'espace de
» quatre ans dans une ou plusieurs des universités admises
» par les placards antérieurs des souverains des mêmes pays.
» Ces lois positives, reçues avec applaudissement et recon-
» noissance dans toutes les Provinces Belgiques, y ont été
» duement et solemnellement promulgées, au moins celle du
» 20 octobre 1731, quoi qu'il en soit de celle du 27 avril 1695
» pour le Hainaut, qui étoit alors occupé par les François.

» Elles n'ont pas été révoquées ces lois par aucun édit ni
» ordonnance publiée postérieurement ; et certainement elles
» ne le sont pas par la déclaration du 19 mars dernier, qui
» n'a fait que remettre provisionnellement les choses dans
» l'état où elles étoient avant les statuts exclusifs émanés
» pour l'université de Louvain sous le règne de Marie-Thérèse.
» Elles existent donc encore dans toute leur force, et c'est
» pour nous y conformer que nous avons chargé ledit
» Couteaux de faire conster d'avoir étudié pendant un cours
» de droit, non point taxativement en l'université de Louvain,

1791 » mais en général, aux termes du placard de 1695, qui sont les
» mêmes que ceux du placard de 1731.

» Quant aux licenciés de Louvain, le témoignage de la
» faculté que le candidat a fait et completté son cours d'étude,
» se trouve dans les patentes mêmes, outre qu'il est ordinai-
» rement assez connu que le sujet a effectivement été juriste
» pendant un cours de droit ; mais les patentes qu'on rapporte
» des universités étrangères ne contiennent pas semblable
» témoignage, et ordinairement la notoriété publique y résis-
» teroit, comme dans le cas présent : aussi Nicolas Couteaux
» n'ose-t-il pas même en faire l'allégation.

» Il nous paroît d'autant plus évident, Sire, que la déclara-
» tion de Votre Majesté, du 19 mars dernier, n'a point dérogé
» à cette sage disposition des placards de 1695 et de 1731,
» que cette déclaration n'est portée que par provision, et que
» les maux qui en résulteroient pour le pays, en la regardant
» comme dérogatoire sur ce point, seroient à jamais irrépa-
» rables.

» Outre ces considérations qui sont générales pour toutes
» les provinces, il y a des motifs particuliers pour le Hainaut,
» qui doivent faire redoubler d'attention lorsqu'il s'agit
» d'admettre à l'état d'avocat, puisque les avocats y sont tout
» à la fois les patrons et les procureurs de leurs clients et
» qu'à titre de leur état, ils peuvent faire toutes fonctions de
» greffiers et de notaires ; en sorte qu'en Hainaut, l'ignorance
» de l'avocat non seulement fait perdre les bons procès et
» entraîne dans des mauvais, mais elle prépare une source
» abondante de procès pour l'avenir, en redigeant mal ou
» équivoquement les actes qui doivent faire la base des pro-
» priétés ou les titres des droits des citoyens.

» Aussi, par une disposition que l'on croit être toute parti-
» culière au pays de Hainaut, y est-il statué par les chartes,

» qu'on ne peut être admis à l'état d'avocat, sinon qu'on ait
» été trouvé capable et qualifié par examen, après avoir suivi
» la pratique au moins pendant cinq ans pour les communs
» coutumiers et postulans, ou qu'étant licencié en quelqu'uni-
» versité fameuse, on ait aussi hanté la pratique du pays par
» tems convenable, au moins de deux ans. C'est ce qui résulte
» de la combinaison des articles premier du chapitre 67 et
» dernier du chapitre 68.

» Et c'est ce qui fait aussi comprendre que la charte du
» Hainaut homologuée en 1619, deux ans seulement après le
» règlement donné sur la visite de l'université de Louvain en
» 1617, a considéré que le degré de licence en droit présup-
» posoit au moins trois ans d'une étude continuelle de droit,
» qui équivaloient aux trois années de pratique de plus qu'elle
» exigeoit dans les non licenciés.

» La pétition de Nicolas Couteaux est donc non seulement
» contraire aux placards de 1695 et de 1731 qui n'ont jamais
» été revoqués, mais elle est contraire aussi à l'esprit et aux
» dispositions claires de nos chartes, qui ne permettent
» d'admettre au nombre des avocats gradués d'autres licenciés
» en droit que ceux qu'elles supposent avoir antérieurement
» étudié le droit dans quelque université, au moins pendant
» trois ans effectifs.

» Le dit Couteaux voudroit-il être admis au nombre des
» avocats praticiens, car, en Hainaut, il y a deux sortes d'avo-
» cats comme on vient de l'observer ; rien n'empêche qu'il se
» présente en la Cour pour y être examiné, lors, bien entendu,
» qu'il pourra faire apparoir d'avoir suivi la pratique pendant
» cinq ans, selon que l'ordonne l'article dernier du chapitre 68
» de la charte ; et, si dans son examen il est trouvé bien
» expérimenté en la pratique, rien ne nous empêchera de
» l'admettre, ce que la charte nous défend de faire sans cela :

1791

1791
„ *et ne pourront être receus à desservir le dit état, s'ils ne sont*
„ *bien expérimentés en la pratique.* Chap. 67, art. 9.

„ Voilà, Sire, les principes que nous avons suivis et dû
„ suivre à l'égard de la demande de Nicolas Couteaux. Nous
„ avons cru devoir les exposer aux yeux de Votre Majesté,
„ pour prévenir les surprises ultérieures qu'on essayeroit
„ peut-être de faire à sa religion. Nous ne refusons pas
„ d'admettre des sujets qui ont obtenu les degrés de licence
„ dans les universités autres que celle de Louvain : nous avons
„ déjà même admis un licencié de Nancy ; mais nous ne pou-
„ vons les admettre, s'ils ne nous conste qu'ils ont fait un
„ cours de droit complet dans une université quelconque
„ ou dans plusieurs : à moins toutefois que les candidats ne
„ voulussent être admis au nombre des avocats praticiens
„ seulement, auquel cas ils devroient faire conster de cinq ans
„ de pratique et subir l'examen.

„ Nous venons de suivre les mêmes principes et de tenir
„ la même conduite à l'égard de certain Alexis Criquillion,
„ jusqu'ici uniquement adonné au négoce, et qui a été aussi
„ chercher précipitamment une patente de licencié en droit à
„ Rheims, à la faveur de laquelle il nous a demandé d'être
„ admis à l'état d'avocat.

„ Enfin, Sire, il nous reste une dernière observation à faire,
„ c'est qu'aucun sujet déterminément, de quelque mérite qu'il
„ soit, n'a un droit acquis pour être admis à l'état d'avocat
„ de Cour, qui est le terme vers lequel les dits Couteaux et
„ Criquillion dirigent leurs vues, puisque selon la teneur
„ expresse de l'article 14 du chapitre 67 : *le nombre des dits*
„ *avocats dépend de la Cour, pour en admettre tant que besoin*
„ *sera et que la multitude des affaires le requérera.* Nous
„ serions donc inexcusables si nous portions l'insouciance
„ pour le bien public, jusqu'à admettre des sujets dont les

" talents pour l'état d'avocat sont jusqu'ici notoirement nuls. 1791
" Ce seroit de notre part abuser de la confiance de la loi et
" de celle du souverain qui l'a sanctionnée.
" Nous sommes en très profond respect...
" Mons, le 17 novembre, 1791. "

Réponse du gouvernement à la représentation qui précède.

" L'EMPEREUR ET ROI,

" TRÈS CHER, CHERS ET FÉAUX,

" Sur le compte qui Nous a été rendu de votre rescription
" du 17 de ce mois, par laquelle vous exposez les motifs qui
" vous ont déterminés à ne pas admettre, quant à présent, à
" l'état d'avocat les nommés Criquillon et Couteaux, Nous
" vous faisons la présente, à la délibération des sérénissimes
" gouverneurs généraux des Pays-Bas, pour vous dire qu'inhé-
" rant dans les principes consignés dans notre dépêche du
" 26 septembre dernier, Nous approuvons cette exclusion
" jusqu'au terme qu'ils auront fait conster d'avoir acquis
" pour cet état la capacité requise par les chartes. Nous
" déclarons, au surplus, qu'il n'est point requis pour l'admis-
" sion à l'état d'avocat que l'on fasse conster d'avoir fait un
" cours de droit, autrement que par l'exhibition des patentes
" de licencié-ès-droits dans une université connue, lesquelles
" patentes doivent en conséquence de Notre déclaration du
" 19 mars, valoir autant que valoient avant cette déclaration
" celles de licencié dans l'université de Louvain : à quoi vous
" aurez à vous conformer.
" A tant, etc...
" Bruxelles, le 26 novembre 1791.
(Paraphé) " Cr. vt.
" Par ordonnance de Sa Majesté, (signé :) P. G. LORTY. "
Ra, le 30 novembre 1791.

Du 1ᵉʳ décembre.

1791   Nicolas Couteaux ayant représenté sa requête, on y a donné l'appointement qui s'ensuit, en la troisième chambre, les deux autres consultées : « Revu cette et pièces jointes, avec le placet
» du suppliant du 30 novembre dernier et pièces y attachées,
» eu recours à la dépêche de Sa Majesté du 26 du dit mois de
» novembre; conclu de déclarer que ce que le suppliant requiert
» ne peut s'accorder quant à présent, sauf à lui de faire conster
» d'avoir acquis pour l'état d'avocat la capacité requise par la
» charte ».

Du 9 décembre.

On rend, sur la revue de la requête d'Alexis Criquillon, un appointement exactement semblable à celui qui précède, donné à Nicolas Couteaux.

Du 23 décembre.

François-Joseph Bar, ancien clerc d'avocat, ayant aussi présenté requête pour être admis à l'état d'avocat sur pied d'une patente de Rheims et d'un acte d'habitation d'un bourgeois de Louvain, on n'a pas eu d'égard à cet acte d'habitation qui étoit contraire à la notoriété publique, et on lui a donné pour appointement tout simplement : « ce que le suppliant requiert
» ne peut s'accorder quant à présent ».

1792.

On a pris bonne augure de cette année en observant que le cantique par lequel les anges avoient annoncé la paix au monde à la naissance de J.-C., formoit chronique pour l'année 1792.

gLorIa In eXCeLsIs Deo, et In terra paX hoMInIbUs bonae VoLUntatIs.

Vide une dépêche de LL. AA. RR. du 6 février, jointe ci-après sous la date du 7 mai suivant.

Du 9 mars.

A l'occasion de deux estaffettes passés la nuit allant vers Paris, le bruit se répand que l'Empereur Léopold II est mort. Cette nouvelle devient certaine pendant la journée par plusieurs lettres de Bruxelles, entre autres une de l'agent Mertens au Conseil, qui lui mande que la Cour vient de recevoir la nouvelle que S. M. L'Empereur est mort subitement, sans dire le jour ni aucunes circonstances.

Du 10 mars.

On reçoit au Conseil la nouvelle officielle de la mort de l'Empereur, décédé en son palais, le premier de ce mois. La dépêche de LL. AA. RR. les gouverneurs généraux contient des ordres d'interdire tous plaisirs publics jusques à autre disposition. On conclut d'ordonner qu'elle sera enregistrée, et que les lettres en tels cas accoutumées, seront écrites aux...

1792 *Extrait du supplément extraordinaire à la Gazette des Pays-Bas.*

« De Bruxelles, le 9 mars 1792.

» Un courrier arrivé hier, à trois heures après-midi, a porté
» ici la triste nouvelle que l'Empereur avoit été attaqué, le
» 28 février, d'une fièvre rhumatique ; que la poitrine s'étant
» embarrassée dès le principe de la maladie, on avoit saigné
» Sa Majesté, ce qui l'avoit un peu soulagée ; que le lende-
» main, les symptômes étant plus fâcheux et l'oppression
» plus grande, on l'avoit saignée trois fois ; que la nuit du
» 29 février au premier mars avoit été très agitée, et que les
» forces abandonnoient déjà Sa Majesté ; que le premier de ce
» mois, elle avoit été attaquée de vomissemens violens, au
» point de ne pouvoir garder rien de ce qu'elle prenoit, et
» l'après-midi à trois heures et demie, en vomissant, elle étoit
» expirée en présence de Sa Majesté l'Impératrice. »

Du 19 mars.

Les chambres assemblées, on fait lecture de trois dépêches arrivées hier dimanche, l'une contenant les patentes confirmatives de LL. AA. RR. dans le gouvernement général des Pays-Bas.

Du 21 mars.

Le conseiller substitut avocat de S. M. présente le réquisitoire suivant :

« A Messeigneurs,

» Remontre humblement, le conseiller substitut avocat de
» Sa Majesté, que les sieurs échevins de la ville de Mons
» viennent encore de s'attribuer une juridiction qu'évidemment
» ils n'ont pas.

„ Ils viennent d'ordonner par une espèce de décret du 18 du 1792
„ courant, « *à tous administrateurs et mambours des paroisses,*
„ *à tous supérieurs des maisons religieuses et à tous inten-*
„ *dans des bonnes maisons de cette ville où il y a chapelle,*
„ *de faire sonner toutes les cloches, les 19, 20 et 21 du courant,*
„ *savoir, depuis 6 heures...* »

„ On auroit peine à croire à cette disposition, tant elle est
„ insoutenable, si on n'avoit la pièce en mains. Le suppliant
„ en joint ici un exemplaire semblable à ceux qui ont été
„ envoyés aux chefs des maisons y désignées (1).

„ Ces sortes d'entreprises, dont il paroît que les dits sieurs
„ échevins ne cessent de s'occuper, sont de nature à produire
„ de très mauvais effets ; il n'est pas possible que la confiance
„ ne soit altérée, quand le citoyen observe que ceux qui
„ devroient constamment donner des exemples de modération,
„ méditent tous les jours des nouveautés et ne cherchent qu'à
„ franchir les bornes que la loi et l'usage ont établies.

„ Ce sont les suites surtout qui prouvent la nécessité de
„ réprimer d'abord ces sortes d'empiétemens ; on ne les a
„ que trop souvent vu cités en après, à l'appui de ces préten-
„ tions outrées qui accroissent de jour en jour, et qui aver-
„ tissent l'homme public de ne jamais cesser d'avoir l'œil
„ attentif sur la conduite de ce corps.

„ D'ailleurs au cas, il suffit que ceux qui ordonnent le
„ fassent sans juridiction suffisante, et sur tout qu'ils le font
„ sous une peine arbitraire qu'aucune loi ne les autorisoit de
„ comminer, pour que la Cour, qui est l'organe des lois et
„ chargée du dépôt précieux de la constitution (2) se hâte à
„ réprimer une voie de fait qu'on ose revêtir des formes de
„ l'autorité.

(1) Il étoit en substance tel que celui du 24 de ce mois, joint ci-après.
(2) Ce langage a paru étonnant de la part de M. Gobart, et le ton de
toute sa pièce a causé une surprise agréable aux personnes attachées aux
tons et vrais principes.

1792   » Ce considéré, le suppliant s'adresse à vous, Messeigneurs,
» demandant qu'il vous plaise déclarer n'avoir pas été permis
» aux dits sieurs échevins de porter la disposition, dont un
» exemplaire est attaché à la présente ; leur défendre très
» sérieusement d'en agir ainsi à l'avenir et les condamner à
» telle amende ou autre peine qu'au cas peut appartenir.

» Sur communication que ce soit pour y dire dans le terme
» de huit jours, demandant dépens.

» Quoi faisant...

(Signé :) » GOBART. »

Du 24 mars.

Autre ordonnance des échevins de Mons conçue dans le même style que celle du 18, dénoncée à la Cour, par le réquisitoire du conseiller substitut avocat de Sa Majesté qui précède. A la vérité, au 24, les échevins avoient déjà reçu l'ordre circulaire de la Cour à Mons pour faire sonner, mais ils affectent dans leur ordonnance, de ne point rappeler cet ordre et de comminer la même peine arbitraire de désobéissance : comme pour narguer le réquisitoire et même les autorités de la Cour.

La Cour fait une représentation à LL. AA. RR., au sujet d'une dépêche que le Conseil des finances avoit envoyée aux maire et échevins de Lens, dont la teneur s'ensuit :

« LES TRÉSORIER GÉNÉRAL, CONSEILLERS, ETC.

« TRÈS CHERS SIEURS ET SPÉCIAUX AMIS,

» Comme vous restez en défaut de faire remettre au Conseil
» des dites finances, les doubles des comptes de votre admi-
» nistration, nous vous faisons les présentes pour vous
» ordonner, au nom et de la part de Sa Majesté, de les produire
» incessamment avec les explications que vous trouverez
» nécessaires.

« A tant... 1792

« De Bruxelles, au Conseil des domaines et finances
» de l'Empereur et Roi, ce deuxième février 1792.
(Plus bas) : « A ceux du Magistrat de la ville de Lens. »
Voici la représentation de la Cour :

« MADAME, MONSEIGNEUR,

» Les gens de la loi du Bourg de Lens, viennent de porter
» à notre connaissance qu'ils ont reçu une dépêche des tréso-
» rier général, conseillers et commis des domaines et finances
» de Sa Majesté, en date du 20 février dernier, contenant que
» les dits gens de loi restent en défaut de faire remettre au
» Conseil des finances, les doubles des comptes de leur
» administration, et leur ordonnant de les y produire inces-
» samment.
» Il est clair que cette dépêche, que les gens de loi ont
» attachée à leur requête, et dont nous joignons ici copie, a sa
» relation à la lettre circulaire qui a été adressée aux maire et
» échevins de tous les villages ou communautés de ce pays,
» en février et mars de l'année 1786, en vue du nouveau sys-
» tème politique qu'il s'agissoit alors de mettre sur pied, et
» dont il n'est, ni ne peut plus être question aujourd'hui,
» d'après les déclarations positives de feu Sa Majesté Léopold II
» d'immortelle mémoire, qui ont fait cesser et ont aboli à
» toujours toutes les nouveautés qui avoient été introduites
» sous le régime immédiatement précédent, contre les lois
» constitutionnelles et les anciens usages des Provinces
» Belgiques, entre lesquelles nouveautés, celle d'envoyer les
» comptes des communautés au Conseil des finances et
» d'établir une correspondance immédiate entre les adminis-
» trateurs de ces communautés et des membres dudit Conseil,
» en étoit certainement une très remarquable et très caracté-

« risée comme il a été dit dans diverses remontrances faites
» en ce tems là, et notamment dans la rescription de cette
» Cour du 21 février 1786 et dans son arrêté du 28 juin 1787.
   » Nous n'avons donc pu voir d'un œil indifférent cette nou-
» velle tendance du Conseil des domaines et finances vers un
» système entièrement aboli, et nous n'aurions pu permettre
» aux maire et échevins de Lens de déférer à la dépêche qu'ils
» ont reçue, sans enfreindre les lois constitutionnelles de
» ce pays et comté de Hainaut, selon lesquelles, les biens et
» moyens des villes, villages et communautés, ne font en aucun
» sens une branche des finances du Comte, mais contribuent
» seulement, selon la répartition établie, aux aides et subsides
» qui lui sont fournis par les États. Parmi cette contribution,
» l'administration des dits biens et moyens appartient consti-
» tutionnellement aux maire et échevins des lieux respectifs,
» sous comptabilité envers l'office, sauf aux intéressés à se
» plaindre en justice réglée, pardevant cette Cour, des abus
» qu'ils croiroient s'y commettre à leur préjudice, et sauf
» aussi la surveillance du ministère public, c'est-à-dire du
» conseiller avocat de Sa Majesté, pour faire redresser, sous
» l'autorité de cette même Cour, ce qu'il croiroit s'y être glissé
» contre le bon ordre et la justice.
   » D'après ces principes, nous avons fait, aux gens de loi
» de Lens, inhibition et défense de déférer à la dépêche dont
» il s'agit, et en même tems, nous avons résolu de recourir à
» l'autorité de Vos Altesses Royales, afin qu'elles daignent
» pourvoir non seulement à ce que semblables entreprises de
» la part du Conseil des finances n'aient plus lieu à l'avenir,
» mais aussi et principalement, à ce que les comptes origi-
» naux, qui sous le règne de l'Empereur Joseph II ont été
» envoyés par plusieurs d'entre les communautés de ce pays,
» leur soient renvoyés incessamment, puisque le déplacement

» de ces comptes est un inconvénient qui mérite la plus
» sérieuse considération, et que leur absence cause des
» embarras journaliers et fait même naître des procès, comme
» nous avons dejà eu occasion de l'appercevoir plus d'une
» fois.
 » C'est le sujet de notre très-humble représentation, dont la
» matière paroît digne de toute l'attention de Vos Altesses
» Royales.
 » Nous sommes avec un profond respect, etc.
 » Mons, le 24 mars 1792. »
Mise à la poste le même jour.

Du 29 mars.

Les députés des États reçoivent une dépêche pour réprimer les excès et extorsions que les soldats se permettent vis-à-vis des habitans des petites villes et du plat pays ; ils la font imprimer d'abord et l'envoyent partout. En voici un exemplaire.

Du 5 avril (Jeudi-Saint).

On apprend la nouvelle que le Roi de Suède est assassiné.

Du 6 avril.

La nouvelle de l'assassinat commis sur le Roi de Suède devient certaine. On sait qu'il a reçu un coup de pistolet étant au bal, mais qu'il n'est pas encore mort, au moins lors du départ des courriers.

Du 23 avril.

Ce jourd'hui, à neuf heures du matin, un officier françois est venu notifier au général de Beaulieu, commandant de

1792 Mons, la déclaration de guerre faite par la France au Roi de Hongrie, et lui demander de quelle manière les avant-postes répartis sur les frontières respectives se comporteroient entretems que les armées fussent entrées en campagne. Sur quoi M. de Beaulieu a dépêché une estaffette vers Bruxelles et l'officier françois est reparti vers Quiévrain. On dit que c'est un adjudant du général de Rochambeau, et qu'il avoit fait la cérémonie à son de trompe, escorté d'un détachement de hussards de France, sur la limite de leur territoire, et qu'il n'est entré sur le nôtre, qu'après avoir demandé une escorte au chef du poste avancé autrichien à Quiévrain. Il est effectivement arrivé à Mons escorté par quatre hulands autrichiens et il en est reparti dans la même matinée avec une semblable escorte. Il étoit en uniforme bleu, galons d'argent, la cocarde nationale au chapeau, en chaise de poste. Il a observé à M. de Beaulieu qu'il paraissait préférable de différer les hostilités entre les avant-postes, puisque quelques sentinelles tuées de part et d'autre n'avanceroient pas les affaires.

Du . . avril.

Réponse du général de Beaulieu au message de l'adjudant françois que, puisqu'on étoit en état de guerre, il ne s'agissoit d'aucune convention à l'égard des avant-postes ; que chacun se conduiroit comme il trouveroit convenir. C'est ainsi au moins qu'on apprend dans le public le contenu de cette réponse, qui fut envoyée par un officier de la garnison de Mons précédé d'un trompette.

Du 28 avril.

La Cour reçoit ordre de convoquer les États au 21 et 22 mai. J'apprends vers 10 heures et demie du soir, que les François sont entrés sur notre territoire et qu'il y a un corps considérable de leurs troupes qui est venu prendre poste à Quiévrain.

1792

Du 29 avril.

On apprend que les François en sont aux mains avec les Autrichiens vers Quaregnon ; que la nuit il nous est arrivé des troupes hongroises qu'on a fait passer outre d'abord vers l'ennemi. A onze heures du matin, il arrive encore un régiment hongrois extrêmement fatigué par des marches forcées.

Vers midi, on ramène un officier françois fait prisonnier ; c'est le lieutenant colonel du régiment d'Esterhazy-hussards. Il avoit eu son cheval tué sous lui, s'étant imprudemment approché avec sa troupe du bois où il y avoit de nos chasseurs. Pendant toute la journée, beaucoup d'allées et venues de Mons au camp. *On se bat ; on ne se bat plus. Les François sont repoussés, les Autrichiens sont repoussés et défaits :* tels sont les bruits qui se succèdent continuellement. On prétend d'avoir entendu le canon, etc. Enfin, le soir, on sait que l'engagement n'a été qu'affaire de postes, mais que les François sont avancés jusqu'à Boussu.

Du 30 avril.

De grand matin, on entend beaucoup tirer le canon ; plus tard, on apprend que c'est les François qui ont voulu démonter une batterie que nos troupes ont établie près du moulin de Frameries, mais qu'il n'y ont pas réussi, qu'ils ont même dû se retirer. Pendant la journée, nos troupes les serrent de près et les forcent à vider notre territoire. On leur fait beaucoup de prisonniers, on leur enlève des charriots de bagages et quatre pièces de canon. Cette nouvelle est annoncée au peuple par le carillon du château et la grosse cloche vers cinq heures après-midi.

Du premier mai.

1792 Désastre total des François. Nos chasseurs qui avoient pris poste hier au soir à l'abbaye de Crépin, leur sont tombés sur le corps pendant la nuit ; ils ont cru que toute l'armée autrichienne étoit sur leur dos ; la terreur et la confusion s'y sont mises, ils ont tout abandonné. On évalue à un million de florins d'Allemagne le butin que notre armée y a fait.

Du 2 mai.

Rien de nouveau. On débite une relation imprimée de ce qui s'est passé à Quiévrain les 28 et 29 avril. Voici un exemplaire.

Du 3 mai.

Un détachement de nos troupes en a été aux mains avec un corps de François, vers Maubeuge, près du Bois-Bourdon ; on n'en sait pas bien le résultat, mais on voit ramener à Mons sept prisonniers françois. J'entends dire aussi qu'on a ramené un chariot de blessés de nos gens. Cela est vrai. Vers le soir, un corps de trois mille hommes de notre armée se détache, passe par Hyon, prend la chaussée de Binche et la route de Namur, où l'on craint sans doute une invasion de la part de M. Delafayette, célèbre général françois.

On réimprime à Mons les rapports faits au Gouvernement par les généraux de Beaulieu et d'Apponcourt, tirés de la *Gazette de Bruxelles* du 30 avril. Ci-joint un exemplaire.

Du 4 mai.

La Cour reçoit une dépêche du Gouvernement, du 30 avril, avec quelques exemplaires d'une proclamation de LL. AA. RR., du 29 même mois, dont un exemplaire est ci-joint, et voici la teneur de la dépêche :

« Le Roi,

« Très cher, chers et féaux,

« Nous vous remettons, pour votre information et direc-
» tion quelques exemplaires de la proclamation que les séré-
» nissimes gouverneurs et capitaines généraux ont trouvé
» bon de publier relativement à l'injuste guerre que la France
» vient de nous déclarer.
« A tant...
« De Bruxelles, le 30 avril 1792.
(Paraphé :) « Cr. Vt.
« Par ordonnance de Sa Majesté, (signé :) P.-G. Lortye.
» Au Conseil de Hainaut. »
Recepta le 4 mai 1792.

Du 5 mai, samedi.

L'on débite et l'on fait colporter une *Proclamation et avertence de la part du commandant général de l'armée de Sa Majesté Apostolique aux Pays-Bas Autrichiens*, du 29 avril, qui a été publiée hier soir par le militaire à la tête de la grand' garde. Ci-joint un exemplaire. Cette pièce forme un singulier contraste avec la proclamation de LL. AA. RR. de même date, rappelée article précédent.

On parle de cette proclamation militaire au Conseil pendant la séance du matin, dans les trois chambres séparément, et par communication, on charge M. Obert de témoigner à la députation des États le désir de la Cour, que les États fassent à ce sujet de fortes représentations au Gouvernement.

1792   La Cour reçoit, pour être publiée, une ordonnance de S. M., du 28 avril, qui enjoint aux François de se retirer de ces provinces, sauf ceux qui sont émigrés pour fuir les persécutions exercées dans leur pays et qui se seront fait reconnaître pour tels par les commissaires établis à Bruxelles. Ci-joint un exemplaire. La résolution unanime est d'en ordonner la publication.

S. A. R. Monseigneur, gouverneur général des Pays-Bas, est passé dans la matinée à Mons, allant voir notre petite armée vers Quiévrain.

Du 7 mai.

Hier ou aujourd'hui, notre armée campée près de Quiévrain, revient prendre son premier camp près de Frameries et de Cuesmes, précisément à cause que la position est plus avantageuse et plus à portée de donner du renfort soit vers Namur, soit vers Leuze où est l'armée de son S. A. R. le duc de Saxe-Teschen.

Du dit jour, 7 mai.

Le Chevalier de Cour M. Obert, fait rapport de la commission dont il a été chargé le 5 envers la députation des États au sujet de la proclamation militaire du commandant général des armées. Il communique à la Cour la résolution qui a été prise à cet égard par les députés des États, conçue en ces termes :

« Du 5 mai 1792. Sur ce que M. le Chevalier de Cour Obert
» est venu faire connoître aux États de la part de la Cour,
» qu'elle ressentoit une vive peine de la proclamation ou
» avertence faite le jour d'hier par le militaire, qui renouvelloit
» non seulement celle du 14 mars 1791, mais y ajoutoit de
» nouvelles menaces ; qu'en conséquence, la Cour verroit avec

» plaisir que les députés des États fissent incessamment, et
» sans préjudice à celles qu'elle pourroit faire de son côté,
» des représentations à Leurs Altesses Royales, à ce sujet.

1792

» Conclu d'adresser à LL. AA. RR. une représentation
» pour qu'elles veuillent déclarer que la disposition qu'elles
» ont portée le 6 février dernier, à la demande des États,
» opère et s'extend sur la déclaration donnée le 29 avril
» dernier par M. le maréchal De Bender, en limitant cette
» dernière comme la première ; et d'autoriser la députation
» de rendre publique leur disposition à porter et celle du
» 6 février dernier.

» Au surplus, requérir M. Obert de remercier la Cour de
» la sollicitation (1), l'informant qu'on s'adressera à LL. AA.
» RR. à la fin dont il s'agit, et la priant d'en faire autant
» de son côté.

» En outre, copie de la représentation sera adressée à son
» Excellence le ministre, le priant de vouloir l'appuyer de sa
» haute influence et protection. »

M. Obert a en même tems informé la Cour que la représentation des États et leur lettre pour le ministre étoient parties hier 6 ; aussi a-t-il apporté copie de la disposition de LL. AA. RR. du 6 février dernier mentionnée ci-dessus. Voici cette disposition :

" Marie-Christine, etc., Albert-Casimir, etc.

" Révérends Pères en Dieu, Vénérables, Nobles,

" Chers et bien Amés,

» Ayant eu rapport de vos différentes représentations au
» sujet de la proclamation faite par le militaire le 14 mars
» dernier, relativement à l'appréhension des citoyens, Nous

(1) On a sans doute voulu dire sollicitude

1792 " vous faisons la présente, pour vous dire que Nous voulons
" bien vous déclarer comme vous le demandez par votre
" dernière représentation, que tout militaire, n'étant insulté
" ou à son corps défendant, mais se trouvant dans le cas
" d'arrêter des citoyens dans le flagrant ou dans les cas qui
" ne souffrent pas de délai, devra se borner à les conduire
" à la grand' garde, où ils ne pourront être insultés, ni de
" fait, ni de parole, et à les remettre à l'instant même à leur
" juge compétent, avec un rapport ou *species facti* de la
" cause de leur arrestation, sans pouvoir les conduire au
" prévôt ou aux casernes, moins encore leur infliger
" quelque peine ; vous prévenant que Nous avons donné
" en conséquence nos ordres au commandement général.
" A tant...
" De Bruxelles, le 6 février 1792. "

Du même jour, 7 mai.

La Cour, en suite des communications ci-dessus, prend la résolution de faire de son côté une représentation à LL. AA. RR. Elle fut mise à la poste le même jour ; en voici la copie :

" MADAME, MONSEIGNEUR,

" Notre devoir nous oblige de faire à Vos Altesses Royales
" les plus instantes représentations au sujet d'un imprimé qui
" circule ici et qui a même été lu avec appareil militaire, à la
" tête de la grand' garde, sous le titre de proclamation et
" avertence de la part du commandement général de l'armée
" de Sa Majesté Apostolique aux Pays-Bas autrichiens. Nous
" en joignons ici un exemplaire.
" Il seroit inutile de s'étendre sur le fond de cette pièce pour
" faire sentir à quels terribles dangers les sujets de Sa Majesté,
" même les citoyens les plus paisibles, se trouvent exposés,

» puisqu'ils sont mis à la merci de tout soldat qui trouvera
» bon de se servir contre eux de ses armes, sous prétexte
» d'une action, ou même d'une parole, dont on le constitue
» lui-même témoin, juge, et exécuteur de son jugement ; puis
» encore, que, même en cas d'arrêt, on avertit l'arrêté qu'il
» n'y aura point de justice pour lui car on le prévient que
» l'accès à son juge légitime lui sera fermé ; mais nous ne
» pouvons nous dispenser d'observer à Vos Altesses Royales
» combien une proclamation militaire quelconque contre des
» sujets non militaires du même souverain, est un acte illégal
» et même impolitique.

» La force militaire, de la part du souverain qui l'emploie,
» ne doit servir qu'à repousser les ennemis du dehors, et à
» prêter, en étant requis, main forte au dedans, pour l'exécution
» des décrets et sentences des tribunaux légalement établis. Si
» le sort des armes attire cette force militaire en pays ennemi,
» que là elle fasse telles proclamations qu'elle croit nécessaires
» pour sa défense ou pour promouvoir ses succès, c'est le
» droit de la guerre, mais ce n'est pas à elle de régler ni de
» menacer les sujets de son propre souverain.

» Ces principes trouvent surtout leur application dans un
» pays où la constitution a si positivement réglé et distingué
» tous les pouvoirs, et où les citoyens ont un droit si incon-
» testable de ne pouvoir être traités autrement que par juge-
» ment et sentence de leur juge compétent.

» Une telle proclamation est impolitique puisqu'elle doit
» naturellement jeter l'allarme et l'effroi dans tous les esprits,
» tandis que le plus ferme appui des États et des trônes est la
» confiance et l'amour des peuples, vérité certaine et que feu
» Sa Majesté l'Empereur Léopold a professée hautement.

» Dans le cas particulier, la proclamation du commande-
» ment général de l'armée est une contradiction manifeste

» aux promesses formelles qui ont été faites et réitérées aux
» Provinces Belgiques de la part de leur Souverain et par lui-
» même, sur le maintien de leurs constitutions, et notam-
» ment à ce pays de Hainaut qui, entre les dites Provinces,
» a été le premier à terminer par un arrangement général tout
» ce qui pouvoit tendre à réparer les malheurs des derniers
» troubles, selon le témoignage que Vos Altesses Royales ont
» daigné lui rendre dans leur déclaration du 28 juillet 1791,
» en prononçant l'amnistie en faveur des habitans de cette
» province.

» Enfin cette proclamation militaire, où le commandant des
» troupes parle en son propre nom et comme exerçant en ce
» pays une autorité indépendante, doit d'autant plus altérer la
» confiance, que ses dispositions ne sauroient se concilier
» avec la proclamation affectueuse et bien satisfaisante de
» Vos Altesses Royales émanée précisément le même jour
» 29 avril.

» Nous supplions Vos Altesses Royales, de pourvoir dans
» leur sagesse aux moyens de faire cesser la consternation et
» les alarmes que la proclamation militaire dont il s'agit a
» jetées dans tous les cœurs.

» Nous sommes avec un profond respect, etc.,

» Mons, le 7 mai 1792. »

Mise à la poste le même jour.

Du 9 mai.

Le quartier général de l'armée autrichienne qui étoit à Leuze, vient se placer à Mons. S. A. R. Monseigneur le duc Albert de Saxe-Teschen, arrive le soir et vient se loger à l'hôtel du grand bailliage.

Du 10 mai.

Assemblées des Chambres pour délibérer si la Cour ira rendre et prêter son hommage à S. A. R. Monseigneur et si elle ira en corps ou par députation. On résout d'y aller en corps, et en conséquence on envoie, vers dix heures, le greffier Deronquier pour aller demander l'heure en s'adressant au comte de Seckendorff, grand maître. Monseigneur étoit déjà parti pour le camp. Le greffier a ordre d'y retourner vers une heure. La réponse du duc, qui est revenu dîner à Mons, est qu'il attendra la Cour au quart avant sept heures du soir. Dans l'après-dîner, S. A. R. retourne au camp. A six heures et demie, la Cour se rassemble en son hôtel : là quelques discussions sur l'ordre de la marche, ou plus tôt pour savoir qui présidera, eu égard que M. le comte de Gomegnies, Président, étoit indisposé. M. Obert, Chevalier de Cour et M. Farin, conseiller ecclésiastique, prétendent, comme ils avoient fait le neuf janvier 1790 (1), que l'ancien conseiller de robe longue ne devoit pas avoir la place d'honneur et que son carosse ne devoit pas marcher à la tête du cortège. M. Obert offre de prendre l'ancien dans son carosse. L'on se demande qui fera donc le compliment vis-à-vis de S. A. R. Le débat est confus et assez vif. Le moment étant venu, on sort de la chambre et on descend à peu près pêle-mêle. Au pied de l'escalier, M. Obert veut encore prendre M. Delecourt, l'ancien, dans son carosse ; M. Delecourt ne veut aller que dans son propre carosse. L'un des jeunes se met avec M. Obert et son carosse marche le premier, puis celui de M. Delecourt, qui prend aussi un des plus nouveaux conseillers avec lui, ensuite toutes les autres voitures sans distinction. C'est M. Delecourt qui porte la parole vers S. A. R. ; il étoit entré le premier dans la salle d'audience.

1792

Du 13 mai (dimanche).

Aujourd'hui on lit en chaire une ordonnance de monseigneur l'archevêque de Cambray, pour faire des prières publiques à

---

(1) Voir tome I, p. 221.

1792 cause de la guerre. Dans cette ordonnance étoit transcrite la proclamation de LL. AA. RR. du 29 avril, dont lecture a aussi été faite au prône, et M. le curé de Sainte-Élisabeth a fait à cette occasion un petit sermon ou discours fort pathétique.

Je joins ici un exemplaire de cette ordonnance, que je me suis procuré postérieurement.

Du 23 mai.

On reçoit par lettre de l'agent, la nouvelle de la mort de l'Impératrice, mère de notre Souverain.

Dans la séance de relevée, on apprend que S. A. R. Madame est arrivée dans la matinée à Mons. La cour envoye le greffier de service au gouvernement pour demander d'être admise à la saluer et à quelle heure. La réponse est qu'elle est ici incognito, que cependant, elle sera charmée de voir ces Messieurs, mais qu'elle les prie de venir d'abord, parce qu'elle se propose de partir vers six heures. Sur quoi, le greffier ayant observé au chambellan qu'il falloit un temps moral pour que la cour pût se mettre en robe et faire réunir ses huissiers, S. A. R. fit dire qu'elle prioit de venir sans cérémonial. En conséquence, et comme il étoit alors cinq heures, la cour a levé sa séance et les conseillers sont allés à pied et pêle-mêle au gouvernement, où M. Delecourt, notre ancien, à cause de l'indisposition de M. le Président, a fait un compliment en court à la princesse, dont la fin étoit qu'on remercioit LL. AA. RR. de leurs soins et activité pour préserver le pays du système des François et de leur venue. A quoi la princesse dit avec un air de vivacité et même d'enjouement qu'ils y étoient aussi intéressés que nous.

Du 31 mai.

L'archiduc Charles, frère de notre Souverain, arrive à Mons. Il est accompagné de sa tante l'archiduchesse gouver-

nante qui vient voir son mari le duc Albert de Saxe-Teschen. 1792
L'après-midi, ils vont tous ensemble voir le camp.

Du 3 juin.

Aujourd'hui, fête de la Sainte Trinité, kermesse de Mons ; la procession ne se fait qu'en ville à cause de la guerre dans ce canton. Elle prend par la rue Samson, la Chaussée, la Place, la rue Verte, la rue du Gouvernement, celle des Groseillers, d'Havré, du Hautbois et puis le tour ordinaire. Le char d'or y est. Le dragon n'y va pas. Les serments sont sans armes.

Du 7 juin.

Aujourd'hui, fête du Saint-Sacrement, S. A. R. Monseigneur le duc de Saxe-Teschen, gouverneur général des Pays-Bas, va à la procession ; il avoit laissé la chose incertaine jusques après que la procession fût sortie ; il est venu la rejoindre près de Saint-Germain. Alors le Conseil est défilé à côté du baldaquin et est venu se placer immédiatement devant le Saint Sacrement pour céder la place derrière à S. A. R. Plusieurs généraux étoient à sa suite, aussi le prince de Lembesc de la maison de Lorraine, passé du service de France à celui de la maison d'Autriche, et le prince de Ligne, fils ; l'on n'a point tiré à la procession, à cause de la proximité des armées, on avoit placé à chaque reposoir deux priez Dieu, croyant que l'archiduc Charles auroit accompagné son oncle, mais il est resté à son hôtel, c'est-à-dire au grand bailliage. Comme le théâtre est monté pour l'inauguration, l'autel du coin de la place a été érigé sur le théâtre même, en avant. On a été y donner la bénédiction.

1792

Du 9 juin.

Aujourd'hui samedi, le prince de Ligne, fils, quoique depuis longtems au quartier général de Mons, a fait son entrée en cette ville, en qualité de commissaire de S. M., pour l'inauguration fixée à après-demain.

On a tiré le canon, quoiqu'au centre de la guerre. Il a fait son entrée à cheval, par la porte d'Havré ; il a traversé la Place, est remonté la rue Neuve et de là à l'hôtel de Ligne, au son de la grosse cloche et du carillon ; il étoit suivi de quelques officiers de dragons du régiment de Cobourg et de gens à sa livrée.

Du 10 juin.

Les États communiquent à la Cour une dépêche de S. A. R. Monseigneur, qui leur notifie qu'on quittera le deuil le jour de l'inauguration, pour le reprendre le lendemain.

Du 11 juin.

L'inauguration (1) se fait avec les solennités ordinaires. Il avoit plu beaucoup jusqu'au moment où le prince de Ligne se

---

(1) Les États de Hainaut avaient fait imprimer la *Direction pour la solennité de l'inauguration de sa Majesté le roi de Hongrie et de Bohême François I, comme comte de Hainau, fixée au 11 juin 1792.*

Cette pièce est très curieuse et peu connue. Bien que Paridaens ne la donne pas, nous nous croyons intéressant de la publier ci-dessous :

« Le dit jour 11, à sept heures et demie du matin, la solennité s'annonce
» au peuple par le son de la grosse cloche et du carillon.
» A 8 heures, Messieurs les Magistrats, en robe, se rendent de l'hôtel-de-
» ville à l'église de Ste. Waudru, pour recevoir des Dames du Chapitre la
» chasse des Reliques et le Chef de leur Patrone, qu'ils accompagnent
» jusques sur le Théâtre placé pour la solennité sur la Grand'Place.

mit en marche de son hôtel pour se rendre sur le théatre, 1792
mais alors la pluie a cessé. Ce prince s'étoit fait un peu
attendre parce qu'il n'étoit revenu qu'à sept heures du combat
qu'il y a eu avec les François, de très grand matin, dans les
environs de Maubeuge, dans lequel il avoit couru grand danger d'être fait prisonnier.

Pendant la cérémonie de l'inauguration on a amené sur la
place deux gardes nationaux pris dans l'affaire de la nuit et

» A huit heures et demie on sort de l'église, au son de la grosse cloche et
» du carillon, dans l'ordre suivant :
» 1. Les Curés et Vicaires des Paroisses de la Ville, tous en chapes,
» précédés des bannières et Bedeau de Ste. Waudru.
» 2. Les Prévôt, Doyen et Chanoine de St. Germain et leurs Vicaires,
» tous en chape, précédés de leur Bedeau.
» 3. Les cinq Ordres mendiants.
» 4. Les Dames du Chapitre de Ste. Waudru et leurs Officiers.
» 5. La Chasse de Ste. Waudru entourée de six gardes du chœur en
» habits de livrée, portant des flambeaux et suivie du dais.
» 6. Le Chef de cette Sainte, sous un dais, accompagné des Distributeur et grand Clerc de Ste. Waudru ; le premier en chape, le second en
» surplis, à côté deux personnes à la même livrée portant flambeaux.
» 7. La Dame Bâtonnière et les deux premiers Officiers du Chapître.
» 8. Messieurs les Magistrats.
» La marche se dirige par la rue de la Poterie: lorsque le cortège arrive à
» l'entrée de la Grand'Place, Messieurs de l'Ordre du Clergé, tous en chape,
» les Prélats en habits pontificaux et mitres, la crosse à la main, accompagnés
» de leurs porte-mitres et crosses, précédés des Huissiers et Messagers des
» États et de quelques-uns du serment de St. Michel, sortent de la chapelle
» de St. George par la cour de l'hôtel de ville, où les joignent les deux Députés
» ordinaires du Conseil de Ville et les quatre autres nommés pour la solennité, ainsi que les 26 députés des Bonnes Villes ; ils sont précédés jusques à
» la rampe du Théâtre, de la compagnie de la maréchaussée, à pied, les Capitaine, Lieutenant et Sous-Lieutenant l'épée à la main : cette compagnie se
» range en haie aux deux côtés de la rampe.
» Messieurs du Clergé vont se placer sous la galerie à la droite du trône,

1792 au moment que le cortège, s'en allant à Sainte-Waudru, étoit à l'entrée de la Chaussée, on s'y est rencontré avec les généraux revenant d'avoir combattu les François. Le duc Albert de Saxe étoit à la tête de ces généraux avec son neveu l'archiduc Charles qui venoit de se trouver au feu pour la première fois. On apprit dans cet instant que M. Degouvion, commandant en chef de l'armée françoise, avoit été tué. Un officier de hulans a été ramené blessé. On sait vaguement que les François ont été repoussés, après avoir néamoins tenu ferme pour

» laissant un espace entre eux et le trône pour les Pairs de la Province. Les
» Députés des Bonnes-Villes à la partie du Théâtre vers la rue de Nimy, sur
» une ligne ; les Députés du Conseil de Ville sur une seconde ligne faisant
» face à la rue de la Chaussée.
 » Les Ordres religieux entrent dans le parquet en avant du théâtre.
» Les Curés des Paroisses, le Chapitre de St. Germain, les bannières et
» Bedeaux se placent au bout du théâtre, du côté de la rue de Nimy, derrière
» les Députés des Bonnes-Villes.
 » Les Dames Chanoinesses et leurs Officiers à la droite de l'autel placé sur
» le théâtre.
 » Derrière l'autel les prêtres tenant les flambeaux, qui, pendant la marche,
» sont portés par la livrée du Chapitre.
 » Les dais se placent au bout du théâtre, du côté de l'hôtel de ville.
 » Messieurs les Magistrats se rangent sur une même ligne en avant de
» Messieurs les Députés du Conseil de Ville.
 » Le Conseil Souverain de la Province en robes, venant de l'hôtel de ville,
» se place en face du trône, à peu de distance du parquet, M. le Président
» au milieu de la compagnie sur une ligne, et les Huissiers derrière.
 » A neuf heures, SON ALTESSE le PRINCE CHARLES de LIGNE, commis-
» saire de SA MAJESTÉ, sort de son hôtel pour se rendre au théâtre par les
» rues du Séminaire, de la Guirlande, des Capucins, de la Grand'rue et de
» la Chaussée, dans l'ordre suivant :
 » 1. Un détachement de Dragons du régiment de la Tour avec ses officiers,
» qui se rangent sur la grand'place devant l'hôtel de la Couronne.
 » 2. Les Membres de l'Ordre de la Noblesse, chaque en carosse attelé de
» deux chevaux, arrivés près de la rampe du théâtre descendent de leurs
» voitures, qui défilent le long du parquet par la rue de Nimy.

la première fois. En effet on a entendu ici le canon depuis deux heures jusques vers six heures. Voici la feuille du jour, ou plustôt celle relative à cette journée, imprimée le 12.

1792

Du 12 juin.

S. A. R. Madame arrive vers dix heures et demie du matin. En entrant dans les salons du gouvernement, elle embrasse de bon cœur et à plusieurs reprises son neveu l'archiduc Charles, comme un ami que l'on revoit la première fois après qu'il a

» 3. Un Héraut d'Armes, le Sieur Okelly, vêtu de sa cotte d'armes, le
» caducée en main, la toque en tête, à cheval.
» 4. Le Capitaine de chasse et des bois de SON ALTESSE.
» 5. Ses gardes de chasse, sa livrée et ses officiers de maison marchant
» deux à deux chapeau bas.
» 6. Ses deux Secrétaires dans un carosse attelé de deux chevaux.
» 7. Son Aumônier et son Intendant dans un pareil carosse.
» 8. SON ALTESSE dans un carosse attelé de six chevaux.
» 9. Un second détachement de Dragons ferme la marche, et s'aligne avec
» le premier sur la grand'place.
» Dès que SON ALTESSE paroît sur la grand'place, les tymbales et trom-
» pettes placés dans la galerie au dessus du théatre sonnent des fanfares
» auxquelles répond la musique turque. Le bataillon de Murray rangé le long
» des caffés et la grand'garde le drapeau déployé présentent les armes, et les
» tambours battent aux champs. On sonne le carillon, la grosse cloche du
» château et toutes celles de la ville.
» N. La musique turque a sa place entre la rampe du théatre et du parquet.
» SON ALTESSE arrivée au théatre précédée du Héraut d'Armes, et suivie
» des Membres de l'Ordre de la Noblesse, qui l'attendent à l'entrée, se place
» sous le dais, dans un fauteuil, au dessus duquel est le portrait de SA
» MAJESTÉ: les Nobles se mettent à sa gauche sous la galerie, sur une ligne.
» Tous les différents Ordres étant placés et assis, les Huissiers et Messagers
» des États, les Huissiers et Sergents de MM. les Magistrats sur la rampe,
» la livrée de SON ALTESSE et du Chapitre de Ste. Waudru et d'autres
» vis-à-vis de l'Hôtel de ville, les timbales et trompettes de dessus le théatre
» se font entendre ; une division du régiment de Murray placée près des

1792 couru un grand danger. C'est ce que je vois de ma salle à manger à travers les fenêtres.

Du 23 juin.

L'avocat Delward, avocat pensionnaire des échevins de Mons, est presque assommé à l'hôtel de ville par l'échevin Duval qui lui jette une pile de couronnes à la tête.

Vide à la date du 9 juillet ci-après, le réquisitoire du conseiller avocat de S. M. relativement à cette affaire.

» Boucheries fait une décharge de Mousqueterie ; l'artillerie des remparts y
» répond par une salve de canons, et toutes les cloches de la ville sonnent.

» Peu après, le Héraut d'Armes, qui est debout à quelque distance et à la
» droite du trône, après avoir reçu l'ordre, s'avance vers le bord du théâtre,
» le long du parquet, et crie trois fois à haute voix : silence, puis retourne à
» sa place.

» Alors le Conseiller-Pensionnaire de la Ville, Auquier, faisant fonctions
» de Pensionnaire des États, se présente à SON ALTESSE, et fait ensuite lec-
» ture, vers le milieu du théâtre, de la copie authentique des lettres des pleins
» pouvoirs et des lettres de substitution.

» Cette lecture achevée, SON ALTESSE va à l'autel. Tous les Ordres des
» États et autres Corps se lèvent et restent debout à leurs places. Madame
» de Croix, première ainée des Dames Chanoinesses, s'approche aussi de l'autel
» avec les Bailli et Greffier du Chapître, où elle lit l'acte de réception de
» SA MAJESTÉ à Abbé et plus grand Avoué du Chapître, et à Seigneur et
» Prince du pays, et à la mise en possession des patronages de leur Eglise,
» ainsi que des Seigneuries du château, des pairies de la ville etc., après
» quoi le Bailli prend la crosse abbatiale des mains du petit-clerc, qui se
» trouve sur la rampe du théâtre ; la même Dame prend cette crosse des
» mains du Bailli, et la présente à SON ALTESSE ; ensuite le Greffier du dit
» Chapître qui est à la gauche de l'autel, lit le serment accoutumé, que
» SON ALTESSE prête, les mains posées sur le St. Chef et le livre des
» Évangiles.

» Ce serment prêté, une fanfare de timbales et trompettes, qui sont dans
» la galerie du théâtre, et à laquelle répond la musique turque ; le son du
» carillon, de la grosse cloche et de toutes celles de la ville, une décharge

Du premier juillet.

Cejourd'hui dimanche, la cour a été assemblée extraordinairement au sujet d'une escouade de la maréchaussée de Hainaut qui avoit été enlevée en la ville de Chimay, par un corps de cavalerie françoise. On y a résolu d'écrire la lettre suivante au commandant de Maubeuge, et elle fut expédiée incontinent et portée à S. A. R. Monseigneur, actuellement à Mons, sous cachet volant, pour qu'il voulût l'envoyer par un trompette.

1792

« Monsieur le Commandant,

» Nous nous adressons à vous, avec la confiance que vous

» de la mousqueterie et une salve de l'artillerie des remparts annoncent au
» peuple ce premier acte.
» SON ALTESSE retournée à son fauteuil sous le dais, la crosse à la main,
» et tous les Ordres rassis, le Conseiller-Pensionnaire des États va lui
» demander la permission de faire lecture du serment à prêter aux États ;
» cette permission accordée elle retourne à l'autel ; le Président du Conseil
» s'en approche aussi, et les Ordres debout, le Pensionnaire lit à genoux,
» sur la marche de l'autel, le serment de SA MAJESTÉ aux États.
» Ce fait, SON ALTESSE appose la main sur les saints Évangiles, et prête
» ce serment.
» Alors le même Conseiller-Pensionnaire, à la semonce du président, fait
» lecture de celui à prêter au Souverain par les États, et dit, après l'avoir
» prêté en leur nom : *ainsi nous aide Dieu, le benoit Corps de Ste. Waudru*
» *et tous les autres Saints de Paradis*.
» Ce second acte s'annonce au peuple comme le précédent.
» Immédiatement après, MM. les Magistrats et les six Députés du Conseil
» de la ville s'avancent vers l'autel, où le Conseiller-Pensionnaire et Greffier
» du chef-lieu, à genoux contre la marche, fait lecture du serment à prêter à
» la Ville au nom de SA MAJESTÉ. Ce fait, SON ALTESSE, met la main
» sur l'Évangile. Puis le même Conseiller-Pensionnaire et Greffier, à la
» semonce du Président, lit le serment à prêter de la part de la Ville, et le
» faisant en son nom, dit : *ainsi nous aide Dieu et tous ses Saints* : aussi-tôt

1792 " voudrez bien, Monsieur, faire relâcher et nous renvoyer
" l'officier et les cavaliers de notre maréchaussée qui ont été
" arrêtés à Chimay par les troupes françoises, le 28 du mois
" dernier.

" Ces gens ne sont aucunement militaires : ce ne sont que
" des suppôts de la justice civile simplement destinés à
" maintenir la police et à prêter main-forte pour l'exécution
" de nos arrêts ; ils sont soldés par la province, mais leurs

" les timbales et trompettes, la musique turque, l'artillerie, le son du
" carillon, de la grosse cloche et de toutes celles de la ville l'annoncent au
" peuple.
" SON ALTESSE va se replacer dans son fauteuil sous le dais, toujours la
" crosse en main, et tous étant remis en leurs places le Héraut d'armes va
" au bord du théâtre en face du trône crier trois fois : VIVE FRANÇOIS I,
" ROI DE HONGRIE ET DE BOHÊME, ET COMTE DE HAINAU ; ce qui se
" répète quantité de fois par le peuple, et s'annonce également par des
" fanfares, décharges de mousqueterie, salves d'artillerie, grosse cloche et
" carillon.
" De suite le Conseiller-Pensionnaire des États se fait apporter un sac de
" velours cramoisi garni en or, rempli de médailles d'or, d'argent et de
" cuivre, ayant cette légende du côté du buste de SA MAJESTÉ : Fransiscus,
" Hung. Boh. Rex. Com. Hann. Le revers représentant un autel surmonté de
" deux mains jointes avec cette devise : Fides Publica, et cette inscription :
" Haec Ara Tuebitur Omnes, et va les jeter au peuple aux acclamations
" redoublées de VIVE SA MAJESTÉ, et au bruit des timbales, trompettes,
" et de la musique turque.
" Cette solemnité achevée les différents Ordres et Corps se rendent à la
" Collégiale de Ste. Waudru par la rue de la Chaussée, celle Samson, la
" Terre du Prince et le cloître du Chapitre, dans l'ordre suivant :
" 1. Un escadron de la Tour ouvrant la marche.
" 2. Les Curés des Paroisses, le Chapitre de St. Germain et les Religieux
" des Couvents mendiants.
" 3. La musique turque.
" 4. L'Ordre du Clergé précédé des Huissiers et Messagers des États, suivi
" de l'Huissier du Clergé et ayant à ses côtés le Capitaine de la Maréchaus-
" sée, l'épée à la main, avec une partie de sa Compagnie.

» armes, leurs chevaux, leurs uniformes, sont une propriété 1792
» particulière de chacun d'eux ; de sorte que malgré les
» malheurs et le tumulte de la guerre, nous avons eu pleine
» confiance qu'ils ne rencontreroient aucun obstacle dans
» l'exercice de leurs fonctions.

» C'est dans cette persuation que nous avons envoyé cette
» escouade dans la terre de Chimay pour y maintenir le bon
» ordre et arrêter les brigandages qu'y commettent le nommé

» 5. Les Dames Chanoinesses et leurs Officiers.
» 6. La Chasse de Ste. Waudru.
» 7. Le Chef de cette Sainte.
» 8. La Maison de SON ALTESSE.
» 9. Le Héraut d'Armes.
» 10. SON ALTESSE, la crosse en main, ayant à ses côtés les deux Dames
» ainées et les deux premiers Officiers du Chapitre.
» 11. L'Ordre de la Noblesse.
» 12. Les Magistrats.
» 13. Les six Députés du Conseil de Ville.
» 14. Les Députés des Bonnes-Villes.
» 15. Les Lieutenant et Sous-Lieutenant de la Maréchaussée, l'épée à la
» main, avec la seconde partie de la compagnie.
» 16. La division du régiment de Murray.
» 17. Les carosses ferment la marche. Au moment que SON ALTESSE
» entre dans l'Eglise de Ste. Waudru, les timbales et trompettes sur le jubé
» exécutent des fanfares. Parvenue au chœur, SON ALTESSE, la Crosse en
» main, va à l'autel, sur lequel est posée la benoite Affique de Ste. Waudru
» faire les reliefs usités des fiefs de SA MAJESTÉ en mouvants.

» Les Dames Chanoinesses se rangent en haie du côté de l'évangile, et les
» Officiers du Chapître, aussi en haie, du côté de l'épitre.

» Le Clergé se place sur des chaises que les Dames Chanoinesses font
» préparer dans le sanctuaire du côté de l'évangile.

» La Noblesse se met dans les stalles de la gauche en entrant.

» Les Magistrats sur leurs bancs ordinaires. Les Députés du Conseil de
» Ville et des Bonnes-Villes sur des bancs placés en devant et à côté de ceux
» des Magistrats.

1792 » Desalliez, dit l'Artifail, et son frère qui se sont évadés de nos
» prisons il y a environ un an.

» Cependant, comme nous avions prévu qu'à cause de la
» guerre la maréchaussée pourroit rencontrer quelques embar-
» ras, le Conseiller avocat de S. M., chargé du ministère public
» en cette Cour, en avoit prévenu Monsieur le commandant
» de la garnison de Maubeuge, par sa lettre du 21 juin dernier
» (dont nous joignons le duplicata et de sa pièce d'accompa-
» gnement), et cette lettre n'ayant été suivie d'aucune réponse,
» ce silence a achevé d'écarter tout sujet d'inquiétude que nous
» aurions pu avoir à leur sujet et a déterminé le ministère
» public à leur ordonner de prolonger leur séjour dans la
» terre de Chimay, pour y remplir la commission particulière
» dont ils étoient chargés.

» Après les reliefs, SON ALTESSE va, la crosse en main, embrasser les
» Dames Chanoinesses, puis se place dans la stalle abbatiale, qui est décorée.
» Les Dames Chanoinesses vont aux stalles de la droite.
» Les Officiers du Chapitre et les Chanoines de St. Germain prennent
» leurs places ordinaires.
» Le Héraut d'Armes est placé dans le milieu du chœur, sur un tabouret.
» Le Prélat de St. Denis, comme premier chapelain du comté de Hainau,
» assisté de deux autres Prélats en qualité de Diacre et sous-Diacre, avec un
» troisième, comme Maître de cérémonie, tous avec leurs porte-mitres et
» crosses, célèbre pontificalement la messe votive du St. Esprit, qui est suivie
» du Te Deum.
» Au *Gloria* la division du régiment de Murray paradant sur la place de
» Ste. Waudru fait une décharge de mousqueterie, qui est suivie de salves
» de l'artillerie du rempart, du son de la grosse cloche et du carillon, et de
» la musique turque.
» Ce qui se répète à la Consécration, à la Communion et au *Te Deum*.
» Après le *Te Deum*, le cortège accompagnant SON ALTESSE jusqu'à son
» Hôtel, passe par les rues Samson, de la Terre du Prince, de Cinq Visages,
» de la Grosse Pomme, au son de la grosse cloche, du carillon et de toutes
» les cloches de la Ville ».

" S'il arrivoit que la chose ne fût pas de votre département, 1792
" nous vous prions, Monsieur, de faire parvenir cette décla-
" ration et réquisition où il appartient.
" Nous avons l'honneur d'être, Monsieur le Commandant,
" Vos très humbles et très obéissants serviteurs.
" Les Grand Bailli, Président et Conseillers en la noble et
souveraine Cour à Mons.
" Mons, le 1er juillet 1792 ".
Adresse : " A M. M. le Commandant de la ville de Maubeuge, etc., à Maubeuge ".

Du 6 juillet.

La Cour reçoit une lettre fort honnête et respectueuse du commandant de Maubeuge, en réponse à celle ci-dessus, notifiant que, par ordre de M. le général de la Fayette, commandant en chef de l'armée du Centre, les cavaliers de notre maréchaussée avoient été remis en liberté et reconduits jusqu'à la frontière avec une escorte pour leur sûreté.

Du 9 juillet.

Le Conseiller avocat de S. M. présente un réquisitoire que je transcris ici pour conserver la mémoire de quelle manière l'échevinage de Mons se trouve actuellement composé et organisé, ou plustôt de quelles personnes, et de leur manière d'être ensemble.

" A Messeigneurs,

" Remontre humblement le Conseiller avocat de S. M. que,
" sur la plainte que l'avocat Delward, pensionnaire du magis-
" trat de cette ville, a portée à la Cour le 27 juin dernier des
" excès commis par paroles et par faits à son égard par

1792 " l'échevin Emmanuel Duval, le 23 du même mois, étant
" en assemblée au bureau de l'hôtel-de-ville avec d'autres
" échevins et assesseurs, au point que le prédit Duval l'avoit
" blessé à la tête avec effusion considérable de sang en lui
" jettant une pile ou rouleau de couronnes et en le traitant de
" patriote, lui reprochant qu'il cherchoit dans ses opinions à
" se faire bien venir des patriotes, etc. : il a été ordonné
" par arrêt du même jour et d'après les conclusions prises
" par le soussigné, qu'il seroit informé sur les faits et
" circonstances mentionnées en la dite plainte.

" Cette information tenue, il en est résulté que le 23 juin
" dernier vers midi l'échevin Duval, se trouvant au bureau
" de l'hôtel de ville avec le mayeur Deroyer, l'échevin
" Lelièvre, le pensionnaire Vigneron, le greffier de police
" Fontaine et l'avocat pensionnaire Delward, la conversation
" ayant eu trait aux opinions de l'avocat Delward, l'échevin
" Duval lui a dit à haute voix et avec véhémence, en termes
" ou équivalens : *Je vous le dis ou soutiens, vous êtes un
" patriote, vous cherchez à faire votre cour aux patriotes
" ou à vous faire bien venir d'eux, pour conserver votre
" emploi au cas où les François viendroient en ce pays.* A
" quoi l'avocat Delward ayant répondu *qu'il étoit un imperti-
" nent, un insolent,* le prédit échevin Duval qui étoit debout
" près de la table vis-à-vis de l'avocat Delward qui étoit
" assis, prit sur la dite table certain nombre de couronnes
" qui s'y trouvoient et les jetta avec tant de violence à la tête
" du dit avocat Delward, qu'il en fut blessé au dessus de l'œil
" gauche avec une telle effusion de sang qu'on dut appeler
" un chirurgien pour le panser et arrêter l'écoulement du sang,
" et que les médecins et chirurgiens qui l'ont traité plusieurs
" jours après n'ont osé assurer qu'il n'en pouvoit résulter
" d'accident fâcheux.

» Sur la vue de l'information, la Cour a mandé par lettres 1792
» closes le prédit Duval par arrêt du 2 du courant, mais
» celui-ci comparoissant, ayant demandé justice et partie, sa
» demande lui fut accordée par arrêt du 5 de ce mois, et le
» soussigné fut nommé partie pour faire contre lui les pour-
» suites ordinaires : lequel arrêt fut signifié le lendemain à
» l'échevin Duval.

» En conséquence, le remontrant s'adresse à la Cour pour
» qu'il lui plaise déclarer n'avoir été permis au chevalier
» Emmanuel Duval, échevin de cette ville, d'imputer à l'avo-
» cat Delward les propos ci-devant rappelés, en présence des
» personnes ci-dessus mentionnées, dans le sens et les cir-
» constances détaillées ; encore moins lui avoir été permis de
» blesser le même avocat Delward en lui jetant des couronnes
» à la tête avec force et violence comme il a fait, et le condam-
» ner à telle peine, amende ou réparation qu'il appartiendra,
» ensemble aux dépens de la présente instance et aux frais et
» mises de justice ; l'appelant pour y dire au rôle à tiers jours
» de l'insinuation péremptoirement. Quoi faisant, etc.....
(Étoit signé :) « PAPIN ».

Du 16 juillet.

Le Conseiller avocat de S. M. communique aux chambres, une note qu'il venoit de recevoir du baron de Bartenstein, commissaire civil du Gouvernement pour les affaires de la guerre etc., conçue en ces termes :

« J'ai l'honneur de prévenir M. le Conseiller avocat de S. M.
» en Hainaut Papin, que sur le rapport qui a été fait à Leurs
» Altesses Royales de la demande des maire et échevins de la
» communauté de Boussu d'être autorisés à lever une somme
» de six mille florins pour pouvoir fournir aux avances

« qu'exigent de leur part les prestations qu'ils ont été et qu'ils
» sont encore dans le cas de faire pour le service de S. M., ces
» sérénissimes princes ont résolu de faire expédier gratuite-
» ment, pendant tout le tems de la durée de la guerre, ces
» sortes d'octrois, et afin d'épargner au surplus à ces commu-
» nautés les frais d'argent et s'assurer en même tems de la
» réalité du besoin qu'auroient ces communautés de faire des
» emprunts pour être à même de fournir les prestations
» militaires, les sérénissimes gouverneurs généraux m'ont
» ordonné d'accepter les représentations que pourroient adres-
» ser à cet égard les communautés du Hainaut, de me faire
» remettre en même tems toutes les pièces vérificatives qui
» justifient le besoin d'argent dans lequel seroient ces commu-
» nautés et de porter ensuite le tout à leur connaissance et
» décision.

» Je dois au surplus prier M. le Conseiller avocat fiscal de
» S. M. de vouloir me remettre toutes les demandes de cette
» nature que seroient dans le cas de faire au Conseil de la pro-
» vince d'autres communautés du Hainaut.

» Au quartier général à Mons, le 15 juillet 1792.

(Étoit signé :) » le baron DE BARTENSTEIN. »

Nota. — Les maire et échevins de Boussu avoient, par devoirs conçus sur leur requête portée en la Cour, été renvoyés au commissaire civil, non point afin qu'il leur procurât l'octroi, mais afin d'obtenir par son entremise, de la caisse de S. M., le refournissement des prestations que leur communauté et leurs habitans avoient été dans le cas de faire pour le service de l'armée, ce qui paroissoit bien juste, puisqu'au moyen des subsides que les États payent au souverain, les habitans doivent être à l'abri des prestations vers ses armées ou du moins doivent en être refournis d'abord par le trésor royal. Aussi a-t-on pris la résolution, au moins dans notre chambre, de ne point se conformer, le cas échéant, à la

note du baron de Bartenstein, mais d'appointer les requêtes 1792
d'un *soit communiqué par publications et affiches*, et ensuite
d'envoyer le tout, avec notre avis, au Gouvernement, de tant
que matière d'octroi réservé.

Du 26 juillet.

La Cour reçoit la nouvelle officielle de l'élévation de S. M.
à la dignité de chef de l'empire. La dépêche étoit conçue en ces
termes :

« Marie Christine, etc., Albert Casimir, etc.,

» Très cher, chers et bien amés...

» Sa Majesté nous ayant fait connaître son élévation à la
» dignité impériale, nous vous faisons la présente pour vous
» informer et afin que dans vos dépêches où il est parlé de
» S. M., le titre d'Empereur soit énoncé comme du tems des
» Empereurs Joseph II et Léopold II.
» A tant...
» De Bruxelles, le 23 juillet 1792.
(Paraphé :) » Cr. Vt., (signé :) Marie.
Et plus bas. « Par ordonnance de LL. AA. RR.
(signé :) P.-G. Lortye. »

Recepta le 26 juillet 1792.

Voilà donc François *premier*, Roi de Hongrie et de Bohème,
comte de Hainaut, etc., devenu François *second*, Empereur
des Romains. C'est ce qui pourra peut-être occasionner plus
tard quelques confusions dans l'histoire.

Nota que l'inauguration en Hainaut a été faite sous le
nom de François *premier*.

Du 30 juillet.

1792   On voit paroître dans un supplément extraordinaire de la Gazette des Pays-Bas la déclaration en forme de manifeste du duc de Brunswick, commandant en chef des armées de l'Empereur et du Roi de Prusse, relativement aux affaires de France. Cette pièce, qui sera un monument intéressant de l'histoire de l'Europe, se réimprime d'abord à Mons : en voici un exemplaire.

Du 31 juillet.

On voit paroître le manifeste du Roi de Prusse relativement au même sujet, sous le titre d'*exposé succinct des raisons qui ont déterminé S. M. le Roi de Prusse à prendre les armes contre la France* : en voici un exemplaire. Remarquez qu'il y est énoncé que les Pays-Bas font partie de l'empire germanique, comme cercle de Bourgogne. Sur quoi, voyez les mémoires historiques et politiques des Pays-Bas autrichiens, par M. De Neny, chef et président du Conseil privé, édition de 1784, page 32.

Du dimanche 12 août.

Pendant vacance, *Te Deum* pour l'élection et le couronnement de S. M. comme Empereur. L'ordre n'en étoit arrivé au Conseil qu'avant hier vendredi. On s'est assemblé à la convocation de M. Delecourt l'ancien, qui en a donné part par lettre à M. le Président, qui n'est pas arrivé pour le *Te Deum*. Il n'y avoit aucun des deux Chevaliers de Cour, un seul Conseiller ecclésiastique. Dans la marche, M. Delecourt étoit à la tête, seul dans son carosse, puis M. Hardenpont, Conseiller ecclésiastique, ensuite tous les autres selon leur rang d'ancienneté.

Du 29 août.

On voit paroître la déclaration des princes frères du Roi de France et des princes de son sang unis à eux, qu'ils font à la France et à l'Europe entière de leurs sentimens et de leur intention. Ci-joint un exemplaire. Cette pièce est surtout importante en ce que l'on y voit que les frères du Roi y prennent en quelque sorte la régence du royaume pendant la captivité du Roi.

1792

On a vu depuis paroître un manifeste de l'Empereur et du Roi de Prusse contre la révolution françoise. Voici un exemplaire de cette pièce remarquable qui pêche cependant en quelques endroits, entre autres lorsqu'elle traite d'erreur la révolution Belgique, lorsqu'elle qualifie le Roi de *Maître de ses sujets*, qualification qui, étant corrélative à esclave, ne peut convenir qu'à un despote, etc.

J'ai appris depuis que cette pièce n'étoit que l'ouvrage d'un particulier.

Du dimanche 16 août.

S. A. R. le duc de Saxe-Tesschen et tout le quartier général partent de Mons vers Tournay, par Ath.

Du 18 août.

On apprend la mort du prince Charles de Ligne, tué, dit-on, d'un coup de canon. Son corps est passé la nuit dernière par Mons et transporté à Belœil.

Du 19 août.

La Gazette arrivée aujourd'hui contient, article de Bruxelles, sous la date du 17 : « Nous avons appris ce matin la mort du

1792 » prince Charles, fils aîné du prince de Ligne, colonel du
» génie au service de Sa Majesté Impériale. Il a été emporté
» d'un coup de canon en combattant avec la plus grande
» valeur, à l'armée du général Clerfayt, près de Thionville ».

Du 22 août.

Aujourd'hui samedi, Monseigneur l'archevêque de Cambray a célébré pontificalement et fait un service pour les confesseurs de la foi massacrés en France.

Du 17 septembre.

Nos troupes campées vers Maubeuge et vers la frontière de France commencent à rentrer à Mons en quartier d'hiver.

Du 25 octobre.

Les échevins de Mons font afficher une ordonnance relative aux officiers françois émigrés, contre laquelle toutes les personnes instruites murmurent beaucoup comme excédant leur autorité : ci-joint un exemplaire.

Du 30 octobre.

Le quartier général revient à Mons. S. A. R. le duc de Saxe-Teschen, commandant en chef, y arrive à l'hôtel du grand bailliage vers quatre heures après-midi.

Du 4 novembre.

Les François attaquent le poste autrichien retranché à Boussu ; ce retranchement est emporté et les François viennent jusqu'à Saint-Ghislain.

Du 5 novembre.

Pendant la nuit et de bon matin on fait partir tous les bagages du quartier général et la chancellerie militaire par la chaussée de Bruxelles. Pendant la journée, depuis midi jusqu'au soleil couchant, les François en sont aux mains avec les Autrichiens, vers Eugies et Frameries ; on ne sait pas bien l'issue de l'affaire. On s'attend qu'elle recommencera demain.

1792

Du 6 novembre. (Bataille de Jemappes.)

Affaire décisive entre les François et les Autrichiens ; la canonade commence à sept heures et demie, elle est terrible jusques vers deux heures après-midi. Les Autrichiens sont forcés dans tous leurs retranchemens. Le succès des François est décisif : on voit défiler les Autrichiens par la ville, par les boulevards et autres chemins vers la chaussée de Bruxelles. Dans l'après-dînée, un trompette vient jusqu'à deux fois sommer la garnison de rendre la ville. On apprend que l'officier autrichien commandant la ville a capitulé et est convenu de l'évacuer demain ; trois coups de canon tirés de la part des François et autant de coups tirés des remparts en réponse, vers cinq heures et demie, annoncent que les articles sont acceptés. Nous nous couchons dans l'incertitude si à notre réveil nous ne serons pas déjà françois.

Du mercredi 7 novembre.

Le peu d'Autrichiens qui étoient restés à Mons évacuent la ville. Quand ils furent tous sortis, les François y entrent vers dix heures. Les échevins, c'est-à-dire ceux qui n'avoient pas pris la fuite, au nombre de trois ou quatre compris les assesseurs, vont jusqu'à la porte de Bertaimont présenter les clefs de la ville au général Dumouriez.

1792　　　Entretems et depuis huit heures, le Conseil étoit assemblé, à la convocation de M. Delecourt l'ancien, en l'absence du Président, pendant vacances. M. Delecourt nous a dit qu'il avoit cru expédient de convoquer les membres de la Cour pour être à portée d'aviser aux circonstances. La première résolution que l'on y prit fut d'envoyer à l'hôtel de ville et aux États pour savoir s'il y avoit une capitulation et quelles en étoient les clauses. Le Conseiller qui avoit bien voulu prendre la commission à lui, rapporta que la députation des États n'étoit ni n'avoit pas été assemblée ; qu'il y avoit fort peu de membres à l'hôtel de ville et que ni les États ni les échevins n'avoient été certiorés d'aucune capitulation. On délibéra ensuite si on iroit complimenter le général Dumouriez, si on iroit en corps ou par députés et il fut enfin résolu d'y aller tous, mais en habits de société et sans huissiers. On envoya lui faire la proposition lorsqu'il fut arrivé à l'hôtel de ville ; il donna heure pour l'après-dînée à l'hôtel du gouvernement où il croyoit prendre son gîte, mais cet hôtel n'étant point meublé, on ne rencontra le moment opportun de le voir que le lendemain dans la matinée chez le marquis de Gages où il étoit logé. Il nous fit déjà bien comprendre que toutes les autorités existantes alloient être suprimées et que le peuple étant rentré dans son droit de souveraineté, ce seroit désormais à lui à en confier l'exercice à qui il trouveroit convenir, ainsi que tous les pouvoirs publics. M. Delecourt portant la parole en qualité d'ancien, en absence du Président, lui demanda si entretems le Conseil fairoit ses fonctions à l'ordinaire. Il fit une réponse évasive à cette demande et dit qu'il donneroit incessamment une proclamation, qu'on y travailloit déjà.

Après cette audience, nous retournâmes au Conseil, au moins la pluspart d'entre nous, et comme c'étoit en tems de vacances, nous convînmes de reprendre nos séances à l'ordinaire le lundi suivant, mais nous prévîmes bien qu'il y auroit du nouveau entretems.

1792

Cette visite au général Dumouriez n'eut proprement pour objet que de le prier de maintenir le bon ordre.

Du jeudi 8 novembre.

Dans cette journée on vit paroître le manifeste du général Dumouriez au peuple de la Belgique, dont voici un exemplaire.

L'on vit aussi à tous les coins de rues une affiche anonyme invitant le peuple de Mons à s'assembler à trois heures de l'après-midi en l'église de Sainte-Waudru pour choisir ses représentans provisoires, cette affiche portant en tête: *Aux citoyens de la ville libre de Mons*. En voici un exemplaire.

On convoqua aussi le peuple au son des tambours qui parcoururent les rues, et l'assemblée eut lieu à l'heure indiquée : on y nomma, tumultueusement, à ce qu'on m'a dit, car je n'y étois pas, vingt-neuf ou trente administrateurs provisoires. Leurs noms sont dans la feuille jointe, mais Hamalt, premier nommé, n'accepte pas.

Le premier acte de ces administrateurs provisoires fut une proclamation datée du même jour 8, " déclarant à la face du
" ciel et de la terre que tous les liens qui nous attachoient à la
" maison d'Autriche-Lorraine sont brisés ; jurons de ne plus
" les renouer et de ne reconnoître en qui que ce soit aucun
" droit à la souveraineté de la Belgique ; car nous voulons
" rentrer dans nos droits primitifs, imprescriptibles et inaliénables.
" nables.

" Tout pouvoir émanant essentiellement du peuple, nous
" déclarons que le corps des Etats, toute judicature supé-

» rieure et subalterne cessent, d'autant qu'ils n'ont pas été
» constitués par le peuple, leur défendant expressément en son
» nom d'exercer aucune fonction, à peine d'être poursuivis
» comme usurpateurs du pouvoir souverain. »

Voici un exemplaire de cette proclamation.

Du vendredi 9 novembre.

A neuf heures du matin, les administrateurs provisoires prêtent serment sur le balcon de l'hôtel de ville, au son du carillon et de la grosse cloche du château. C'est seulement alors que l'on voit paroître leur proclamation datée de hier. Dans la journée, ils font apposer le scellé sur les portes du Conseil ; les greffiers eurent ensuite du mal à y avoir accès pour en retirer leurs caisses, et nous fûmes pendant quelques jours incertains si les épices du mois d'octobre, qui n'étoient pas encore distribuées, ne seroient pas perdues pour nous, mais nous les avons ensuite reçues.

On vit aussi paroître une autre affiche contenant une adresse des administrateurs provisoires à leurs concitoyens, aussi datée d'hier : voici un exemplaire.

Dès le premier jour de l'entrée des François à Mons, il s'y étoit formé un club, sous la dénomination de *Société des Amis de la Liberté et de l'Égalité*. Voici le compliment de ce club au général Dumouriez, à l'ouverture de sa première séance tenue le 7, et la réponse du général, dans l'imprimé ci-joint.

Des 9, 10, 11 novembre et jours suivans.

L'armée françoise se porte en avant vers Bruxelles ; on voit passer ici leur artillerie formidable ainsi que des munitions de toutes espèces.

Le général Dumouriez demande à titre d'emprunt des sommes considérables à différens corps ecclésiastiques, savoir : 250.000 florins au Chapitre de Sainte-Waudru, 25.000 florins au Chapitre de Saint-Germain, etc. On voit paroître aux coins des rues des affiches de la part de ces corps pour faire des levées à cinq pour cent.

1792

Je joins ici la marche des Marseillois, communément appelée l'*hymne des Marseillois*, qui est devenue la marche générale des armées françoises, dont les soldats la chantent en chœur en marchant à l'ennemi.

Du 15 novembre.

Le citoyen Alexis Criquillion, avocat, fait une motion à l'assemblée des Amis de la Liberté et de l'Égalité, dont un exemplaire imprimé plus tard est ci-joint, tendant, à ce qu'il soit fait une députation vers les administrateurs provisoires pour demander provisoirement le rétablissement des tribunaux, etc. Cette motion excite de grands débats dans la société, c'est-à-dire dans le club, et ensuite, quand elle parut imprimée elle fit une agréable sensation sur la plus grande partie des habitans de la ville.

Du 19 novembre.

Les administrateurs provisoires se disposant à procéder à la nomination des juges de paix, quatre citoyens entrent dans leur assemblée et y font l'espèce de protestation, ci-jointe en manuscrit, qui arrête la chose.

Du 21 novembre.

1792   Il se fait à sept heures du matin dans l'église de Sainte-Waudru une nouvelle assemblée du peuple de Mons convoquée hier soir, de maison à maison, par quelques citoyens zélés pour le bien public. Le citoyen Criquillion y fait plusieurs pétitions ainsi que d'autres citoyens, en suite desquelles on résout plusieurs points : entre autres, on désavoue le choix fait précédemment des administrateurs provisoires, on résout le rétablissement provisoire des tribunaux et notamment de la Cour à Mons, composée de ses anciens membres ainsi que du conseiller Raoux, et qu'il sera envoyé des commissaires à M. Delecourt, l'ancien, pour lui ordonner de convoquer la Cour, et à celle-ci de convoquer dans les vingt-quatre heures le peuple de Mons divisé en trente quartiers, pour procéder aux choix d'échevins et du conseil de ville, suivant le mode adopté en novembre 1790. M. Delecourt fait convoquer la Cour pour trois heures après-midi, prévenant de s'y rendre en habits de société et non en costume magistral. Avant trois heures, M. Delecourt avoit intervenu à la levée du scellé faite par les mêmes commissaires du peuple et à l'ouverture des portes des chambres du Conseil. Il y avoit beaucoup de monde dans la cour du Conseil, sur l'escalier, dans l'antichambre et jusques dans la première chambre même où étoient les commissaires avec M. Delecourt. Lorsque nous y arrivâmes successivement, nous y fûmes accueillis avec les plus grandes marques de satisfaction et de sensibilité, le tout cependant avec calme et décence. Les commissaires, après avoir déclaré qu'ils laissoient la Cour libre pour vaquer à ses fonctions, se retirèrent dans la troisième chambre pour dresser leur procès-verbal de la levée du scellé et de l'ouverture des portes. M. Delecourt communiqua ensuite à la Cour le procès verbal, qui lui avoit été remis par les commissaires du peuple, des résolutions prises à Sainte-Waudru. J'avois commencé à tirer copie de cette pièce remarquable, mais je désistai sur ce que quelqu'un dit qu'on étoit occupé à l'imprimer (1).

1792

On conclut de convoquer le peuple de Mons le lendemain à huit heures, par trente quartiers suivant le mode de règlement de novembre 1790, et l'on porta l'arrêt afférant, auquel fut attaché le tableau des quartiers, des lieux des assemblées et des conseillers et autres commissaires par qui elles

---

(1) Paridaens donne cependant cette pièce à la fin de son journal, après avoir sans doute constaté qu'elle n'était point publiée. D'après notre savant collègue, M. Léopold Devillers, elle serait restée inédite. La voici :

PÉTITIONS DU CITOYEN ALEXIS CRIQUILLION HABITANT DE LA VILLE LIBRE DE MONS, A SES CONCITOYENS CONVOQUÉS ET ASSEMBLÉS DANS L'ÉGLISE DE SAINTE-WAUDRU EN LA DITE VILLE, CEJOURD'HUI 21 NOVEMBRE 1792, VERS SEPT HEURES ET DEMIE DU MATIN, L'AN PREMIER DE LA RÉPUBLIQUE BELGIQUE :

« Frères et amis convoqués et assemblés au sein du
» temple de nos pères où préside le Tout-Puis-
» sant, me permettez-vous de parler ici avec toute
» la franchise d'un républicain, m'accordez-vous,
» citoyens, votre sauvegarde à l'appui de votre
» souveraineté, qui depuis tant de siècles vous
» étoit usurpée ? Je parlerai.

Approuvé unanimement.
» Vous plaît-il, citoyens, déclarer l'illégalité
» de vos administrateurs provisoires ? Convenez-
» vous de l'abus des pouvoirs qu'ils ont usurpés,
» en conséquence, convenez-vous de prononcer
» leur destitution ?

Pour la négative: unanimement.
» Vous plaît-il, citoyens, d'être jugés par des
» juges de paix ?

1792 seroient respectivement présidées ; et comme la pluspart des églises de la ville devoient servir à ces assemblées, faute

Approuvé unanimement.

» Vous plaît-il, citoyens, d'ordonner à la Cour
» ou plustôt à votre tribunal supérieur national de
» reprendre provisoirement ses fonctions, à l'ex-
» ception néanmoins des personnes qui dans tous
» les tems ayant été les agents du Gouvernement
» despote de la maison d'Autriche, y ont été
» intrus et ensuite maintenus à main armée.

Approuvé unanimement.

» Me permettez-vous, citoyens, de vous décliner
» ici les noms de tous ceux qui composent les
» conseillers, greffiers et secrétaires de cette
» cour, afin que vous puissiez ici déclarer libre-
» ment les personnes d'entre eux que vous croi-
» riez indignes de rentrer dans leurs fonctions ?

Exclus unanimement.

Gomegnies,
Gobart,
Dumont,
Marousé,
Henry,
Lemaître, conseillers,
Deronquier, greffier,
Brédart, secrétaire.

Le citoyen Delacroix ayant demandé à ses concitoyens assemblés de déclarer à haute voix, si leurs vœux exprimés ne sont point l'effet de quelqu'influence ou suggestion : *a été répondu unanimement qu'il n'en existoit aucune.*

Unanimement approuvé.

« Vous plaît-il, citoyens, déclarer qu'il sera pro-
» cédé par quartiers à l'élection du magistrat et
» conseil de cette ville suivant le mode réglé en
» 1790, en chargeant la dite Cour de faire procé-
» der à la dite élection dans le terme de vingt-
» quatre heures, avec les modifications que sa
» discrétion lui suggérera dans les circonstances
» lui laissant la nomination des commissaires pour
» présider à chaque quartier ?

d'autres endroits convenables, on envoya un huissier de chambre en prévenir le doyen de chrétienneté, afin qu'il pût donner les directions qu'il jugeroit expédient relativement au spirituel des dites églises. Plusieurs citoyens se chargèrent de faire faire les convocations dans leurs quartiers respectifs et dans les faubourgs, et ils se chargèrent de délivrer copie de

1792

Unanimement approuvé.

» Vous plaît-il, citoyens, de vous rendre à » l'hôtel de cette ville libre de Mons, afin que, » manifestant votre volonté à vos administrateurs » actuels provisoires, vous leur notifiez de l'éva-» cuer?

Unanimement approuvé.

» Vous plaît-il, citoyens, de faire fermer les » portes de cette maison commune, d'ordonner » aux cavaliers de maréchaussée et aux serments » de les garder et d'en interdire l'accès à tout le » monde jusqu'à ce que les élections primaires » étant faites, les électeurs se présenteront pour » faire l'élection du magistrat et du conseil, » auxquels électeurs ainsi qu'aux commissaires » vous donnerez tout accès ?

Unanimement approuvé.

» Vous plaît-il, citoyens, de vous transporter » chez le Conseiller Delecourt, l'ancien du Conseil, » et lui ordonner de faire incessamment assembler » la Cour, lui enjoindre de reprendre ses fonctions » et de procéder sans délai à l'exécution des élec-» tions du magistrat et conseil de ville ?

Approuvé unanimement.

» Convenez-vous enfin, citoyens, pour donner » toute la publicité et l'efficacité à votre disposi-» tion souveraine, de vous rendre à l'hôtel de la » Cour pour lever les scellés qui pourroient y » avoir été apposés ? »

1792 l'arrêt aux commissaires nommés pour présider les différents quartiers, n'étant membres de la Cour.

Voici cet arrêt : « La Cour assemblée cejourd'hui trois
» heures de relevée, en suite des résolutions prises ce même
» jour le matin par le peuple de cette ville de Mons assemblé
» en l'église de Sainte-Waudru, ayant pris en considération
» les points et articles de la dite résolution,

Sur la motion des citoyens Delacroix, Carez et Alexis Criquillion, de maintenir, professer et défendre la Religion catholique apostolique et romaine, et d'adhérer à la déclaration du citoyen général Dumouriez :

Le vœu du peuple pour l'affirmative a été confirmé par un serment solemnel et une acclamation générale.

(étoient paraphés) : CAREZ V^t ; DELACROIX V^t ; CRIQ. V^t.

Sur le dos du cahier est écrit :

Les citoyens : Sirault, Demanez, Depatoul-Cambrai, Simon, Tondeur, Prud'homme, Cambier, Ruelle, Roland, Fion, Etienne Noircin, Dongrie ; Carez et Delcroix secrétaires.

Commissaires provisoires : De Bettignies, à la Chaussée ; Siraut, Scarsez.

Arrêté que tous les officiaux resteront comme ci-devant à la police.

PROTESTATION DU PEUPLE DE LA CAPITALE DU HAINAUT

Dans son manifeste au peuple de la Belgique, le général Dumouriez a déclaré, en termes précis, que la République françoise n'envoyoit des armées dans notre territoire que pour nous aider à planter l'arbre de la liberté sans se mêler en rien de notre constitution, que nos propriétés et lois seroient respectées.

» Déclare qu'il sera procédé à la nomination de dix échevins 1792
» et de vingt-cinq personnes composant le Conseil de la dite
» ville, selon le mode adopté au mois de novembre 1790 ;
» en conséquence, tous les habitans de cette ville et de sa
» banlieue seront convoqués cejourd'hui ou demain de grand
» matin pour s'assembler demain, 22 de ce mois, à huit heures
» du matin, en trente quartiers selon la division et le tableau

Appuyés sur cette déclaration, qui devoit être sacrée et inviolable puisqu'elle n'étoit que l'expression du vœu de la Convention Nationale de la République françoise, nous ne nous attendions pas qu'on se seroit permis d'y porter la moindre atteinte.

Cependant, sous le prétexte d'une déclaration du même général Dumouriez, en date du 8 de ce mois, ignorée au moins des onze douzièmes des habitans de cette ville, il s'est fait le même jour en l'église de Sainte-Waudru, un rassemblement de quelques individus qui, sous l'influence d'un étranger, sans mission, qui les préside, nomment des administrateurs provisoires de la ville de Mons ; et le premier acte de ce tribunal monstrueux (qui en tout cas auroit dû circonscrire ses pouvoirs à la dite ville), en usurpant la souveraineté du Peuple Hennuyer, sappe notre constitution dans ses points fondamentaux, arrette les fonctions du tribunal de la province entière, introduit l'anarchie, détruit tout, et ose, le jour même de sa prétendue élection, plus que tous les despotes ensemble n'ont jamais osé.

Indigné de ces actes d'une autorité usurpée, le peuple de cette ville s'est assemblé le 21 de ce mois (novembre 1792) en l'église de Sainte-Waudru et a émis son vœu, dont procès-verbal a été dressé et copie authentique remise au commandant Ferrand. Il résulte de son contenu que le peuple les a déclarés illégalement élus, et, leur interdisant tout exercice d'administrateurs provisoires, leur a enjoint de désemparer de la maison commune

Après l'intimation de cet ordre, il est assez difficile de concevoir comment ces administrateurs provisoires ont osé continuer l'exercice de pouvoirs qu'ils n'avoient jamais eus, ou qui leur étoient révoqués : il falloit qu'ils eussent oublié les paroles remarquables du colonel Vivarais, pour lors commandant par intérim de cette ville. Ce commandant, après s'être certorié du vœu du peuple assemblé sur la grande place après sa sortie de Sainte-Waudru, dit à ces administrateurs : « Vous avez été légalement ou illégalement élus : illéga-
» lement vous n'avez pas eu de pouvoirs, légalement ils vous sont révoqués ;
» conséquemment dans l'un ou l'autre de ces cas, vous devez cesser vos
» fonctions ». Attérés par la vérité de cette proposition, ces administrateurs

1792 " fait en 1790, à la fin de choisir les soixante électeurs des
» dix échevins et du Conseil de ville ; lesquels trente
» quartiers s'assembleront dans les lieux et seront pré-
» sidés par les commissaires désignés et nommés dans le
» tableau joint à la présente. Fait à Mons, le 21 novembre 1792.
(Signé :) « Fleur. »

provisoires ont arrêté, le dit jour 21 de ce mois, sur la vue de ce procès-verbal qui leur avoit été remis dès le matin, que le peuple de la ville libre de Mons s'assembleroit samedi 24 du courant à une heure aux endroits désignés, afin de procéder à la nomination de trente administrateurs...

Après une soumission aux ordres du peuple aussi clairement manifestée de la part des soi-disans administrateurs provisoires, qui auroit cru qu'ils auroient été réclamer le bras militaire, qu'ils auroient été surpendre une lettre du général Moreton, écrite au nom de général Dumouriez, qui prescrivoit cette assemblée, pour leur laisser dans l'entretems l'exercice de pouvoir dont ils n'avoient été revêtus! Jamais, dans ce pays, le civil n'a été subordonné au militaire. Cependant les administrateurs, eux qui se disent agir au nom du peuple leur souverain, osent attenter à ses droits primitifs, imprescriptibles et inaliénables, en frondant sa volonté et provoquant contre lui une force armée étrangère !

Comment le général Dumouriez, après sa déclaration en son manifeste fait au nom du peuple françois, son souverain, a-t-il pu laisser des ordres d'opprimer par la force des armes, un peuple qui réclame une constitution et des loix qui lui sont garanties ? Croit-on, peut-être, que la Convention Nationale françoise y donnera son approbation ? Loin de nous ces pensées : ce seroit faire injure à la magnanimité de ses sentiments, même à sa justice.

Nous ne rappellerons pas les efforts que nous avons faits pour conserver notre constitution et nos lois intactes, et qu'à cette fin, nous avons levé l'étendard de la liberté. Ce sont des faits connus de l'Europe entière, ce sang de nos frères a coulé au maintien d'une cause si juste, le nôtre est prêt à couler, s'il le faut. Nous mourrons plus tôt que de souffrir qu'il y soit porté atteinte autre que consentie par le peuple duement assemblé. Nous protestons contre tout ce qu'ont fait et pourroient faire encore les soi-disans administrateurs provisoires de la ville de Mons; nous les dénonçons et ne cesserons de les dénoncer à l'univers, comme rebelles à l'autorité souveraine du peuple et comme ennemis de la patrie, aussi longtemps qu'ils useront d'un pouvoir usurpé.

Du 22 novembre.

De grand matin la Cour fut convoquée pour s'assembler à six heures. Un des anciens membres, qui avoit pris à lui de faire faire cette convocation, fit rapport que durant la nuit, quelques citoyens des plus zélés pour le bien public étoient venus lui communiquer des connoissances importantes, d'après lesquelles il sembloit prudent et essentiel de surseoir l'effet de la résolution d'hier pour assembler le peuple de Mons, afin de prévenir des scènes désastreuses qu'il y avoit uste sujet d'appréhender. On ajoutoit que les administrateurs provisoires primitivement élus entendoient de se maintenir, puisqu'ils avoient la priorité en leur faveur et qu'ils étoient en fonctions ; qu'ils se vantoient d'avoir la force militaire pour eux, et qu'au reste ils ne se refusoient pas de convoquer eux-mêmes les habitans de Mons par quartiers pour procéder au choix de leurs magistrats, mais que la convocation devoit se faire par affiches, au moins trois jours d'avance, et qu'ils n'entendoient pas que les présidens de ces assemblées fussent des conseillers ni des commissaires dénommés par la Cour, mais bien que chaque quartier, étant assemblé, se choisiroit son président. La chose mise en délibération, on convint de de porter l'arrêt suivant : « Du 22 novembre 1792. La Cour
« extraordinairement assemblée à six heures du matin, ouï
« le rapport des Conseillers N. et N. sur ce qui leur a été
« communiqué durant la nuit par plusieurs habitans de cette
« ville ; tout considéré : Conclu, eu égard aux circonstances,
« de surseoir l'effet de la résolution du jour d'hier, relative à
« la nomination d'échevins et de membres du Conseil de la
« ville de Mons ; qu'en conséquence les assemblées du peuple
« convoqué par quartiers cejourd'hui huit heures du matin,
« n'auront pas lieu quant à présent. (Paraphé :) SEBILLE, V^t. »

1792

1792   On fit avertir les présidens externes du Conseil nommés hier, de se rendre au Conseil. On leur donna communication de l'arrêt ci-dessus, et il fut dit que chacun des présidens préviendroit à l'instant quelques personnes des plus prudentes de son quartier, pour avertir leurs voisins que l'assemblée n'auroit pas lieu aujourd'hui ; que cependant, chaque président se rendroit à huit heures aux lieux respectivement désignés pour parler aux personnes de son quartier qui auroient pu s'y trouver assemblées. Ma destination à moi étoit dans la galerie des filles de Notre-Dame pour présider le cinquième quartier. Je m'y rendis effectivement et montai à la chambre de la supérieure pour que l'on vînt m'y appeler s'il venoit du monde ; mais je ne fus point dans ce cas là, personne de mon quartier ne s'étant présenté.

Dans la journée on vit effectivement paroître quelques affiches manuscrites de la part des administrateurs provisoires pour convoquer le peuple par quartiers, à après-demain samedi ; mais un peu plus tard, on eut connoissance de la réponse que le commandant militaire françois dans le Hainaut et le Brabant avoit donnée aux demandes des deux députés des administrateurs provisoires qui étoient partis en poste pour Bruxelles, hier après l'assemblée du peuple. Cette réponse, qui renversa tous les projets, fut d'abord imprimée et affichée. En voici un exemplaire.

On apprend que les Autrichiens ont évacué Louvain et que les François y sont entrés le 20.

On colporte dans les rues le procès-verbal de l'élection des représentans provisoires de la ville de Bruxelles, faite en l'église de Saint-Gudule, le 18 de ce mois. Ci-joint un exemplaire.

Du 24 novembre.

L'assemblée générale des communes du Hainaut, c'est-à-dire des députés de plusieurs communautés de la province, se constituent en *assemblée générale des communes du Hainaut Belgique* et envoyent une députation de dix membres pour en informer le général Ferrand, commandant de Mons.

1792

La même assemblée décrète qu'elle prêtera et elle prête en effet serment à la nation, selon la formule suivante : « Moi N....
» élevé dans la Religion catholique, apostolique et romaine,
» je jure fidélité et attachement au Peuple Souverain qui m'a
» constitué, de maintenir la Liberté, l'Égalité en droits, de
» vivre libre ou mourir, et de maintenir la religion de nos pères
» qui est la Religion catholique, apostolique et romaine ». Elle décrète encore que ses séances seront publiques et qu'elles se tiendront au salon de la maison commune, ci-devant l'hôtel-de-ville.

La motion de se constituer en assemblée générale des communes du Hainaut-Belgique, avoit déjà été approuvée et décrètée le 23, sur l'observation que fit un membre, que le nombre des communes qui avoient envoyé ici des députés, se montoit à plus de la moitié des communes qui composent la province de Hainaut.

On imprime et on affiche chaque jour les procès-verbaux des séances de cette assemblée, du matin et d'après-midi.

Suivant le rapport qu'ont fait dans la séance de ce soir, les députés envoyés vers le général Ferrand, ces députés, lui ont déclaré, *que tous les représentans du peuple du Hainaut-Belgique s'étoient constitués en assemblée souveraine*. Ce qui, semble-t-il, n'étoit pas bien conforme à leur commission qui disoit : « assemblée générale des Communes du Hainaut-Belgique ».

Du 25 novembre (dimanche).

On voit paroître une affiche de la part des administrateurs provisoires, qui déclare illégales et nulles, les résolutions prises le 21 courant en l'église de Sainte-Waudru, etc.. Ci-joint un exemplaire.

Le même jour, le curé jureur du village de Bettignies en France, ardent apôtre du système françois, vient prêcher à trois heures après-midi dans l'église de Sainte-Waudru, pour prouver que la constitution civile du clergé de France n'a rien de contraire aux principes de la religion catholique, apostolique et romaine. Ce sermon étoit annoncé par des affiches. Après le salut, le prédicateur se tournant vers le peuple sur la marche de la porte du chœur, lui dit : « Mes frères, dans un instant je suis à vous, je ne saurois avoir de surplis ici, quoiqu'il n'en manque pas à la sacristie, mais on va m'en apporter un tout à l'heure ». En effet, on lui apporta du dehors un surplis et une étole rouge, et il monta en chaire. Je sais ces circonstances d'un témoin occulaire, car je ne me trouvai point là ; l'on m'a dit aussi qu'il avoit prêché fort longtems et avec véhémence.

Du 26 novembre.

Je reçois, sous enveloppe timbrée de Bruxelles, un petit imprimé en deux langues contenant une espèce de protestation faite le 23, par le peuple de Louvain au commandant temporaire de la dite ville, de vouloir conserver leur ancienne constitution. Ci-joint cet imprimé.

Depuis on m'a remis copie manuscrite d'un autre imprimé, concernant la ville de Louvain, la dite copie aussi jointe ici.

L'assemblée générale des représentans du peuple souverain du Hainaut (remarquez ces variations) dans sa séance du matin, décrète que tous les liens qui attachoient ce peuple à la Maison d'Autriche sont rompus ; qu'en conséquence, etc. Ci-joint le procès-verbal de cette séance qui fut affiché le même jour vers le soir.

La même assemblée décrète l'extinction du droit *infâme* de morte-main. Voici l'affiche.

1792

Du 7 décembre.

On reçoit la nouvelle de la prise du château de Namur par les François.

Du 18 décembre.

L'assemblée des représentans du peuple souverain du Hainaut-Belgique prend une résolution remarquable concernant la ville de Hal qui refuse d'envoyer des députés à cette assemblée. Ci-joint le procès-verbal et un imprimé détaché, contenant les résolutions prises par le peuple de Hal.

Du 28 décembre.

Je reçois de l'assemblée générale des représentans du peuple de Hainaut une dépêche qui me notifie que je suis nommé juge au tribunal supérieur provisoirement établi pour ce pays, dans les termes suivants :

« Citoyen,

» L'assemblée générale des représentans du peuple souve-
» rain du Hainaut, vous a nommé juge du tribunal supérieur
» provisoirement établi pour ce pays; je vous invite, Citoyen,
» au nom du bien public, de vous rendre au poste où la
» nation vous appelle par l'organe de ses représentants, de
» venir prêter le serment à la nation en mains des commis-

1792 » saires dénommés par cette assemblée, qui vous attendront
» avant l'ouverture des séances à la salle du ci-devant clergé,
» à la maison commune.

» Je suis fraternellement

» Citoyen,

» Votre très-dévoué Citoyen.

(Étoient signés :) « Ferdinand DE LA BARRE, président, et
» B. NEUTE, secrétaire.

« Mons, le 28 décembre 1792, an premier de la Liberté
» belgique.

(Au pied étoit écrit :) « Au citoyen PARIDAENS ».

Les autres Conseillers de robe longue, promus en suite de nomination de terne, ont aussi reçu semblable lettre, tels que MM. Delecourt, Papin, Sébille, Demarbaix, Paridaens, Cornet, Abrassart, Fontaine, Anthoine, Delattre, ainsi que M. Raoux qui avoit d'abord été intrus, mais qui avoit ensuite réparé sa faute en refusant de servir avec la cour inconstitutionnelle du 24 mars 1791. On avoit, au surplus, nommé pour ce tribunal supérieur provisoire cinq autres juges pris dans la classe des avocats pour completter le nombre de seize, tels que les avocats Latteur, Truffart, Dassonleville, greffier du chef-lieu de Mons, Ablay et Ghisselin, pensionnaire du clergé. L'avocat Vanderstocken étoit nommé procurateur général, pour exercer sous cette dénomination le ministère public.

Dès le même jour, dans la séance du soir, M. Cornet envoya sa lettre de refus, s'excusant sur la faiblesse de sa santé. On subrogea d'abord à sa place M. Lamine, le seul des anciens Conseillers légalement pourvus qui n'avoit pas été compris dans la première nomination. Plus tard dans la même séance,

MM. Demarbaix et Abrassart envoyèrent aussi leur lettre de refus. Quant à moi, je crus qu'il étoit plus honnête d'attendre jusqu'au lendemain pour ne pas avoir l'air de mépriser ma nomination.

A huit heures du soir, il fut écrit une autre lettre circulaire à ceux nommés qui n'avoient pas encore répondu, pour les inviter de donner leur réponse à la séance du lendemain matin. Cette deuxième lettre, ici jointe comme la première, étoit conçue en ces termes :

« Citoyen,

« L'assemblée générale des représentans du peuple souve-
» rain de Hainaut vous invite de lui donner à la séance de
» demain matin, une réponse à la lettre qu'elle vous a adressée
» aujourd'hui pour vous notifier votre nomination.
» Je suis très fraternellement, Citoyen,
» Votre très dévoué concitoyen.

(Étoient signés :) « Ferdinand De la Barre, président ; Pollart, secrétaire.

« Mons, le 28 décembre 1792, An premier de la liberté Belgique ».

Au pied : « Au citoyen Paridaens, juge du tribunal supérieur du pays de Hainaut ».

Du 29 décembre.

J'envoie dans la séance du matin à l'assemblée des représentans du peuple de Hainaut ma réponse conçue en ces termes :

« Citoyen Président,

« J'ai reçu hier après-midi votre lettre du même jour
» contenant que l'assemblée générale du peuple souverain de

1792 » Hainaut m'a nommé Juge au tribunal supérieur provisoire-
» ment établi pour ce pays, et que vous m'invitez, Citoyen
» Président, au nom du bien public, de me rendre au poste où
» la nation m'appelle.

» Si par la marche des évènemens je me trouve placé
» hors de la vie publique, mon intention est de n'y plus
» rentrer, mais de jouir désormais dans la vie privée de
» toute la liberté dont la nouvelle situation des choses promet
» plus que jamais la garantie à chaque citoyen. Ma santé
» affaiblie par une application assidue de près de quarante
» ans à l'étude et au traitement des affaires et par des vicissi-
» tudes dont l'histoire n'est que trop connue, me fait désirer
» ce repos qui, au reste, ne sera pas une inaction totale pour
» le bien public, puisque dans la retraite à laquelle je me
» suis déjà confiné, mon loisir sera employé à l'éducation de
» ma famille composée de sept enfants, à les former aux
» vertus civiques, à planter dans leur cœur l'amour de la
» liberté et de l'égalité, et à leur en développer les vrais prin-
» cipes, par la pratique desquels et leur propagation ils
» puissent à leur tour servir utilement la patrie et la mainte-
» nir intacte de toutes atteintes contraires à ces principes.

» Ce n'est pas toute fois que si la nation me rappelloit à mon
» ancien poste pour en continuer les fonctions soit provisoi-
» rement, soit absolument, je me refusasse à entendre sa voix ;
» mais si elle me tient libre de mes premiers engagemens en ce
» regard, ma résolution bien réfléchie est de ne point en con-
» tracter de nouveaux. Je vous l'aurois fait parvenir dès hier,
» si je n'avois craint de donner à ma réponse un air de préci-
» pitation.

» Je vous prie, citoyen, de la communiquer à l'assemblée

„ que vous présidez et d'être convaincu des sentimens
„ fraternels avec lesquels je suis, Citoyen Président,
„ Votre très dévoué concitoyen.
„ Mons, le 29 décembre 1792, An premier de la liberté
„ Belgique.
(Signé :) « A.-J. PARIDAENS ».

La superscription étoit « Au Citoyen Président, Ferdinand de la Barre, etc., à Mons ».

Remarquez que j'ai pris grand soin de ne pas caractériser l'assemblée. La vraie raison de mon refus est que je me serois trouvé sans mission légitime pour exercer le pouvoir de juger.

Tous les autres conseillers ont également refusé, chacun de son propre mouvement et sans assemblée ni concert. Les cinq avocats ont aussi refusé, sauf Latteur et Truffart ; même refus de la part de l'avocat Vanderstocken pour la place de procurateur général. On a successivement subrogé d'autres avocats mais, à l'exception de Debehault subrogé à son beau-frère le conseiller Demarbaix, tous les avocats qui jouissoient de quelque réputation ont aussi refusé, en sorte que le dimanche 30 décembre, on n'en avoit trouvé que six ou sept qui avoient accepté. Ces six ou sept ont pris possession de leurs charges en l'hôtel du Conseil, le dit jour 30 décembre.

On a postérieurement imprimé les lettres de réponse des conseillers Raoux et Delattre et de l'avocat Visbecque : ci-joint un exemplaire. On présume que c'est le Club des Jacobins qui a fait imprimer ces trois réponses à cause de la profession sur la souveraineté du peuple, dont les autres, ni moi en mon particulier, n'avions garde de convenir.

Du 30 décembre.

Le tribunal supérieur établi provisoirement pour le Hainaut est installé. Voyez à la fin de l'article précédent.

Janvier 1793.

1793   Je dépose ici le passe-port que j'ai été dans le cas de lever pour un petit voyage que j'avois à faire.

Du 6 janvier.

On plante sur la place à Mons, près de la Grand'Garde, l'arbre de la Liberté : c'est un chêne avec ses racines qu'on a été déplanter dans le bois de Colfontaine appartenant à l'archevêché de Cambray. Les habitantes du village de Sars accompagnoient ce chêne qui fut planté avec des formalités extravagantes que les personnes sensées de la ville n'ont pas été voir. Il fut mis des affiches ordonnant d'illuminer ce soir, et cette illumination eut lieu. Les honnêtes gens s'y prêtèrent pour ne pas s'exposer à être insultés : quelques uns le furent par le bris de leurs vitres. Le Lion belgique, l'Aigle impérial, la Couronne et le Sceptre furent traînés enchaînés et puis brulés sur un bûcher au milieu de la place. Les filles du Saint-Esprit et d'autres maisons de charité furent lâchées pour assister à cette fête.

Quelques jours après on trouva affiché sur ce chêne les vers suivans :

ENFIN, PAR SON INSTINCT TOUT ANIMAL INSTRUIT
PLANTE L'ARBRE CHÉRI DONT IL AIME LE FRUIT.

On y a trouvé aussi cet autre vers, faisant allusion à ce qu'on avoit brûlé le Lion belgique et abattu les lions qui étoient aux deux coins du balcon de l'hôtel-de-ville :

ON HAIT TOT LE LION QUAND ON AIME LES POUX.

Les François se plaignoient que le Ministère de la guerre 1793
laissoit leurs armées dans un dénuement total et que les
soldats étoient rongés de vermine.

Du 10 janvier.

L'assemblée des communes du Hainaut fait afficher une
proclamation sur l'établissement provisoire des tribunaux de
justice : voici un exemplaire.

On se communique, sous le manteau, un imprimé intéressant pour l'histoire, sous le titre de *premier cri unanime de tous les Belges,* etc. Voici un exemplaire.

Du 15 janvier.

Trois commissaires de la Convention Nationale de France
font la visite dans différentes maisons de la ville après des
effets des émigrés françois. Ils viennent chez moi dans
l'après-dîner, sur l'indication qu'il y avoit tels effets chez
moi. Je leur déclare qu'il y avoit chez moi un lit garni avec
ses litteries, appartenant au sieur Delacoux parti de Mons
vers le mois d'avril 1792, mais que ce lit se trouvoit saisi
sous l'autorité de justice par exploit du 25 octobre que je leur
montre. Ils me disent que les créanciers seront payés et ils
me somment de leur délivrer ce lit. Je réponds que je
n'entends pas m'opposer à l'enlèvement. Ils l'enlèvent en
effet, et dressent procès-verbal dont ils me délivrent le
double pour ma décharge. Je m'oppose à la visite de ma
maison et ils en abandonnent finalement le projet.

Du 17 janvier.

L'assemblée des communes fait afficher une interprétation
à son décret du 11, par lequel elle avoit déclaré que les

biens ecclésiastiques appartiennent à la nation. Ci-joint un exemplaire. Le décret du 11 avoit souffert de grands débats. On en avoit demandé le rapport ou plus tôt le rappel dans les séances suivantes où la majorité avoit été pour le rappel ; mais finalement, par des intrigues et des violences, il étoit resté sur pied contre les véritables intentions de la grande majorité.

Des 20 et 21 janvier.

Les séances de l'assemblée des communes sont fort intéressantes par la venue d'un commissaire envoyé par la Convention Nationale de France pour mettre à exécution, dans la Belgique, le décret du 15 décembre. J'en joins ici les procès-verbaux, ainsi qu'un exemplaire du décret de la Convention Nationale du 15 décembre.

Du 22 janvier.

Le commissaire françois publie militairement sur la place le décret du 15 décembre et il en fait afficher des exemplaires à tous les coins de rue, en y apposant une sentinelle pour les garder. On sonne la grosse cloche et le carillon du château. Le soir, des illuminations ordonnées par les administrateurs provisoires de la ville de Mons, contre le vœu public qui regarde ce jour comme un jour de deuil.

Du 23 janvier.

Le commissaire françois établit des économes aux chapitres de Sainte-Waudru et de Saint-Germain et dans presque toutes les communautés ecclésiastiques. Ces commissaires procèdent à la confection d'inventaires.

Du 25 janvier.   1793

Le général Ferrand, commandant de Mons, fait afficher une interprétation du décret du 15 décembre. Ci-joint une de ces affiches.

La nouvelle de l'exécution de Louis XVI, Roi de France, devient certaine. Je joins ici le décret de la Convention Nationale qui l'a condamné et ce qui est relatif à son exécution.

Du 26 janvier.

On colporte dans les rues le testament de Louis XVI. Ci-joint un exemplaire de cet intéressant document.

EXTRAIT DE LA GAZETTE DE BRUXELLES
CONCERNANT L'AFFAIRE DU ROI DE FRANCE.

Nouvelles de Paris du 19 janvier 1793.

« Louis attendoit son sort avec résignation. Vendredi der-
» nier (18), M. de Malesherbes (un de ses défenseurs) se
» précipita à ses genoux en fondant en larmes. Louis pressa
» avec tendresse contre son sein l'infortuné vieillard et chercha
» à le consoler. *Si vous m'aimez, mon cher Malesherbes*, lui
» dit-il, *pourquoi m'enviez-vous le seul asile qui me reste après
» tant de malheurs ! — Ah ! Sire*, reprit le vieillard en san-
» glotant, *il y a encore de l'espoir, le peuple est généreux,
» il est juste. — Non, non, il n'y en a plus, ils veulent
» ma mort, et je suis tout prêt, mon cher Malesherbes ; ne
» pleurez pas, nous nous reverrons peut-être un jour dans un
» monde plus heureux.* »

Paris, le 22 janvier.

« Louis n'avoit pas vu sa famille depuis dimanche matin
» (le 20); dimanche soir, il a soupé de bon appétit, il a
» dormi tranquillement la nuit du dimanche au lundi. Hier

» matin, il s'est réveillé en sursaut à sept heures, s'est jeté
» en bas du lit et s'est habillé sans mot dire : il n'avoit rien
» pris lorsqu'il est sorti à neuf heures et demie pour aller au
» supplice. Il a été conduit dans la voiture qui l'avoit mené à
» la Convention lors de sa comparution à la barre. Son con-
» fesseur (1) et un officier de gendarmerie sont montés avec
» lui dans la voiture ; le long du chemin, il n'a pas dit un
» mot, il avoit l'air pensif mais non abattu. Il étoit escorté
» par la cavalerie de l'école militaire et la gendarmerie. Le
» silence a régné pendant toute la route, seulement quelques
» voix ont crié grâce à la sortie du Temple.

» Arrivé au pied de l'échafaud, place de la Révolution,
» ci avant celle de Louis XV, il est resté à peu près quatre ou
» cinq minutes dans la voiture, parlant bas à son confesseur ;
» puis il est descendu d'un air déterminé. Il étoit vêtu d'un
» habit puce, veste blanche, culotte grise, bas blancs ; ses
» cheveux n'étoient point en désordre, son teint ne paraissoit
» pas altéré. Il monte sur l'échafaud, le boureau lui coupe les
» cheveux ; cette opération le fait un peu tressaillir. Il se tourne
» vers le peuple, ou plus tôt vers la force armée qui remplissoit
» toute la place et d'une voix très forte prononce ces paroles :
» « *François, je meurs innocent, c'est du haut de l'échafaud et*
» « *prêt à paroître devant Dieu que je vous dis cette vérité ; je*
» « *pardonne à mes ennemis, et je désire que la France...* »

» Ici, il a été interrompu par le bruit des tambours qui a
» couvert quelques voix qui crioient grâce. Il ôte lui-même
» son col, et se présente à la mort. La tête tombe : il est dix
» heures et quart. Le boureau la prend et l'élevant en l'air
» pour la montrer au peuple fait deux fois le tour de l'écha-

(1) Prêtre catholique anglois, Edgeworth ou de Fermond, qu'il avoit demandé. Voyez ci-dessus dans l'imprimé.

..... donc merité
tant de tourmens et tant de peines,
quand je vous ai donné la liberté
pourquoi me chargez vous de chaines — bis

Tout jeune encor tous les françois en moi
voyoient leur appuy tutélaire;
je n'étois pas encore votre Roi
et déjà j'étois votre pere....
o! mon peuple.... comme au commencement

» faud. Un cri s'élève du sein du silence : *Vive la Nation !*
» *Vive la République.*

» Nulle insulte n'a été faite au cadavre de Louis XVI ; il a
» été mis dans le panier placé dans une voiture qui l'attendoit
» au pied de l'échafaud et transporté à la Magdeleine dans
» une fosse que l'on a rempli de chaux vive. Beaucoup de
» personnes ont paru curieuses de se partager ses vêtements.
» Du sang qui avoit coulé sur place a été recueilli avec du
» papier, avec des mouchoirs blancs, par des personnes qui
» n'avoient l'air d'y attacher aucune superstition politique.
» On a remarqué deux jeunes gens bien mis : l'un qui avoit
» l'air d'un étranger, d'un anglais, a donné quinze francs à un
» enfant et l'a prié de tremper un très beau mouchoir blanc
» dans les traces de sang qui restoient ; l'autre jeune homme
» a semblé attacher de l'importance de se procurer le ruban de
» queue et des cheveux de Louis, et il les a payés un louis.
» Tout cela appartient à l'histoire qui jugera en dernier
» ressort. »

Entre plusieurs complaintes qui parurent d'abord au sujet de la mort de Louis XVI, la romance que voici paroît digne de passer à la postérité, malgré quelques légers défauts dans la versification qu'il a fallu laisser subsister pour ne pas sacrifier les choses aux paroles.

ROMANCE
SUR LA MORT DE LOUIS XVI, DÉCAPITÉ A PARIS LE 21 JANVIER 1793[1].

> O ! mon peuple que vous ai-je donc fait ?
> J'aimois la vertu, la justice...
> Votre bonheur fut mon unique objet
> Et vous me trainez au supplice !

[1] La musique et deux couplets de la main de Paridaens, forment la planche ci-jointe. (*Note de l'éditeur.*)

1793

François, François, n'est-ce pas parmi vous
Que Louis reçut la naissance ?
Ce même ciel nous a vu naître tous
J'étois enfant dans votre enfance.

O ! mon peuple, ai-je donc mérité
Tant de tourmens et tant de peines,
Quand je vous ai donné la liberté
Pourquoi me chargez-vous de chaînes (bis).

Tout jeune encore, tous les François en moi
Voyoient leur appui tutélaire ;
Je n'étois pas encore votre Roi
Et déjà j'étois votre père.

O ! mon peuple... (Comme au commencement.)

Quand je montai sur ce trône éclatant
Que me destina ma naissance
Mon premier pas dans ce poste brillant
Fut un édit de bienfaisance (1)

O ! mon peuple, etc., etc.

Le bon Henri longtems cher à vos cœurs,
Eut cependant quelques faiblesses,
Mais Louis seize, ami des bonnes mœurs,
N'eut ni favoris ni maîtresses (bis).

O ! mon peuple, etc., etc.

Nommez-les donc, nommez-moi les sujets
Dont ma main signa la sentence ;
Un seul jour vit périr plus de François
Que les vingt-deux ans de ma puissance.

O ! mon peuple, etc., etc.

Si ma mort peut faire votre bonheur,
Prenez mes jours je vous les donne.
Votre bon roi, déplorant votre erreur,
Meurt innocent et vous pardonne.

O ! mon peuple recevez mes adieux
Soyez heureux je meurs sans peine,
Puisse mon sang, en coulant à vos yeux
Dans vos cœurs éteindre la haine (bis) (2).

(1) Le rappel des anciens parlemens supprimés par Louis XV.
(2) Cette romance par le chevalier Hennet, fils du prévôt de Maubeuge, député aux États Généraux, parut huit jours avant la mort de Louis et faillit le sauver. (*Note de la copie de M. Le tollier.*)

LETTRE CIRCULAIRE DES COMMISSAIRES NATIONAUX FRANÇOIS 1793
POUR LA FORMATION D'UN CONSEIL PROVISOIRE D'ADMINISTRATION EN
HAINAUT, DU 24 JANVIER 1793, AN DEUXIÈME DE LA RÉPUBLIQUE.

« Au nom de la nation françoise :

« Les commissaires nationaux au citoyen N... Mayeur de N...

« En vertu des pouvoirs qui nous ont été donnés pour
» assurer au peuple belge la liberté que la République fran-
» çoise lui a aidé à conquérir, nous vous avons choisi pour
» former le conseil qui doit provisoirement administrer ; en
» conséquence nous vous invitons à vous rendre aussitôt à
» Mons, en la maison commune, pour y remplir le poste qui
» vous est offert, persuadés que vous le remplirez à la satis-
» faction du peuple, dont les intérêts vont vous être confiés.

(Signés :) « MOUCHET, LEGIER. »

Du 28 janvier.

On affiche en plein jour, à tous les coins de rue à Mons, un
un libelle scandaleux et séditieux, avec nom de l'imprimeur,
dont voici un exemplaire qui a été arraché par un étudiant,
et l'on en transcrit ici le contenu pour conserver d'autant
mieux le souvenir du degré de dépravation à laquelle les
mœurs publiques étoient parvenues dans ces tems de désordre
et d'anarchie.

PRÉDICTION DE NOSTRADAMUS.

L'an mil sept cent nonante-trois
Justice se fera de Princes et de Rois,
Evêques et abbés l'on dépossédera,
Un cardinal sans tête (1) aux petites maisons ira,
Les mains du mauvais riche l'on vuidera,

(1) Le respectable archevêque de Malines.

Leur trésor scandaleux à l'État servira
Et le reste à des hommes sans culottes (1) se partagera.

On trouve le matin sur une des affiches de la prédiction de Nostradamus, attachée hier au coin de la place, à l'entrée de la rue de Nimy, un billet avec ce vers :

L'IMPRIMEUR DE CECI A LA POTENCE IRA.

Du 29 janvier.

On me signifie d'une ordonnance du *Tribunal supérieur* du peuple *souverain de Hainaut,* de remettre au greffe un procès ci-devant distribué à mon rapport comme Conseiller de la Cour. Voici cette pièce.

Du 2 février.

On affiche de la part des administrateurs provisoires de la ville de Mons, etc., un arrêté pris par eux le 31 janvier, ordonnant aux prêtres déportés de la France, de se retirer dans vingt-quatre heures de la ville de Mons et dans la huitaine du Hainaut Belgique. Voici un exemplaire de cette affiche, qui a beaucoup surpris tout le monde, et surtout la période *se regardant dès à présent comme partie intégrante de la République françoise.*

Du 5 février.

Aujourd'hui dans l'après-dînée, on voit des affiches réglant l'ordre d'une cérémonie indiquée, y est-il dit, à demain 6 février. Le personnage dont il est fait mention est le sieur Pelletier de Saint-Fargeau assassiné par le nommé Paris pour avoir dans la Convention Nationale voté la mort de Louis XVI. Voici un exemplaire de cette affiche.

(1) Une cohorte populaire armée, sous le nom des *Sans culottes,* à l'imitation de ce que l'on a vu à Paris dans les momens des plus grands désordres.

Du 6 février.

On fait la cérémonie indiquée par l'affiche d'hier. Je suppose qu'elle a eu lieu ainsi qu'elle étoit annoncée, car je n'y ai pas été voir.

1793

On m'a dit que le curé de Sainte-Waudru, le sieur Croquet, avant que de commencer la messe, s'étoit retourné vers le peuple et avoit dit : « Mes frères, je vais célébrer le Saint-Sacrifice de la messe pour obtenir la paix et la tranquillité dont nous avons un si grand besoin ».

Dans l'après-dînée, on affiche publiquement et on distribue dans les rues l'indécent libelle ci-joint, portant en tête : *Union, fraternité, égalité*.

Du 9 février.

Aujourd'hui samedi, on affiche de la part du commandant de Mons un grand placard, dont voici un exemplaire, contenant extrait du procès-verbal de la Convention Nationale du 31 janvier 1793, qui ordonne la tenue d'assemblées primaires ou communales pour, par les peuples émettre leur vœu sur la forme du gouvernement qu'ils voudront adopter. Quelques-unes de ces affiches sont accompagnées d'une plus petite dont voici pareillement un exemplaire, par lesquelles le commandant de Mons mande à tous les citoyens de cette ville de se réunir lundi prochain 11 février, à huit heures du matin, en l'église de Sainte-Waudru pour, en exécution des décrets des 15 décembre et 31 janvier derniers, prononcer et émettre leur vœu sur la forme du gouvernement qu'ils veulent adopter. Cette précipitation surprend beaucoup de monde, puisque le décret de la Convention donnoit quinze jours.

Du 10 février.

Cejourd'hui, dimanche gras, on voit paroître des affiches, de la part des administrateurs provisoires, avertissant les

1793 ouvriers qui sont sans ouvrage qu'ils peuvent s'adresser à l'hôtel-de-ville pour s'y faire inscrire, et qu'il sera pris des mesures pour subvenir à leurs besoins. On sent aisément que c'est pour mettre cette classe de citoyens de son côté dans l'assemblée de demain. Voici un exemplaire de ces affiches.

Du 11 février, lundi gras.

L'assemblée convoquée par les affiches d'avant hier se tient à Sainte-Waudru. Il s'y trouve beaucoup d'habitans notables et véritablement zélés pour le bien du pays ; d'autre part il y avoit beaucoup de Jacobins en bonnet rouge et d'autres membres du club dit *la Société des amis de la liberté et de l'égalité*. Ceux-ci avoient le bonnet ou le chapeau sur la tête et se promenoient dans l'église à peu près comme dans une place publique ; les autres s'y tenoient décemment la tête nue. On auroit déjà bien compté les opinions en bien ou en mal, en comptant les têtes nues et les têtes couvertes. Le général Ferrand arriva vers huit heures et demie ; il se promena pendant quelque temps, chapeau bas, parmi le peuple dans les différents endroits de l'église, en causant avec l'un et avec l'autre. Comme il s'approchoit de l'endroit où j'étois, une personne placée près de moi, qui le connaissoit particulièrement, s'avança vers lui et le salua ; je m'approchai aussi un peu pour en faire de même, ayant été une fois dans le cas d'aller lui parler. Il nous dit qu'il espéroit que tout se passeroit bien et paisiblement, d'où je pris occasion de lui observer que cependant une grande partie de l'assemblée étoit armée. En effet, presque toutes les têtes couvertes étoient revêtus de sabres ou d'épées, tandis que les têtes nues étoient sans aucune espèce d'armes, même la plus part sans canne. Le

néral, ouvrant son manteau, et fesant remarquer qu'il avoit 1793
-même son sabre (ou son épée), répondit que cela n'étoit
n, qu'on n'avoit rien à craindre. Il monta donc vers neuf
ures dans la chaire de vérité et deux commissaires avec
. Dès qu'il parut il s'éleva un bruit d'applaudissemens
des cris qui me parurent dire : *Vive le général*. A ces cris
mêlèrent d'autres expressions de : *Vive la réunion à la France*
semblables, de quoi les vrais citoyens s'appercevant se
rent à crier de voix unanimes : *Non.., non...*
Le général ayant fait signe de la main de se taire, et le
ence s'étant établi, il commença à débiter un discours dans
xorde duquel il parla de réunion de la Belgique à la France.
ussitôt toutes les têtes nues prononcèrent et émirent forte-
ent leur veu négatif en criant et répétant : *Non, pas de
union, pas de réunion à la France*. L'autre partie crioit
force : *Oui, vive la réunion etc.*, en élevant et tournant
urs chapeaux et leurs bonnets. Mais comme ce parti
étoit pas à beaucoup près le plus fort en nombre, il
avisa de se rendre le plus fort par les armes ; ils tirèrent
us le sabre ou l'épée et se jetèrent sur les opposans qui
eurent naturellement point d'autres ressources que de gagner
s portes pour sortir de l'église. Plusieurs parvinrent à
 sauver, d'autres furent empêchés de sortir, plusieurs
ême de ceux qui étoient déjà dehors furent rechassés dans
église à coup de plat de sabre ou par menaces : il fut même
ré quelques coups de fusil par un détachement de chasseurs
elges qui se trouvoit placé vis-à-vis de la porte à l'escalier,
ns qu'on sût par qui ils avoient été commandés, mais ils
oient du parti des Jacobins. Quant à moi, je parvins à me
tirer par l'autre porte, après m'être inutilement présenté à
elle de l'escalier, et j'arrivai chez moi sans accident par des
ues détournées. Il y a eu quelques personnes de blessées

1793 dans cette circonstance, et d'autres grièvement maltraitées : en spécial, le célèbre M. Demarbaix, auteur de l'*Exposition de la constitution du Hainaut*, faite en 1787 et rédacteur du *Manifeste* de 1789, fut chassé, rechassé et finalement encore chassé hors de l'église à coups de plats de sabres et véhémentement insulté de paroles ; il lui fut même allongé un coup de tranchant vers la tête, dont il eut la peau effleurée à la joue gauche. Un Jacobin reçut à l'épaule une balle qui, sans doute, n'avoit pas fait attention à son bonnet rouge.

Après cette espèce d'ébulition, le parti de la réunion et ceux de l'autre parti qu'on y retenoit par force, ont continué l'assemblée où il n'étoit plus guère prudent pour les individus qui étoient sans armes d'élever la voix. Cependant, M. Raoux, conseiller, après avoir demandé et obtenu la parole, soutint que l'assemblée étoit irrégulière et indépendamment, disoit-il, de ce qui venoit de se passer, il se fonda sur des décrets qu'il cita de la Convention Nationale de France par l'un desquels, les assemblées primaires du peuple de Mons, attendu le grand nombre de ses habitans, doivent se faire par sections ou quartiers, et par l'autre, les suffrages devoient s'émettre par scrutin et non par acclamation. Il conclut en conséquence à ce qu'il fût tenu de nouvelles assemblées par sections et par scrutin. Sa demande ne fut pas admise, et comme M. Raoux s'apperçut de certains discours ou propos qu'il entendit, qu'on cherchoit à le rendre odieux, il trouva qu'il étoit prudent à lui, dans ces moments de fermentation où les têtes armées étoient encore, de se retirer : ce qu'il fit sans bruit un instant après. La motion sur la réunion à la France ayant été ensuite reprise, il est aisé de comprendre que l'acclamation eut alors la majorité en faveur de cette réunion. Elle fut d'abord annoncée par le carillon, la grosse cloche et des coups de canons. A midi, on dut sonner toutes les cloches de la ville, et il fut ordonné d'illuminer le soir.

On a imprimé depuis une relation de cette journée, qui a été fourrée sous les portes. Je joins ici l'exemplaire que j'ai trouvé sous la mienne le 17 de ce mois. Elle paroît exacte. Depuis, j'ai acheté le procès-verbal de cette assemblée, qui a été dressé par ceux qui avoient intérêt de supprimer les faits de violence. Voici un exemplaire.

Je joins ici aussi un exemplaire de la lettre circulaire que les administrateurs provisoires ont écrite aux autres municipalités du pays de Hainaut.

Du 12 février.

Des commissaires françois escortés de détachemens militaires se rendent dans différentes communautés de la campagne pour y convoquer les assemblées primaires.

Du 13 février.

Les divers détachements militaires qui étoient allés en commission hier et qui étoient commandés pour trois à quatre jours, sont rappellés précipitamment à Mons, avec ordre de se tenir prêts à marcher demain vers Bruxelles. On apprend, par les gazettes d'Amsterdam et de Leyde, que les François ont dû évacuer Ruremonde avec pertes, étant attaqués par les Prussiens.

Du 14 février.

Les troupes de ligne qui étoient en garnison à Mons, consistant en un bataillon du vingt-cinquième régiment, autrefois Poitou, partent pour aller loger à Tubize et demain à Bruxelles, où ils recevront des ordres ultérieurs. Il part aussi des gardes nationales et une grande partie des chasseurs

1793 belges nouvellement levés. Ces derniers, la pluspart Montois, ne paroissent point partir de bon cœur ; on carillone et on sonne la cloche à leur départ pour les égayer.

Dans l'après-dînée, on affiche une ordonnance de l'administration provisoire, du 12 de ce mois, contenant que tous les citoyens qui jouissoient ci-devant, soit à titre de naissance, soit à titre de charge ou autrement, de quelques prérogatives ou privilèges, et qui aux termes de la loi n'y auroient pas renoncé par écrit dans le délai de trois jours sur les registres ouverts à cet effet à l'administration, seront regardés comme ennemis de la patrie, hommes suspects et dangereux et qu'ils seront surveillés comme tels, etc. Ci-joint un exemplaire de cette mémorable affiche, dont le vrai motif fut sans doute la crainte de voir paroître des protestations contre ce qui s'étoit fait à Sainte-Waudru le 11. Quant au registre qui y est dit avoir été ouvert à l'administration pour recevoir les signatures de tous ceux qui auroient quelques réclamations à faire contre l'assemblée primaire du 11, je ne sais ce qui en est ; mais on a su dans le public qu'un très grand nombre de personnes du bas peuple avoient été signer à l'hôtel-de-ville et qu'ils y avoient reçu une demi-couronne chacun. Il est apparent que ces signatures n'ont pas été payées pour servir à des réclamations, mais plustôt à des approbations, contre, l'intention des signants. C'est ce qui s'éclaircira plus tard.

J'ai ouï dire que presque personne de ceux que l'affiche regardoit, n'a été signer. Je n'y ai pas été.

Du 17 février.

On affiche à midi un placard de la part de l'administration provisoire de la ville de Mons, invitant pour la dernière fois tous les privilegiés et nobles de l'ancien régime de venir en personne renoncer à leurs privilèges, jurer liberté et égalité et de se soumettre au vœu général exprimé par le peuple de se réunir à la France, et de signer cette promesse sur un registre ouvert à cet effet à la maison commune, etc. Voici un exemplaire.

1793.

Cette ordonnance a beaucoup inquiété tout le monde ; cependant, après mûre réflexion et après que les meilleurs théologiens de Mons eurent été consultés, on y a obtempéré.

Du 18 février.

On affiche la suppression de la paroisse de Sainte-Waudru et la translation de la paroisse de Saint-Germain en l'église de Sainte-Waudru. Ci-joint un exemplaire.

L'église de Sainte-Waudru est fermée dès le matin. On en a transporté la nuit dernière les argenteries et effets repris à l'inventaire et on les a déposés à l'hôtel de ville. Le corps de Sainte Waudru est resté à sa place dans sa châsse sur l'autel ; quant au chef, on a ôté la relique, mais le reliquaire a été transporté.

Du 19 février.

Je reçois une lettre circulaire du sieur Bureau, receveur général du chapitre de Sainte-Waudru, m'envoyant extrait de la lettre lui écrite par le commissaire militaire françois pour faire connoître aux redevanciers du Chapitre combien il est urgent de venir payer ce qu'ils doivent, étant menacés d'exécution militaire après deux jours.

Voici la lettre du sieur Bureau en original, et l'extrait par lui collationné de celle du commissaire françois. J'ai été acquitter tout de suite les quatre années d'une rente de dix livres, quatorze sous, quatre deniers affectée sur le fief des Mayries.

Du 26 février.

1793

Je reçois une lettre de Bruxelles datée de hier, qui m'annonce que le dit jour d'hier, l'assemblée primaire a été tenue en l'église de Sainte-Gudule et que la réunion à la France y a été votée, le tout et de la manière et avec les circonstances détaillées dans cette lettre que je joins ici.

Le soir, arrivent dans plusieurs voitures les Clubistes et Jacobins de Mons revenant de Bruxelles, où ils avoient été grossir l'assemblée de hier à Sainte-Gudule. A leur rentrée à Mons, ils font carilloner ; ils débitent que c'est pour la prise de Bréda et de Maestricht qui, suivant eux, se sont rendus aux François.

Jamais je n'ai eu le cœur si affligé qu'au bruit de ces nouvelles. J'étois déjà fort disposé à la tristesse par le mauvais état de notre fille aînée Melcthilde que nous avions quittée vers neuf heures et demie du matin chez son oncle Deschuyfeleer, à Hal, où nous l'avions vu administrer.

Du 27 février.

Je reçois la nouvelle de la mort de notre fille aînée décédée à Hal hier à six heures et demie du soir. Je joins ici une des cartes par lesquelles nous avons annoncé cette mort dans la ville de Mons, comme une espèce de monument historique qui fait voir comment on étoit réduit de faire ces sortes de cartes alors (1).

Du 5 mars.

Vers deux heures et demie après-midi, le carillon et la grosse cloche du château, le canon des remparts et toutes les

---

(1) Note tenue après la délivrance du pays.

cloches de la ville annoncent la nouvelle que la réunion du Hainaut à la France a été décrétée par la Convention Nationale pour former un quatre-vingt-sixième département, sous la dénomination du département de Jemappes. Illumination le soir.

1793

Dans l'après-dînée se répand un bruit que les François ont été battus près de Maestricht et que le siège de cette ville est levé. Le bruit se confirme par la circonstance que le bal qui se trouvoit préparé pour le soir au sujet de la réunion à la France, est contremandé.

Du 6 mars.

La nouvelle de la défaite des François et de la levée du siège de Maestricht devient certaine ; on dit que déjà les Autrichiens sont à Saint-Trond. On a su que depuis le quartier général des François étoit arrivé à Saint-Trond aujourd'hui.

Extrait du Journal de Bruxelles, n° 69.

Cologne, le 4 mars.

« Ce fut le premier de mars qu'une partie de l'armée impé-
» riale, sous la conduite du général comte de Clerfayt et le
» gros de cette armée sous les ordres du maréchal prince de
» Cobourg, ayant passé de grand matin la Roër, attaqua et
» força les postes retranchés que les ennemis occupoient près
» de Deunhoven et de Heingen. Dans ces deux attaques les
» François perdirent environ trois à quatre mille hommes qui
» furent tués sur la place, cent hommes seulement furent faits
» prisonniers et l'on s'empara de toute leur artillerie, con-
» sistant en quatorze pièces de canons. Le même jour au soir,
» le duc de Wurtemberg, que le prince de Cobourg avoit
» laissé en arrière près de Eschweiler, où l'ennemi s'étoit

1793 » également retranché, ayant tourné ce retranchement, en
» délogea les ennemis et les poussa le lendemain jusqu'à
» Aix-la-Chapelle, que ces derniers furent forcés d'abandonner
» en laissant en arrière plusieurs pièces d'artillerie. En même
» tems, l'armée impériale s'étant réunie avança jusqu'à
» Rolduc, délogea les François de tous leurs retranchemens et
» les obligea dans la nuit suivante de lever le siège de Maes-
» tricht, etc., etc. »

Du dimanche 10 mars.

On affiche une ordonnance de l'assemblée des administrateurs provisoires de Mons, portée le jour précédent, qui enjoint aux habitans de la dite ville et de sa banlieue qui ont des armes, de les apporter à la chambre de police de l'hôtel de ville, pour être distribuées aux citoyens faisant partie des compagnies des sans culottes ou gardes nationales de la ville de Mons et le surplus aux différents bataillons dont la création a été arrêtée par l'assemblée. Ci-joint un exemplaire de la dite ordonnance.

Du 11 mars.

On publie solennellement, au son des cloches, des carillons et du canon, le décret de la Convention Nationale de France porté le 6 de ce mois pour la réunion du Hainaut sous la dénomination de Département de Jemappes. Illumination le soir. Voici une des affiches mises pour annoncer ce décret.

Il se répand un bruit que le quartier-général de l'armée françoise est rétrogradé jusqu'à Louvain. On dit qu'une lettre de Louvain, du 9, l'annonce ainsi.

Du 12 mars.

L'assemblée des administrateurs décrète que plusieurs personnes seront arrêtées et conduites à la citadelle de Valenciennes, entre autres MM. Sécus père et fils, Demarbaix ex-conseiller, Dirix, Delcroix ci-devant capitaine de Wurtemberg, Delattre ex-conseiller, etc. ; que d'autres seront mises dans les prisons de Mons : entre celles-ci sont MM. Raoux ex-conseiller et Jacquier Devirelles.

1793

Du 13 mars.

Je reçois de Bruxelles un imprimé contenant le procès-verbal de l'assemblée des administrateurs provisoires de la dite ville, du 11, et les déclarations que le général Dumouriez y a faites 1º pour l'anéantissement de la légion dite des sans-culottes, 2º pour interdire aux clubs de s'ingérer dans des affaires militaires ou d'administration, 3º pour ordonner la restitution des argenteries enlevées des églises, etc. Voici cet imprimé.

La Gazette de Bruxelles arrivée aujourd'hui donne les proclamations faites en conséquence par le général Dumouriez.

Voici les proclamations faites hier à Bruxelles de la part du général Dumouriez, extraites de la Gazette.

Ordre.

« L'intention de la Nation françoise et des représentans de
» la République, en entrant dans les Pays-Bas, n'a jamais été
» d'y porter le brigandage et la profanation. Cependant ils s'y
» sont exercés par des agents du pouvoir exécutif de la Répu-
» blique françoise avec une tyrannie qui déshonore les François
» et qui met les Belges au désespoir. Ils se sont permis de
» s'emparer de l'argenterie des églises. Ce trait de l'avarice la

» plus sordide doit être réprimé pour prouver à tous les
» peuples que nous respectons les opinions religieuses et que
» la justice et la droiture sont le caractère essentiel de la Nation
» françoise qui, en conquérant la liberté, doit avoir acquis de
» nouvelles vertus et ne doit employer ses armes que pour
» la justice.

» En conséquence, voulant réparer le tort que nous a fait
» dans l'esprit des Belges l'indiscrétion sacrilège des agents qui
» ont fait enlever l'argenterie des églises, j'ordonne, au nom
» de la République françoise, de la religion et de l'équité, que
» toute l'argenterie des églises soit restituée et rétablie dans
» les différents lieux où elle a été enlevée. J'ordonne à tous les
» commandants militaires françois et à tous les administra-
» teurs civils librement élus par le peuple belge, de tenir la
» main à l'exécution du présent ordre qui ramènera les Belges
» à la juste opinion qu'ils doivent prendre de la Convention
» Nationale, de la Nation françoise et des agens politiques et
» militaires qu'elle n'a envoyés dans la Belgique que pour
» assurer la liberté et le bonheur du peuple.

» A Bruxelles, le 11 mars 1793, an 2ᵉ de la République. »

(Signé :) » Le Général en chef : DUMOURIEZ. »

PROCLAMATION.

« Tous les corps administratifs et tous les habitans des
» différentes provinces de la Belgique sont invités à faire dres-
» ser des plaintes appuyées de procès-verbaux, contre les
» vexations tyraniques de quelques-uns des agents connus
» sous le nom de commissaires du pouvoir exécutif, surtout
» contre celles qui portent le caractère de profanation. Leurs
» plaintes seront admises et la Convention Nationale de
» France est trop pénétrée des principes de justice et de respect

" pour la religion, pour ne pas abandonner des agents
" infidèles, qui auront abusé des pouvoirs de leurs emplois,
" à toutes les rigueurs des loix. En donnant cette satisfac-
" tion au peuple Belge lésé dans ses opinions religieuses,
" dans ses personnes et dans ses propriétés, je déclare à
" regret que quiconque voudra se faire justice soi-même sera
" punissable de mort ; que si quelques villes ou villages se
" permettent des rassemblements contre l'armée françoise qui
" n'est point coupable des crimes de quelques particuliers,
" ces villes ou ces villages seront rasés ou brûlés. J'espère
" que le peuple belge, reconnaissant la justice de la Conven-
" tion Nationale et des chefs civils et militaires qu'elle
" emploie, reprendra les sentimens de fraternité qui con-
" viennent à deux peuples libres et ne me forcera pas à
" agir comme en pays ennemi, et avec plus de sévérité encore,
" puisque les insurrections armées porteront un caractère de
" rébellion et de trahison.

" A Bruxelles, le 11 mars 1793, an 2ᵉ de la République.
(Signé :) « Le Général en chef : DUMOURIEZ ».

PROCLAMATION.

" Comme les sociétés patriotiques ne doivent servir qu'à
" l'instruction des peuples ou aux actes de bienfaisance et de
" fraternité, autant elles sont utiles en se renfermant dans ces
" principes, autant elles deviennent dangereuses en se mêlant
" des affaires politiques et militaires : en conséquence, il est
" défendu à tous les clubs patriotiques de s'immiscer aucune-
" ment dans les affaires publiques. Il est ordonné à tous les
" commandans militaires, administrateurs et magistrats, de
" tenir la main à cette défense et, si un club se permet un arrêté
qui la contredise, il est ordonné de faire fermer le lieu de
" l'assemblée et d'en rendre responsables personnellement le

» président et le secrétaire du dit club. Cette défense sera
» imprimée dans les deux langues, publiée et affichée. »
« A Bruxelles, le 11 mars 1793, an 2ᵉ de la République. »
(Signé :) « Le Général en chef : Dumouriez ».

Du 14 mars.

On affiche à Mons, de bon matin, les proclamations du général Dumouriez, du 11, transcrites ci-dessus. On dit que les administrateurs provisoires ne veulent point les reconnoître, qu'ils ont même fait arracher les premiers exemplaires et qu'on en a affiché de nouveaux ; qu'ils ont répondu à ceux qui se sont présentés pour réclamer des argenteries, qu'ils n'avoient point d'ordre à recevoir du général Dumouriez. Chose certaine, c'est qu'on voit paroître à midi des affiches d'une ordonnance portée en leur assemblée de ce jour qui contredit ouvertement les proclamations de Dumouriez. Voici un exemplaire où on voit qu'ils se fondent sur ce que le Hainaut est à présent partie intégrante de la France. On voit en même tems paroître des affiches d'une autre ordonnance de leur part, portant la date du 12, qui enjoint aux religieux et religieuses de quitter leurs costumes et de prendre l'habit séculier, dans la huitaine de la publication. Voici un exemplaire.

Dans plusieurs endroits ces affiches couvroient celles mises de la part du général Dumouriez.

Dans la journée, on arrête le citoyen de la Barre Dumaisnil, ci-devant baron ; on le conduit à la municipalité, et peu après, on voit partir de la maréchaussée et des dragons françois par la porte de Nimy : on dit que c'est pour aller arrêter le chevalier de la Barre, frère cadet du premier, à son château près de Braine. On arrête aussi un certain Hainaut, marchand de modes, près de la voûte de Saint-Germain, autrefois réputé royaliste du tems de notre première révolution de 1789. Le chevalier de la Barre a aussi été arrêté. On les a conduits l'un après l'autre à Valenciennes.

1792

Dans l'après-dînée, on va dans quelques maisons faire la retrouve des armes, en conséquence de l'ordonnance du 9 de ce mois. Ils viennent chez moi en mon absence. Ma femme leur dit que j'avois autrefois un fusil de chasse qui m'a été enlevé dans la première révolution de 1789 et qu'on ne m'a jamais rendu ; que depuis lors je ne vais plus à la chasse. Sur cette réponse, ils s'en vont avec politesse.

La Gazette ou le Journal de Bruxelles arrivé aujourd'hui, rapporte en entier le contenu de l'imprimé du procès-verbal de l'administration provisoire de Bruxelles, du 11. Elle ajoute une autre pièce que voici :

" AU NOM DE LA RÉPUBLIQUE FRANÇOISE, les membres de la
" Convention de France, ses commissaires près l'armée et
" dans les Pays de la Belgique, de Liége, etc.,

" *Au peuple de la ville de Bruxelles, réuni à la République*
" *françoise :*

" L'article 4 du décret du 15 décembre dernier a placé sous
" la surveillance et la sauvegarde de la Nation françoise les
" biens meubles et immeubles appartenant aux communautés
" laïques et ecclésiastiques. Des ordres ont été donnés en consé-
" quence sur les dispositions à faire de la portion de l'argen-
" terie non nécessaire à la décence du culte dans les maisons
" et communautés soumises au sequestre. Mais des excès
" infiniment répréhensibles ont été commis dans l'exécution
" de ces ordres. Profondément affligés de ces excès, les
" commissaires de la Convention Nationale invitent le peuple
" de Bruxelles à leur faire connoître les coupables ; déjà ils

1793 » ont puni un officier pour son défaut de surveillance, et la
» peine qu'ils lui ont infligée est un garant de celle qui
» attend les véritables auteurs des profanations et des crimes
» qui ont justement indigné un peuple fidèle à sa religion.
» Fait à Bruxelles, le 12 mars 1793, an 2e de la Répu-
» blique.
(Signé :) « Camus, Gossuin, Merlin (de Douai), Treillard ».

Du 19 mars.

On rase les cheveux et les sourcils à quelques-uns d'entre les Chasseurs Belges qui, étant partis il y a quelques jours vers Namur, étoient revenus à Mons. On dit qu'ils avoient été attaqués près de Sombreffe par un détachement de cavalerie légère autrichienne qui en avoit hâché plusieurs et dispersé le reste.

Du 21 mars.

On trouve dans la Gazette de Bruxelles une lettre du général Dumouriez à la Convention Nationale de France, en date du 12 de ce mois, relativement aux affaires de la Belgique. Cette pièce importante, qui contient un témoignage authentique de la déloyauté et des violences employées envers les Belges, a d'abord été réimprimée à Mons. En voici un exemplaire.

Sur représentation faite aux administrateurs provisoires de Mons par les ordres religieux, ils obtiennent un sursis illimité à l'ordonnance du 12 de ce mois qui leur enjoignoit de quitter leur costume et de prendre l'habit séculier dans la huitaine de la publication. Ce sursis n'est pas illimité, mais jusqu'au 15 avril.

J'apprends par une lettre de Louvain que, le 18, il y a eu

une action fort sérieuse entre les François et les Autrichiens, 1793
à Landen au-dessus de Tirlemont, qui a duré depuis neuf
heures du matin jusqu'à quatre heures de l'après-midi ;
qu'on a vu le même jour ramener beaucoup de blessés
françois à Louvain et que trois généraux y sont arrivés
blessés à l'abbaye de Sainte-Gertrude ; que, le lendemain 19,
le quartier-général de l'armée françoise est parti le matin
de Louvain vers Bruxelles.

Du 22 mars.

On affiche, de la part des administrateurs provisoires, une
prorogation jusques au 15 avril, du terme fixé par leur
ordonnance du 12 de ce mois aux religieux et religieuses pour
quitter leur costume et prendre des habits séculiers. L'affiche
contient que c'est sur les réclamations qui ont été faites par
les religieux, représentant qu'ils étoient hors d'état de se pourvoir d'habits séculiers.

On colporte dans les rues la lettre des juges au tribunal
supérieur de Justice du département de Jemappes, aux commissaires de la Convention Nationale dans la Belgique, du
19 de ce mois. Voici un exemplaire.

Du 23 mars.

Hier et aujourd'hui, on voit arriver à Mons une quantité
innombrable de blessés à chariots, à cheval, à pied, et des
officiers en carosse, revenant de l'armée françoise près de
Louvain.

Du 24, dimanche du Quasimodo.

Toute la nuit et toute la journée on voit des troupes françoises débandées et des chariots militaires entrer dans Mons

1793 par la porte de Nimy. C'est le tableau d'une déroute complète. On dit que les Autrichiens sont entrés ce matin à Bruxelles. Malgré cette déroute totale de l'armée françoise et cet état de détresse, les administrateurs provisoires de la ville de Mons, sans doute pour faire parade d'une fausse contenance, font afficher un arrêté par eux pris, sous la date du 17 de ce mois, pour la construction d'un canal de Mons sur Ath, pour communiquer avec la Dendre. Ci-joint un exemplaire.

Ils font aussi afficher un décret de la Convention Nationale de France du 5 mars, concernant les fonctionnaires publics qui marcheront à la défense de la patrie. Ci-joint un exemplaire.

Du 25 mars.

On voit encore passer beaucoup de soldats françois débandés et des bagages retournant vers la France. Dans la matinée, tous les administrateurs provisoires émigrent de la ville ; ils se ont escorter par un détachement de troupes. Les juges du tribunal supérieur ainsi que les juges de paix cessent aussi leurs fonctions, plusieurs d'entre eux émigrent hier et aujourd'hui, si pas tous. Les membres du bureau de la guerre, établi pour les Belges à l'hôtel du Grand-Bailliage, prennent aussi la fuite. Des créanciers qui ne sont pas payés de ce qu'ils ont fourni s'y présentent pour se saisir de quelques effets en gage ou en payement. Il s'y commet une espèce de pillage. La même chose a lieu à l'hôtel du Président de la Cour à Mons, où la troupe Belgique avoit son magasin de toile et de chemises. Les bois de lit et les lits de camp de l'hôpital près de la porte du Rivage sont aussi pillés.

Du 26 mars.

Les François continuent à évacuer successivement la ville. Ils forment un petit camp du côté de Nimy et un autre sur le mont Panisel, sans doute pour observer si les Autrichiens n'arrivent pas et pour donner des signaux.

Du 27, Mercredi-Saint.

Pendant la nuit, le reste des troupes françoises ont evacué Mons et ils ont levé les petits camps qu'ils avoient sur le mont Panisel et à la porte de Nimy.

Les compagnies bourgeoises des canoniers de Saint-Laurent, de Sainte-Christine, etc., occupent le poste de la Grand'Garde et veillent au bon ordre. Le peuple arrache l'arbre de la liberté planté sur la place et le brûle à un grand feu qu'on fait au milieu de la place, dans lequel on brûle aussi tous les ornemens de la salle qui a servi au club, l'obélisque qui pendant un tems avoit été érigé au milieu de la place en mémoire de la bataille de Jemappes et toute la charpente du tombeau de Lepelletier de Saint-Fargeau. On ôte le drapeau tricolore qui flottoit sur la tour du Château et le médaillon de la Constitution Françoise qu'on avoit mis au balcon de l'hôtel de ville à la place des armes de la villle.

La Cour à Mons s'assemble vers onze heures. On attend de moment en moment la venue des Autrichiens, on se sépare à midi et on se réajourne pour trois heures. Toute l'après-dînée se passe encore dans l'attente des Autrichiens. Vers le soir, on apprend qu'ils ne viendront que demain, que l'archiduc Charles est à Enghien, qu'il arrivera avec la troupe et que vraisemblement il arrivera dès ce soir une avant-garde. La Cour sa sépare vers cinq heures, après s'être enquise s'il étoit pourvu à la tranquillité intérieure de la ville pendant la nuit. Cette journée a été un jour de joie générale pour les braves gens, et il n'en reste plus d'autres, car tous les Jacobins ont pris la fuite ou se trouvent cachés : le peuple a fait la recherche de quelques-uns d'entre eux.

1793   On dépose la cocarde tricolore ; je joins ici celle qui a été à mon chapeau pendant tout le tems que les François ont été à Mons.

Les chanoines de Saint-Germain ont chanté le *Te Deum* et puis ont chanté grand'messe à l'ordinaire et fait le surplus de leurs offices. Les dames chanoinesses de Sainte-Waudru mettent force de bras dans leur église pour la laver.

Le soir, vers neuf heures, arrive un détachement de troupe autrichienne, hussards et hulands lorsqu'on ne s'y attendoit presque plus. Ils se forment en face de la Grand'Garde, occupée par les sermens de la ville. La place est bientôt remplie de monde pour les voir. Ils sont accueillis avec beaucoup de démonstrations de joie ; bientôt toute la rue de Nimy est illuminée et successivement toute la ville.

Les carillons et les cloches se font entendre, on allume les lampions préparés à l'hôtel de ville, la tour du château est aussi illuminée. Les échevins font une politesse au chef du détachement, et comme tout étoit encore en désordre dans les cazernes, on envoie les hussards et les hulands loger dans les auberges.

Il ne font pas encore de service ; les habitans même des plus notables, qui s'étoient mis sous les armes dès l'après-dînée pour la police de la ville, continuent à s'en charger pendant la nuit. L'estaffette que les échevins avoient envoyée en avant vient leur faire rapport qu'il avoit parlé à l'archiduc Charles à Hal, qu'il n'avoit encore su lui désigner le moment de son arrivée à Mons.

Quelques habitans zélés ont ouvert dans l'après-dînée une collecte pour gratifier les troupes de S. M. Chacun s'empressa d'y aller faire son offrande. On dit que le produit est de plus de cinq mille livres.

Du 28 mars, Jeudi-Saint.

La Cour s'assemble à neuf heures et reste assemblée jusqu'à midi. On n'apprend rien de positif sur le tems de l'entrée des troupes autrichiennes ni même si l'archiduc Charles viendra avec. Vers le soir, on est informé positivement que l'archiduc arrivera demain. On fait publier à la trompette que les habitans sont invités de s'assembler demain à neuf heures, avec armes ou sans armes, pour aller au devant de l'archiduc Charles ; ce qui fut aussi affiché aux coins des rues.

On répand dans le public la proclamation du prince de Saxe-Cobourg, du premier de ce mois, ci-jointe.

Du 29 mars, Vendredi-Saint.

On rebénit le matin l'église de Sainte-Waudru. L'archiduc Charles entre à Mons, à la tête de sept à huit mille hommes composant l'avant-garde, en tout ou en partie, de l'armée autrichienne. Il y avoit bien trois mille habitans de Mons, les uns sous les armes, les autres sans armes, qui le précédoient avec la grande musique turque présidée par le comte Tallard, comme en 1787. Les magistrats en robes faisoient partie du cortège, les députés des États en voitures.

Il étoit douze heures précises quand S. A. R. passoit devant le Conseil ; il saluoit de droite et de gauche tenant constamment le chapeau en main. Les Conseillers étoient à la chambre des comptes. On envoya un des greffiers pour voir où l'archiduc mettroit pied à terre et pour lui demander audience pour que la Cour à Mons pût venir le saluer. Il étoit une heure lorsque le greffier revint ; il fit rapport que S. A. R. avoit pris gîte à l'hôtel de Gomegnies, sur les Estampes, et qu'elle avoit donné heure pour six heures et demie du soir.

1793 Il est à remarquer que l'hôtel du gouvernement se trouve actuellement tout dénué et dévasté par les François et par la Commission belgique du bureau de la Guerre. Les cazernes se trouvant aussi toutes dénuées et dévastées, il a fallu loger provisoirement la troupe chez les bourgeois et habitans de la ville. Je suis actuellement logé moi-même d'un capitaine du régiment de Splein, infanterie hongroise, avec ses chevaux et équipages, non point par billet de logement des échevins, mais par désignation du quartier-maître qui est venu dans la matinée marquer les quartiers et qui m'a dit que ce n'étoit que pour un jour ou deux. Pendant la journée, le magistrat a fait mettre des affiches que ce n'étoit que par nécessité qu'on logeoit momentanément la troupe chez le bourgeois, jusqu'à ce que les cazernes soient préparées à les recevoir. Il seroit difficile de bien dépeindre la vivacité des acclamations et cris de joie qui retentirent sur tout le passage de l'archiduc Charles. On trouve dans la Gazette d'aujourd'hui, de Bruxelles, ce chronique en l'honneur du prince de Saxe-Cobourg, commandant en chef de l'armée autrichienne des Pays-Bas :

PRINCEPS SAXOBOURG GENERALISSIMUS

VENIT, VIDIT, VICIT.

A six heures et demie du soir, le Conseil se rend en corps, mais à pied pour défaut de voitures, vers l'archiduc. Les deux batantes de la porte de l'appartement du prince s'ouvrent et l'on fut introduit sans attendre. Le prince répondit très adéquatement au compliment qui lui fut adressé par M. Delecourt, l'ancien de la compagnie, le Président n'étant pas encore de retour, et il dit (le prince) avec beaucoup de modestie, qu'il étoit bien aise d'avoir été présent aux actions qui avoient forcé les François de se retirer du pays. On causa ensuite des évènemens qui avoient eu lieu à Mons tant à l'entrée des François que lors de l'assemblée tenue à Sainte-Waudru, le 11 février, pour délibérer sur la réunion. Un membre de la Cour lui remet un petit imprimé contenant la relation véritable, dont un exemplaire est joint ci-dessus. Il l'accepte avec intérêt et reconnoissance ; il écoute avec attention les anecdotes les plus remarquables de cette funeste assemblée, l'observation faite par moi, Paridaens, au général Dumouriez qu'il s'y trouvoit plusieurs personnes armées, les violences et voies de fait commises sur M. Demarbaix, la protestation y faite par M. Raoux, etc. On l'informa aussi que, pour l'érection du tribunal provisoire, le premier choix étoit tombé presque tout entier sur des membres de la Cour, et que, comme par instinct et sans s'être communiqués, tous ces membres avoient refusé d'accepter les places qui leur étoient offertes. Sur quoi, le prince dit fort obligeamment : « MM. cela vous fait infiniment honneur ». Il nous a congédiés en disant : « j'informerai mon frère de votre attachement à Sa maison et à la constitution ». Un membre de la compagnie venoit de lui dire que rien n'étoit plus prononcé que l'attachement des Belges à leur constitution et leur amour pour leur souverain.

Le soir toute la ville est illuminée. L'archiduc s'y promène en voiture ouverte, la grande musique turque lui donne des sérénades à sa rentrée chez lui. J'apprends qu'à midi, à son entrée dans la ville, il avoit condescendu aux vœux du peuple de se laisser porter depuis l'hôtel de ville jusqu'à son hôtel ; que des femmes même l'avoient porté.

Des notables habitans se qualifiant de députés du peuple de Mons sortoient de l'audience du prince lorsque le Conseil y entra. Ils avoient été lui porter l'offrande patriotique collectée hier pour gratifier les troupes. Ils furent accueillis de

1793 la manière la plus intéressante, et le prince leur dit qu'il en avoit déjà informé, ou qu'il en alloit informer son frère.

On voit paroître un imprimé sous le titre d'adresse des Belges à l'armée de l'Empereur et Roi apostolique, du 27 mars 1793. Ci-joint un exemplaire.

Du 30 mars.

Il passe encore beaucoup de troupes autrichiennes à Mons dans la matinée. Vers neuf heures, arrive un trompette françois que l'on conduit les yeux bandés ; le public ignore le sujet de la mission ; on dit que les gardes nationales de Maubeuge ont arboré la cocarde blanche et se sont déclarés pour le parti du Roi, qu'ils envoyent demander du secours à l'armée autrichienne.

Vers deux heures après-midi, arrive un autre trompette dont on ignore pareillement la mission. Vers quatre heures, le prince de Saxe-Cobourg, général en chef de l'armée autrichienne, arrive à Mons et vient y fixer son quartier général à l'hôtel du grand bailliage. Le magistrat en corps va à sa rencontre, et le même cortège d'habitans de la ville que hier pour l'archiduc. Le Conseil ne va pas le complimenter ni en corps ni par députation, telle ayant été la résolution prise hier presqu'à l'unanimité.

On dit que Tournay est aussi évacué par les François, la nuit dernière.

Du 31 mars, jour de Pâques.

A 11 heures, grand'messe et *Te Deum* à Sainte-Waudru. Le Conseil y assiste en corps à sa place ordinaire. L'archiduc Charles et le prince Cobourg y assistent sur des priez-Dieu et fauteuils placés sur la même ligne en face de l'autel,

un peu du côté de l'Évangile. Les deux officiers principaux 1793
du chapitre vont les recevoir à la porte de l'église et les introduisent, l'archiduc marchant premier. Les dames chanoinesses s'avançent jusqu'à la porte du chœur. L'archiduc se place sur le priez-Dieu à gauche, mais le prince de Cobourg le prie avec instance et le fait passer sur celui de la droite. On donne l'Évangile à baiser à l'archiduc seul et on l'encense. J'ai remarqué qu'après qu'on l'eût encensé il fit un signe de la main d'encenser aussi le prince de Cobourg, mais ce signe ne fut pas aperçu par le prêtre, ou il fit semblant de ne l'avoir pas vu et se remit à sa place. Le soir, illumination par toute la ville pour la troisième fois.

Du premier avril.

Les échevins de Mons, à la réquisition des députés des États, font afficher une invitation aux habitans de la ville de fournir ou de prêter des marmites afin de pouvoir loger d'autant plustôt les soldats dans les cazernes ; ci-joint un exemplaire.

Les cavaliers et autres personnes distinguées de la ville, ayant souscrit pour donner une redoute à la salle des spectacles, avertissent le public par un avis imprimé, qu'il y aura ce même jour bal gratis à trois endroits afin que tout le monde puisse se divertir à l'occasion de l'archiduc Charles et de la rentrée des troupes de S. M.

Le soir, il y a concert bourgeois. L'archiduc et le prince y étant invités s'y rendent. A leur entrée dans la salle, des fanfares de trompettes et timballes ; on crie : *Vive l'Empereur, vive l'archiduc Charles, vive le prince de Saxe-Cobourg* ; on exécute différents morceaux analogues aux circonstances, entre autres on chante les couplets ci-joints qui ont fait l'effet le plus attendrissant. Il est à noter que deux des directeurs

1793 ont été recevoir l'archiduc à la porte de la salle avec des bougies allumées à la main dans des chandeliers de table, et qu'à sa sortie ils l'ont reconduit de même. Il y avoit deux fauteuils sur la même ligne placés sur un tapis, mais les princes sont restés de pied droit et par conséquent tous les hommes qui étoient dans la salle ; quant aux dames elles se sont assises après que l'archiduc les en eût fait prier.

Il est à remarquer sur le deuxième de ces couplets, qu'il s'y agit de la province du Hainaut où l'inauguration de François II avoit été faite et où l'état des choses n'avoit pas été changé depuis l'inauguration. *Secus* (1) en Brabant où l'inauguration n'avoit pas encore eu lieu, et où l'on avoit refusé les subsides pour cause de non-redressement des infractions faites à leur constitution relativement au Conseil de Brabant.

Voici un exemplaire d'autres couplets qui furent chantés à la redoute de la salle de spectacle par une actrice.

Du 2 avril.

Tandis que l'archiduc danse à la redoute du concert bourgeois, on vient lui faire rapport qu'on vient de ramener le ministre de la guerre Bournonville et les commissaires de la Convention Nationale que le général Dumouriez avoit fait arrêter et qu'il envoyoit au prince Cobourg. On dit que Dumouriez étant avec son armée au camp de Maulde, ayant été informé que des commissaires étoient en route pour le mettre en état d'arrestation et pour déférer le commandement de son armée à Bournonville, les avoit fait arrêter eux-mêmes, et les avoit fait conduire sous bonne escorte jusqu'aux premiers postes autrichiens. Ces citoyens soupent à la *Couronne Impériale* (ces briseurs des sceptres et des couronnes !) et ensuite ils sont transférés chez le sieur Defamilieureux qui a une

(1) *Autrement.*

grande maison et pas de famille, où ils sont gardés par un détachement de plus de cent hommes.

1793

Du 3 avril.

La nouvelle de l'arrestation des commissaires françois conduits hier soir à Mons cause une joie universelle. On dit qu'ils vont être conduits à Maestricht ; un détachement de hussards est commandé à cet effet pour quatre heures après-midi, mais l'un d'entre les prisonniers se trouvant indisposé, ils ont obtenu de ne partir que demain. On dit que Dumouriez et son armée ont d'abord arboré la cocarde blanche, qu'ils ont proclamé Louis XVII et qu'ils marchent ou vont marcher vers Paris pour le mettre sur le trône.

Voici la liste des arrêtés, telle que je la tiens d'un lieutenant-colonel de nos troupes :

Bournonville, ministre de la guerre et un aide de camp,
Camus,
Bancale,
Cunote ou Quinet, } députés de la Convention.
Lamarle ou Lamarque,
Deux secrétaires.

Du 4 avril.

Les commissaires françois et compagnie partent de Mons vers deux heures après-midi ; ils sont conduits vers Bruxelles, sous une escorte de dragons. L'aide de camp de Bournonville reste seul ici, à cause de son indisposition.

Du 5 avril.

On amène à Mons, sous escorte autrichienne, deux officiers françois de la garde nationale et plusieurs communs qui ont fait feu sur le général Dumouriez, et que celui-ci est parvenu, au moyen de ses troupes de ligne, de faire arrêter et les traduire aux Autrichiens.

Du 6 avril.

On transfère, le matin, vers Bruxelles les deux officiers et les soldats de la garde nationale qu'on a amenés à Mons hier. Dumouriez est arrivé à Mons la nuit dernière. Il paroît que son projet de marcher sur Paris est un coup manqué, par l'opposition d'une partie de son armée et qu'il a dû émigrer lui-même. On dit que quelques régiments françois sont passés avec lui vers les Autrichiens.

Je reçois une lettre de Bruxelles, contenant les détails de la réinstallation du Conseil de Brabant sur le pied constitutionnel. Je joins ici cette lettre. Je joins aussi le discours que le ministre a prononcé à cette occasion étant au Conseil. Cette pièce est authentique.

Du 7 avril, dimanche du Quasimodo.

C'est un beau spectacle de voir vers midi la grand'place couverte d'un monde innombrable, se promenant et formant des groupes mêlés de personnes de tous états: officiers militaires de divers régiments, ecclésiastiques, même des religieux, personnes du civil, causant tous ensemble avec gayeté, amitié et une véritable fraternité.

Les uns disent que Condé est au pouvoir des Autrichiens, les autres disent que non ; d'autres encore disent qu'il n'y a point encore de garnison autrichienne, mais que les officiers et soldats autrichiens y vont et y viennent à volonté ; que le commandant tient le parti de Dumouriez. Dans l'après-dînée, on dit que le commandant de Condé a aussi manqué son coup, que sa garnison lui a tourné le dos, qu'il a dû fuir ; on dit même qu'il est arrivé à Mons.

A six heures du soir, les sermens de Mons, c'est-à-dire les canonniers de Saint-Laurent et de Sainte-Christine, prennent la garde de la ville et relèvent la garde militaire parce que demain toute la garnison va marcher en avant. L'archiduc Charles prendra son quartier à Boussu. Le quartier-général de l'armée autrichienne ne partira pas encore demain.

Ma femme reçoit une autre lettre de Bruxelles concernant l'affaire de la réinstallation du Conseil de Brabant ; ci-joint cette lettre.

Du 8 avril.

Pendant la nuit et le matin, la garnison de Mons part et va en avant vers la France ; l'archiduc Charles part pour Boussu vers trois heures et demie après-midi. Le général Clerfayt est à Mons ; il commande en chef pendant l'absence du prince Cobourg qui est allé au congrès d'Anvers.

D'abord, après-midi on débite que les Autrichiens sont entrés à Maubeuge à sept heures du matin.

Dans l'après-dînée, les bourgeois enlèvent et mettent en prison plusieurs habitans de la ville, membres du ci-devant club de Jacobins, ou leurs partisans.

Vers huit heures du soir, passe à Mons un train de grosse artillerie, venant d'Allemagne et allant vers la France. Les conducteurs disent qu'on les a fait marcher nuit et jour, qu'ils ne devoient arriver que le 15 de ce mois.

Dans l'après-dînée, on voit paroître une adresse ou manifeste du général Dumouriez à la nation françoise, datée des bains de Saint-Amand, le 2 de ce mois, et une adresse ou manifeste du prince de Saxe-Cobourg y relative, datée de son

1793 quartier-général à Mons, le 5 de ce mois ; ces pièces remarquables ci-jointes. L'imprimeur Bocquet les donne gratis aux personnes notables.

Du 9 avril, fête de Sainte Waudru.

On fait à huit heures une procession particulière, selon le tour de celle de l'Ascension, en action de grâces du retour de l'ordre et de la rentrée des troupes de S. M. On porte à cette procession la châsse de Sainte Waudru, dans l'état de mutilation où elle a été mise durant le séjour des François, et on y porte le Chef du Corps Saint, enveloppé dans une étoffe de soie, posé sur un coussin, sous une cloche de verre comme on met les pendules de cheminée précieuses. On sait que les sacrilèges pilleurs d'églises, appuyés des forces françoises, ont emporté le riche reliquaire du Chef, et qu'on n'a pu sauver de leurs mains que les ossemens, encore avec peine. La vue de ces objets fait une grande sensation sur le peuple. La procession est fort édifiante ; on y porte le Saint Sacrement ; il y a un nombre infini de flambeaux. Le magistrat y assiste encore. Le Conseil n'y assiste pas : on ne lui en a pas fait la proposition.

De grand matin, des bourgeois armés ont été enlever de sa maison l'avocat Hamalt, ci-devant pensionnaire de la ville de Mons, suspect de jacobinisme et d'avoir donné secrètement des instructions ou des directions à ceux du club et autres dans le sens du système françois. On s'étoit déjà présenté hier soir pour le prendre, mais il s'étoit revangé à coup de couteau et même de pistolet dont l'un des assaillans fut grièvement blessé. L'avocat Hamalt est conduit au châtel.

Du 10 avril.

L'avocat Hamalt expose, par requête présentée en la Cour

qu'il a été arrêté hier par une troupe de gens armés sans décret ni prôvision de justice ; il conclut à ce qu'en décrétant son élargissement, il soit ordonné que le geôlier ne pourra mettre empêchement à sa sortie. La Cour ordonne de communiquer au cépier pour s'y déclarer dans la séance de relevée de ce jour, joignant à sa déclaration extrait de son registre concernant la personne du suppliant. Dans la séance de relevée, le cépier fournit sa déclaration, et il y joint extrait de son registre contenant que le ci-devant pensionnaire Hamalt y a été amené par des volontaires, sans mention d'aucun décret ni provision de justice. Sur la revue de sa requête avec la dite déclaration et pièce jointe, la Cour porte un arrêt qui ordonne que le dit Hamalt sera promptement élargi ; de quoi le cépier sera signifié pour s'y conformer.

On a su, à cette occasion, que l'avocat Hamalt avoit été lui-même sérieusement blessé en se revangeant contre ceux qui venoient pour l'enlever.

Pour prévenir, ou plustôt pour arrêter semblables enlèvemens privés, la Cour a porté, dans la même séance, un arrêt dont voici un exemplaire, et dont la tournure doit être admirée pour ménager l'opinion publique.

Du 11 avril.

Étant à l'hôtel de ville à cause du recours de la ferme du chaussiage de Bertaimont, les échevins me disent qu'ils ont trouvé un gros paquet d'exemplaires délaissés par les administrateurs provisoires en fuyant lors de l'évacuation des François, d'une lettre circulaire du directeur général de la fabrication des assignats, qui prouve que nous étions à la veille d'avoir des assignats dans ce pays. Voici un de ces exemplaires.

1793   On voit paroître une deuxième adresse du ci-devant général Dumouriez à la nation françoise, dont un exemplaire ci-joint. *Vide* supra, page 201.

Idem, on voit paroître une deuxième déclaration du prince de Cobourg, en date du 9 de ce mois, relative à sa première, ou plustôt révocatoire de celle du 5. Voici un exemplaire de cette deuxième déclaration.

Du 14 avril.

Je reçois une lettre de Bruxelles qui me marque que le magistrat de la dite ville a été changé hier et qu'il n'est resté aucun des anciens membres : que tous les nouveaux sont des gens agréables au public qui se proposoit d'en marquer sa joie par des illuminations.

La même lettre contient qu'aujourd'hui dimanche il y auroit une procession solemnelle pour aller rechercher le Saint Sacrement de Miracle au Grand Béguinage où il avoit été caché pour le mettre à l'abri des profanations.

Du 15 avril.

La Cour, sur réquisitoire du conseiller-avocat de S. M., porte une ordonnance qui interdit toutes assemblées de personnes qui étoient membres de la soi-disant Société des amis de la liberté et de l'égalité ou *Club des Jacobins*. Voici un exemplaire.

On vend publiquement un imprimé contenant patentes de l'archiduc Charles, comme gouverneur général des Pays-Bas, quoique ce prince n'en ait pas encore déployé le caractère. Voici un exemplaire.

Du 16 avril.

Le ministre comte de Metternich arrive à Mons à huit heures du soir : c'est pour la troisième fois que les deputés des États et le magistrat de Mons sortent de la ville pour aller à sa rencontre. Les volontaires sont aussi sur pied, précédés de la belle musique turque. Les applaudissemens et acclamations sont très vives. Le peuple crie : *Vive l'Empereur, vive S. A. R., vive le ministre.* Le comte de Metternich mettant la tête à la portière dit : *Vive la constitution.*

Du 20 avril.

Les échevins de Mons font afficher une disposition par eux faite hier, relativement aux assemblées des Jacobins, à peu près à l'instar de celle de la Cour, du 15. Ci-joint un exemplaire de la disposition des échevins.

Du 23 avril.

Je reçois de Bruxelles la liste ci-jointe qui y a été affichée hier soir sur les coins de rue, et d'abord vendue publiquement, mais ensuite arrachée vers onze heures.

Du 25 avril.

La Cour reçoit officiellement, par une dépêche du ministre comte de Metternich, les patentes de l'archiduc Charles pour le gouvernement général des Pays-Bas ; elles sont conformes à l'imprimé répandu depuis le 15 de ce mois. Il y avoit dans le paquet une lettre signée de l'Empereur même, directement adressée au Conseil de Hainaut.

Les chambres assemblées, on conclut d'envoyer une députation pour complimenter l'archiduc, composée de cinq membres, MM. le Président, l'ancien Conseiller ecclésiastique, l'ancien Chevalier de Cour et les deux anciens Conseillers de robe longue après M. Delecourt qui s'est excusé; au surplus, d'écrire une lettre de remercîment directement à l'Empereur et que les députés étant à Bruxelles prieroient le ministre de faire parvenir cette lettre à S. M.

S'ensuit la lettre de l'Empereur au Conseil :

« L'EMPEREUR ET ROI,

» TRÈS CHER, CHERS ET FÉAUX,

» Comme nous n'avons rien tant à cœur que le plus grand
» bien et avantage de nos bons et fidèles vassaux et sujets en
» général et de ceux de nos Provinces Belgiques en particulier,
» vous trouverez une nouvelle preuve éclatante de nos
» soins paternels dans la résolution que nous avons prise de
» nommer, comme nous avons déjà en effet nommé, notre très
» cher et très aimé frère l'Archiduc Charles-Louis d'Autriche,
» gouverneur et capitaine général des Pays-Bas, à la place de
» Leurs Altesses Royales notre chère et très aimée bonne tante
» et sœur, l'archiduchesse Marie-Christine d'Autriche et notre
» très cher et très aimé oncle et cousin le duc Albert de Saxe-
» Teschen.

» En vous donnant part de cette nomination, nous vous
» ordonnons en même tems, tant en général qu'en particulier,
» de le reconnoître en cette qualité, par le respect et l'obéis-
» sance que vous devez à ceux qui représentent notre per-
» sonne royale.

» A tant, très cher, chers et féaux, Dieu vous ait en sa
» sainte garde.

» De Vienne, le 17 mars 1793.

(Paraphé :) TRAUTT, v^t », (signé :) FRANÇOIS. »

(Plus bas :) « Par l'Empereur et Roi », (signé :) » A. G. Delederer.

La superscription : « A nos très cher, chers et féaux les » Président et gens du Conseil provincial de Hainaut. »

Recepta le 25 avril 1793.

Dans le même tems, les États ont aussi reçu une lettre de l'Empereur, datée du même jour 17 mars, que les États ont fait imprimer et dont voici un exemplaire.

Du 26 avril.

On vend dans les rues une lettre de l'Empereur, du 18 mars, que les États ont fait imprimer et dont voici un exemplaire concernant la manière dont l'archiduc devra se conduire dans le gouvernement général des Pays-Bas.

Du .. mai.

Les échevins de Mons reçoivent une dépêche du gouvernement qui leur interdit par provision de conférer les places qui seroient vacantes à leur collation. Voici cette dépêche qui est fort intéressante par sa tournure et qui a fait plaisir aux honnêtes gens.

« Messieurs,

» Comme il a été adressé à S. A. R. le sérénissime gouver-
» neur général des plaintes sur le changement introduit
» pendant l'année 1788 dans la manière de voter au magistrat
» de Mons, pour la collation des emplois à sa disposition,
» changement dont il résulte, entre autres, l'abolition du scrutin,
» je vous fais la présente pour vous dire, Messieurs, que le
» sérénissime prince voulant se faire rendre compte de l'état

1793 » actuel des choses, c'est son intention que vous lui adres-
» siez un rapport où vous expliquiez quel étoit sur cette
» matière l'usage suivi avant 1788, et auquel vous joigniez
» copie authentique de la dépêche qui l'a changé, les archives
» du gouvernement général n'étant pas encore rendues à leurs
» dépôts respectifs ; et c'est aussi l'intention de S. A. R. que
» jusqu'à ce que, sur votre rapport, elle vous ait fait connaître
» sa résolution, vous vous absteniez de conférer aucune des
» places qui seroient à votre disposition ou collation.
» Je suis avec une parfaite considération,
  » Messieurs,
» Votre très humble et très obéissant serviteur,
(Signé :) » METTERNICH WINEBOURG.
» Bruxelles, le 2 mai 1793.
» A Messieurs du magistrat de Mons. »

Du 6 mai.

La Cour porte l'ordonnance qui s'ensuit, concernant les avocats, les employés et suppôts de la Cour, qui avoient accepté des emplois ou avoient été des clubs des jacobins durant l'invasion et le séjour des François.

« Du 6 mai.
« La Cour, adhérant à ses résolutions antérieures et les
» réitérant en tant que besoin est, déclare que les avocats,
» les employés et suppôts de la Cour qui, pendant l'invasion
» et le séjour des François en ce pays, ont accepté quelques
» fonctions, commissions ou emplois, ou qui ont fait partie et
» se sont fait recevoir membres des clubs ou prétendues
» sociétés des amis de la liberté et de l'égalité, ne pourront
» reprendre l'excercice de leurs fonctions, jusqu'à ce que, leur
» représentation vue, ils aient été admis à réitérer le serment

» requis et pertinent à leur état, en abjurant celui qu'ils
» peuvent avoir prêté à cause des emplois, fonctions, ou de
» leur admission aux clubs. Et sera la présente affichée au
» greffe pour l'information de qui il appartient ».
« (Paraphé :) Gom. vt. »

Du dimanche, 12 mai.

Te Deum à sainte-Waudru pour l'heureuse délivrance de l'impératrice et pour la naissance d'un archiduc héritier présomptif du trône. Les volontaires sont sous les armes avec leur grande musique, dans l'enclos du chapitre, et y font les décharges d'usage. Ils tirent très bien. Il y a beaucoup de monde à cette cérémonie et on y prie de bon cœur. Le cœur n'est plus en contradiction avec les lèvres, comme il est arrivé plus d'une fois sous le règne de Joseph II et notamment pendant sa guerre avec les Turcs. Le soir, illuminations : les Conseillers mettent pour la première fois de gros lampions au lieu de falots sur les caisses.

On lit, au prône des paroisses, la lettre pastorale de monseigneur l'Archevêque de Cambrai, du 4 de ce mois, ci-jointe.

Du 21 mai, mardi de la Pentecôte.

La Cour s'assemble pendant les vacances au sujet de la réception d'une déclaration du gouvernement portant amnistie en faveur des Béthunistes. On en ordonne la publication ; voici un des exemplaires envoyés de Bruxelles. Il est à remarquer que la dénomination de *Béthunistes* vient de Chavrot de Béthune, seigneur françois, sous qui se sont faits les premiers rassemblemens des mécontens brabançons sur le territoire françois, en 1792.

1793 RÉPONSE DU GOUVERNEMENT A LA REPRÉSENTATION FAITE PAR LES ÉCHEVINS DE MONS, EN CONSÉQUENCE DE LA DÉPÊCHE DU 2 DE CE MOIS RELATIVE A LA COLLATION DES EMPLOIS.

« CHARLES-LOUIS, ARCHIDUC D'AUTRICHE, ETC.

» CHERS ET BIEN AMÉS,

» Nous étant fait rendre compte de votre représentation
» du 6 de ce mois en réponse à notre dépêche du 2 relative
» à l'usage établi dans votre administration, avant 1788, pour
» la collation des emplois et portant aussi interdiction provi-
» sionnelle de disposer des emplois actuellement vacants
» avant que vous n'ayez reçu notre détermination, nous vous
» faisons la présente pour vous dire que nous faisons examiner
» le premier point, et que nous vous y ferons connoître ensuite
» notre résolution. Quant à l'interdiction provisionnelle dont
» vous désirez la levée, nous nous réservons d'y disposer,
» lorsque nous nous serons décidés sur le premier point
» susdit, et nous trouvons d'autant moins d'inconvénient à ce
» que cette interdiction subsiste, que les employés qu'il
» s'agiroit de nommer maintenant, n'entreront point de sitôt
» en fonctions.

» A tant, chers et bien amés, Dieu vous ait en sa sainte-
» garde.

(Paraphé :) » LEC. V^t. (Signé :) » CHARLES LOUIS.
» Par ordonnance de son Altesse Royale.
(Signé :) » P.-J. LORTYE.
» Bruxelles, le 13 mai 1793. »

Du 31 mai.

Je joins ici une pièce qui m'est parvenue aujourd'hui et qui n'a été imprimée que depuis l'évacuation des François.

C'est une dépêche de l'Empereur à l'Archiduchesse Marie-Christine, alors gouvernante des Pays-Bas, en date du 1er juillet 1792, qui est restée sans publicité et sans effets, par les efforts des mauvais membres du Conseil de Flandre et par les mauvaises intentions du gouvernement d'alors. Cette pièce tient à l'histoire du tems ; elle fait voir l'excès de la haine de l'archiduchesse contre les braves Belges qui étoient restés attachés à la constitution.

1793

J'ai reçu postérieurement, dans une lettre de Bruxelles du 4 juin 1793, des détails concernant cette dépêche, et par quels manèges elle est restée sans effet dans le tems. Je joins ici la lettre à la dépêche.

Du 3 juin.

On publie une ordonnance de l'Empereur, du 16 mai, portant amnistie en faveur des déserteurs des troupes de S. M. ou plus tôt confirmant et expliquant les proclamations déjà faites les premier et 22 avril, par le général prince de Saxe Cobourg.

Du 5 juin.

La Cour porte un troisième appointement sur la plainte d'excès de l'avocat Sirault, ou si l'on veut de sa femme : le dit appointement ordonnant aux échevins de Mons de faire être sur le bureau de la Cour le décret de prise de corps décerné contre ledit avocat Sirault, avec ce qui a précédé et suivi, dans le terme de trois jours, à peine de contrainte. *Nota* que les échevins de Mons ayant en 1791 obtenu une surséance du gouvernement qui empêchoit la cour de prendre connaissance de cette plainte d'excès, cette surséance venoit d'être levée provisoirement sans préjudice au conflit de jurisdiction.

Du 10 juin.

1793   L'avocat Sirault, en exécution de l'appointement du 5 mentionné ci-dessus, fait contraindre sept échevins par gardes *ad factum*, et quelques uns d'entre eux au corps. Les échevins Dubois et Griez sont conduits au château, l'échevin Famillieureux trouve le moyen d'évader tandis que l'huissier et les gardes étoient dans sa maison.

Du 13 juin.

Une députation du Conseil composée de M. le Président, l'avocat de S. M., Paridaens et Raoux, part pour Bruxelles en suite d'une dépêche de S. A. R., reçue ledit jour, notifiant que son intention étoit que cette députation se rendît chez le ministre le 14, à dix heures du matin.

Nota. La dépêche n'énonçoit pas la cause, mais on s'est bien imaginé que c'étoit pour l'affaire de l'avocat Sirault.

Du 14 juin.

Étant à Bruxelles, nous nous rendons à l'audience du comte de Metternich, ministre plénipotentiaire de S. M. Il nous reçoit très courtoisement. Il dit que c'est au sujet de l'affaire de l'avocat Sirault, qu'il ne doute pas que nous soyons restés dans le cercle de la loi, que l'intention de S.M. n'est point d'entraver jamais la marche de la loi, mais qu'il a désiré d'avoir une communication avec nous pour aviser aux moyens d'arranger cette affaire avec le moindre éclat possible. Il comprend aisément la différence qu'il y a entre un décret de prise de corps et une contrainte au corps ; ce qu'on avoit voulu, semble-il confondre dans son esprit, pour obtenir un décret de surséance. Il comprend aussi très bien que le juge ne peut pas empêcher la partie d'exécuter les arrêts ou décrets de justice

décernés à sa demande, mais que la partie seule a le pouvoir 1793
de modérer son droit. Il nous fait entendre qu'il fera parler
indirectement à l'avocat Sirault. Nous apprenons le lendemain
15 en dînant, à notre retour à Hal, que les échevins de Mons
ont servi une espèce d'avertissement avec pièces, d'après quoi
l'avocat Sirault a fait cesser toute contrainte et au corps et aux
biens. C'est l'échevin Defamilieureux qui nous apprend cette
nouvelle, se trouvant aussi à dîner à l'Étoile d'or, à Hal.

Du 18 juin.

La Cour porte un arrêt définitif dans l'affaire de l'avocat
Sirault, arrêt très remarquable en ce qu'il dispose sur un
décret de prise de corps dont le juge n'a vu les actes : c'est
ce qui faisoit la difficulté. Voici cet arrêt. « Revu la plainte
» d'excès d'Henriette Tondeur, femme de l'avocat Sirault, du
» 17 août 1791, concernant le décret de prise de corps porté
» par les échevins de Mons, et exécuté à la charge dudit
» avocat Sirault le 13 dudit mois d'août, avec l'avertissement
» des échevins de Mons du 14 juin 1793 et pièces y jointes
» fournies ensuite du troisième appointement rendu le cinq
» du même mois sur la dite plainte d'excès, ordonnant aux
» dits échevins d'apporter sur le bureau de la Cour le décret
» de prise de corps dont s'agit avec ce qui a précédé et suivi
» dans le terme de trois jours, à peine de contrainte, ensemble
» le placet de l'avocat Sirault du 17 du dit mois de juin ; eu
» recours à la copie retenue d'office de la représentation des
» dits échevins de Mons, faite à S. M. le 20 août 1791,
» envoyée à l'avis de cette Cour par dépêche du 24 ensui-
» vant; eu recours encore à la requête des échevins Dubois et
» Griez du 11 juin 1793, demandant la levée de la contrainte
» au corps pratiquée à leur charge sur pied de la dite ordon-
» nance de la Cour du 5, et au procès-verbal de comparution,

1793 » tenu en conséquence le 12 dudit mois ; eu recours enfin à
» l'écrit envoyé en la Cour par les Échevins de Mons le
» 10 du même mois de juin ; tout considéré :
» Conclu, eu égard à la perte de la farde du décret de
» prise de corps dont il s'agit alléguée par les échevins de
» Mons et à leur offre de s'expliquer par serment à cet égard,
» de quoi ledit Sirault les a dispensés en son placet du
» 17 juin 1793 ; tenant ledit décret n'avoir été porté pour
» autres faits que ceux exposés par lesdits échevins en leur
» représentation à S. M. et contenus en la copie du rapport
» de la commission de police du 13 août 1791, par eux
» déclarée écrite de la main d'un official du greffe de police et
» trouvée au bureau du pensionnaire Vigneron jointe sous la
» côte C. à leur avertissement du 14 de ce mois, le tout
» relatif à l'exposé de la plainte d'excès non contredit ; et
» faisant droit d'après les dites pièces, de déclarer n'y avoir
» eu cause ni matière au décret de prise de corps dont est
» plainte : abolir et mettre à néant ledit décret ainsi que tous
» autres actes de la procédure criminelle commencée à la
» charge dudit Sirault ; ordonner que son écrou sera rayé et
» biffé par le greffier de la Cour en présence du conseiller
» rapporteur, avec note du présent arrêt ; ordonner au cépier
» des prisons de la conciergerie de cette ville, et à tous autres
» à qui il peut appartenir, d'apporter à cette fin le registre
» d'écrou au greffe de la Cour dans les vingt-quatre heures
» de la signification, à peine de contrainte.
» Les dépens à la charge des dits échevins : ledit Sirault,
» entier de se pourvoir en dommages et intérêts ainsi et contre
» qui il trouvera convenir, s'il s'y croit fondé. »

Du 24 juin, jour de la Saint-Jean-Baptiste.

Installation du nouveau magistrat. La cérémonie s'en fait à Saint-Germain, avec les formalités ordinaires. Le public est si content du choix, qu'on voit sa satisfaction peinte sur tous les visages. Il y a un détachement considérable de volontaires sous les armes qui font trois décharges devant l'église pendant la prestation des serments et accompagnent avec leur grande musique les nouveaux échevins dans leur marche. On tire aussi des cambres. Le soir, la ville est illuminée, on carillonne et on sonne les cloches. Les Conseillers n'illuminent pas, ce qui a ainsi été convenu par communication des chambres, pour ne pas avoir l'air de sortir de l'indifférence dans laquelle il convient à une Cour supérieure de justice de se maintenir, surtout immédiatement après un procès jugé contre l'ancien magistrat, et peut-être encore à la veille d'autres procès.

Voici en général la cérémonie de l'installation de nouveaux échevins de Mons. Le nouveau magistrat se rend collégialement en robe à Saint-Germain, vers 11 heures, où ils se placent sur des chaises à côté de l'Évangile, au bas de la marche du sanctuaire. A onze heures, après la séance ordinaire, la Cour en corps se rend en voitures à Saint-Germain, où ses membres se placent du côté de l'Épître, aussi sur des chaises, sauf le Président qui a un priez-Dieu et un fauteuil sur la marche du sanctuaire immédiatement à la tête de sa compagnie qui reste au bas de la marche. On y dit une messe basse, après laquelle le Président monte à l'autel au coin de l'Épître en se tournant de côté, le greffier de la Cour près de lui à sa gauche, sur la marche de l'autel. Le greffier du chef-lieu s'avance aussi et se met encore à la gauche du greffier de la Cour. Les échevins s'avancent l'un après l'autre suivant leur rang, se mettent à genoux sur un canapé placé à ce coin de l'autel, le greffier de la Cour monte au niveau du Président, lit le serment et le Président le reçoit, le candidat ayant la main droite sur l'Évangile ouvert ; ensuite le greffier de la Cour se

1793 remet en place, celui du chef-lieu monte et lit la formule de l'autre serment.

Après tous les échevins, vient le premier du conseil de ville, qui prête le serment pour lui et pour tous les autres membres du conseil de ville.

Cela fait, le conseil se retire, monte en voiture et le nouveau corps de magistrat retourne en cérémonie à l'hôtel de ville, prenant par la rue de la Chaussée.

Du 28 juin.

On voit paroître l'importante déclaration de S. M. du 24 de ce mois, concernant l'université de Louvain, par laquelle cette université, établie à perpétuité dans la ville de Louvain, est reconnue et déclarée corps brabançon, etc. Voici un exemplaire.

Du 10 juillet.

On m'apporte, de la part de MM. les magistrats, un exemplaire d'affiche déjà mise antérieurement, pour inviter tous les habitans de cette ville, à se prêter à loger des officiers des troupes de S. M. et des puissances alliées pendant la presse momentanée, etc. Voici cet exemplaire.

Du 11 juillet.

A cinq heures et demie du matin, le carillon et la grosse cloche du château annoncent que la ville de Condé s'est rendue par capitulation aux troupes autrichiennes qui la tenoient bloquée.

Du 15 juillet.

On colporte dans les rues la relation de l'entrée des Autrichiens à Condé, avec la proclamation y faite par le prince de Saxe Cobourg, général en chef de l'armée autrichienne.

Du 16 juillet.

Arrive à Mons une partie de la garnison françoise de Condé, faite prisonnière de guerre à la reddition de cette ville.

1793

Dans l'après-dinée, il se répand un bruit qu'à Valenciennes on a arboré le drapeau et qu'on est occupé à capituler : en effet on n'entend plus tirer. La canonade recommence vers neuf heures du soir ; elle est plus vive que jamais : il est vrai que le drapeau blanc a été arboré, mais c'étoit pour faciliter la sortie d'une dame enceinte, pour qui le commandant de Valenciennes avoit demandé au prince de Cobourg la permission de se retirer, ce qui lui fut accordé.

Du 23 juillet.

On voit paroître une espèce de placard de la soi-disant jointe, établie pour l'administration provisoire du pays conquis, datée de Condé, le 20 de ce mois ; ci-joint un exemplaire [1].

Du 25 juillet.

La Cour s'assemble, les trois chambres réunies, pour adopter un projet de règlement fait par trois de ses membres, en suite de représentation des députés des États relativement aux charriages et pionnages pour le service de l'armée. On convient des changemens à faire audit projet, et parmi ce il est adopté.

On met aussi en délibération s'il ne convient pas que la Cour fasse quelques démarches pour appuyer les représentations que les députés des États ont déjà commencé à faire au gouvernement touchant l'indivisibilité du pays de Hainaut à laquelle il est porté atteinte par le placard de la soi disant jointe établie par l'administration provisoire du pays conquis

[1] Voir page 219.

1793 mentionnée article précédent, et la résolution est de faire aussi une représentation énergique sur ce point. M. le Président nomme deux commissaires pour la composer et la Cour s'ajourne à jeudi premier août pour la voir.

Du 27 juillet.

On colporte dans les rues le bulletin ci-joint du jeu des mines devant Valenciennes et en même tems la nouvelle de a prise de la ville de Mayence.

Du dimanche 28 juillet.

Vers deux heures et demie après-midi, arrive la nouvelle que Valenciennes est rendu et la garnison faite prisonnière de guerre. Le carillon et la grosse cloche du château annoncent d'abord cette nouvelle importante à toute la ville.

Le soir, illumination et la grande musique turque se fait entendre dans les rues.

Du 29 juillet.

On colporte le bulletin de la prise de Valenciennes ci-joint.

Du premier août.

On colporte la capitulation de Valenciennes, voici un exemplaire. Il est parti une infinité de personnes de Mons pour la voir exécuter.

Les trois chambres de la Cour s'assemblent et arrêtent une représentation à faire, suivant le projet à S. A. R., pour l'unité et l'indivisibilité du pays de Hainaut, c'est-à-dire afin que la partie que S. M. vient de recouvrer et de reconquérir sur la France, ne soit pas tenue en pays séparé d'avec la masse du comté de Hainaut, comme l'annonçoit l'espèce de proclamation datée de Condé, le 20 juillet 1793. On arrete au surplus que cette représentation sera portée à S. A. R. l'archiduc gouverneur général des Pays-Bas, par deux députés de la Cour, qui sont nommés dans la même séance, et qui en remettront copie au ministre avec prière de l'appuyer. Voici cette représentation.

1793

MONSEIGNEUR,

« Les armées victorieuses de S. M. font rentrer sous sa
» domination des contrées qui en avoient été détachées par la
» force ; les suites sont rapides et nous font espérer que tout
» le pays de Hainaut ne tardera pas à être soumis à son sou-
» verain légitime.
» S. M. reprend ainsi le patrimoine de ses augustes
» ancêtres ; les droits qu'ils ont transmis étoient inaliénables et
» imprescriptibles, ils sont encore aujourd'hui dans toute leur
» force et vigueur comme ils l'étoient du commencement du
» règne de Philippe IV avant la malheureuse époque du pre-
» mier démembrement du comté. C'est une vérité qui tient
» aux premiers principes de notre droit public.
» Que ce soit sur le chef de S. M. que ce droit a été trans-
» mis, on ne peut en douter d'après les manifestes qui ont été
» publiés lors des guerres terminées par les traités d'Aix-la-
» Chapelle de 1668 et d'Utrecht de 1713, de la part des Cours
» de Madrid et de Vienne respectivement. Le même principe
» de droit public prouve incontestablement que les privilèges
» et constitutions, dont l'exercice n'avoit été suspendu que par
» la force, doivent reprendre toute leur énergie du moment
» que ce pays revient à son ancien souverain : les loix qui
» tiennent à la constitution primitive du pays ne s'effacent
» jamais et quelle que soit la durée de l'occupation par un prince

» étranger, elles reprennent leur première vigueur dès que
» l'empêchement de fait vient à cesser. Entre ces loix fonda-
» mentales, il en est une principalement qui tient à la félicité
» publique et à la prospérité de la maison régnante, c'est celle
» de l'indivisibilité de la province. Plusieurs de nos souverains
» et en dernier lieu Charles VI, en ont fait un point de prag-
» matique sanction.

« Les états, de leur côté, y ont de tous tems attaché la plus
» grande importance ; le serment que S. M. leur a prêté à son
» inauguration et qui est toujours le même qu'ils reçoivent
» des comtes de Hainaut, il y a trois cents ans et plus,
» prouve bien que l'indivisibilité de la province est une des
» loix les plus inviolables.

« S, M. jure de *garder et maintenir à droit les franchises,*
» *privilèges et usages des églises, nobles et bonnes villes et*
» *généralement de tout le pays de Hainaut, que S. M. tiendra*
» *la Cour ouverte pour à chacun faire avoir raison et justice.....*
» *et faire en outre que les Seigneuries et Pays de Hainaut, Hol-*
» *lande et Zélande ne seront départis ni déseurés l'un de*
» *l'autre.* Il est une partie de ce serment qui depuis longtemps
» ne peut plus être qu'éventuelle ; le soin des états de le
» conserver dans toute son intégrité est l'effet de leur pré-
» voyance. Si Sa Majesté reprenoit la Hollande et la Zélande,
» elle ne pourroit pas souffrir la désunion de ces pays, comme
» en suite du serment, et à bien plus forte raison elle ne peut
» pas faire tracer dans la même province une ligne de démar-
» cation, en tenir deux parties à deux titres différents : d'un
» côté être comte de Hainaut par droit de succession et de
» l'autre, par droit de conquête.

« Les augustes prédécesseurs de S. M. étoient convaincus de
» la vérité de ces maximes. Il est de notoriété que le Hainaut
» a été souvent le théâtre de la guerre. Des princes voisins en

» ont en différents tems conquis des parties, les comtes de 1793
» Hainaut les ont successivement perdues et reprises, mais
» jamais ils n'ont changé le titre de leur possession. Sous le
» règne des archiducs Albert et Isabelle, et dans les premières
» années de Philippe IV, la province étoit encore réunie et avec
» tous ses droits et privilèges, comme elle l'étoit dans des tems
» très reculés.

« Il semble d'ailleurs qu'il est de l'intérêt des princes à se
» tenir à leur droit primitif ; présenter un titre de conquête,
» c'est annoncer qu'on n'en a pas d'autre, c'est s'exposer à
» des droits de représailles de la part de l'ennemi et à diffé-
» rents inconvénients que l'héritier n'a pas à craindre. Dans le
» cas, ce seroit d'ailleurs contrarier ce qui a été si vivement
» soutenu contre la France, lors de l'ouverture des successions
» de Philippe IV et de Charles II.

« Cependant, malgré toutes ces considérations, on vient de
» faire paroître un imprimé daté de Condé le 20 juin 1793,
» sous le nom d'une jointe établie pour l'administration pro-
» visoire du pays conquis, qui statue, au mépris de nos loix
» et constitutions, sur des objets de justice, police, adminis-
» tration et autres, et va jusqu'à déclarer, sous le ressort
» incontestable de cette Cour souveraine, qu'on « *suivra pour*
» *les appels des jugements de première instance, l'ordre des*
» *juridictions qui étoient établies à cette époque (au commen-*
» *cement de 1789) et dans le cas où suivant cet ordre l'appel*
» *se portoit à un tribunal supérieur siégeant dans un lieu*
» *soumis encore à la France, les fantaux resteront suspendus*
» *jusqu'à ce qu'il y ait un tribunal d'appel désigné sous la*
» *domination de S. M.* ».

« Cette proclamation qui éléveroit un mur de séparation
» entre les parties de la province dont la réunion s'est opérée
» de droit, et qui suspend les fonctions de cette Cour sur la

1793 » partie réunie, est une atteinte à nos loix constitutionnelles.
» Jamais la juridiction de ce Conseil n'a eu d'autres bornes
» que celle de la domination du comté de Hainaut : les anciens
» monumens de cette province et entre autres nos premières
» chartes de l'an 1200, comme les dernières de 1619, en font
» foi. C'est d'ailleurs un des points du serment inaugural :
» *Sa Majesté gardera et défendra les pairs et hommes de la*
» *souveraine Cour à Mons, et tous ceux de ce pays de Hainaut ;*
» *elle gardera et maintiendra par la loi et jugement des pairs et*
» *des hommes de fiefs d'icelle Cour, et par les points contenus*
» *es chartes, faisant mention de la loi, et de la paix dudit*
» *pays, en tout cas accoutumé de juger par la loi,* SANS LES
» DÉSAPOINTER NI METTRE A AUTRE LOI NI CONDITION ; QUE S. M.
» TIENDRA LA COUR OUVERTE POUR CHACUN AVOIR RAISON ET
» JUSTICE.

« La juridiction de ce Conseil, qui a toujours eu la même
» étendue que la domination du comte, a aussi éprouvé les
» mêmes variations pendant les tems de guerre. Le dernier
» siècle en offre des exemples multipliés ; nous observons
» entre autres que les villes et canton de Hainaut cédés à
» Louis XIIII par le traité d'Aix-la-Chapelle de 1668, et restitués
» à la maison d'Autriche par celui de Nimègue de 1678, sont,
» comme de droit, rentrés sans difficultés sous la juridiction
» de cette Cour.

« Nous croyons devoir aussi observer que quelques unes des
» douze payries du comté, ainsi que grand nombre de villages
» qui relèvent de la Cour féodale à Mons, sont situés dans la
» partie du Hainaut ci-devant occupée par la France. Les
» possesseurs de ces fiefs convoqués en la dite Cour par le
» comte de Hainaut ou son grand Bailly, pour la renforcer ou
» pour tout autre service féodal, sont tenus de s'y rendre, sous
» les peines portées par nos chartes ; les reliefs doivent être

" faits par devant la même Cour, les droits de lods et ventes, 1793
" les rentes seigneuriales ne sont dues qu'à cause du tènement
" de la même Cour, etc. Ces observations rappellent mille
" inconvéniens qui en résulteroient si le pays restoit désuni.

« Outre les motifs qui concernent directement l'utilité publi-
" que, il en est un bien pressant dans l'ordre de la justice :
" c'est le droit des habitans de Hainaut, qui ont le bonheur
" de rentrer sous la domination de S. M., de trouver la Cour à
" Mons ouverte pour chacun y avoir raison et justice. Nous
" croyons qu'il est de notre devoir de la leur rendre, et que
" nous ne pourrons pas la leur refuser quand ils s'adresseront
" à nous à cet effet.

" Toutes ces considérations nous font recourir à la justice de
" Votre Altesse Royale la suppliant de déclarer que les parties
" du pays et comté de Hainaut nouvellement recouvrées et
" celles à recouvrer par les armes victorieuses de S. M., sont
" et doivent être réunies et incorporées à la masse dudit pays
" et comté : en conséquence, que la juridiction de cette Cour
" s'étend et doit s'étendre sur toutes les dites parties selon les
" règles établies par les chartes du pays.

" Nous sommes, " etc.

Du dimanche 4 août.

Te Deum solemnel à Sainte-Waudru, en suite de dépêche reçue hier de S. A. R. Un détachement de volontaires fait les décharges d'usage. Le soir, l'hôtel de ville, la tour du château et toute la ville est illuminée ; la nuit bal à la salle du concert.

Soit mémoire qu'à ce *Te Deum* ni à celui précédent, les échevins de Mons n'ont plus eu de tapis sur leurs bancs à Sainte-Waudru, comme leurs prédécesseurs l'avoient obtenu

1793 par une nouveauté sous le gouvernement de l'archiduchesse Marie-Christine et de son époux.

Du 10 août.

La Cour s'assemble pendant vacances pour entendre le rapport des deux de ses membres, MM. Sébille et Gobart, qui ont été députés vers S. A. R. et vers le ministre, pour leur remettre la représentation transcrite ci-dessus, concernant l'indivisibilité du pays de Hainaut.

Ils disent qu'ils ont été très bien accueillis, et que le gouvernement a paru convenir de nos principes, mais que le moment n'étoit pas venu pour y disposer, qu'il falloit que le sort des armes fut fixé encore davantage; que d'ailleurs ce seroit S. M. elle-même qui disposeroit à cet égard. Ils disent qu'ils n'ont guère rencontré d'objections que relativement au Grand-Conseil à Malines, pour ce qui regarde Valenciennes : que M. Fierland, ci-devant Président du Grand-Conseil, et à présent chef et Président du Conseil-Privé, les avoit beaucoup entretenus sur ce point, prétendant que le Grand-Conseil avoit grand nombre d'actes de possession de jurisdiction sur Valenciennes et sa banlieue ; en conséquence, on a résolu de faire un mémoire additionnel à la première représentation, mais à l'égard de Valenciennes seulement, ayant été observé qu'on avoit beau jeu pour combattre le Conseil de Malines déjà par la seule considération que son existence est de date bien récente en comparaison de celle de la Cour de Mons et de l'ancien ordre constitutionnel des juridictions au Pays de Hainaut. On a adjoint M. Demarbaix pour troisième commissaire aux deux autres ou plustôt, M. Demarbaix qui avoit travaillé à la première représentation avec M. Gobart n'ayant pas aimé d'aller à Bruxelles, M. Sebille avoit été député à sa place et par cette considération, on a dit qu'il étoit convenable que l'addition fût travaillée par les deux auteurs du premier mémoire, et de leur adjoindre M. Sebille, qui avoit entendu les objections de M. Defierland relativement à Valenciennes.

1793

Du 15 août.

Les échevins de Mons ne paraissent point à la procession de Sainte-Waudru ; on dit que c'est parce que les dames du Chapitre ont refusé de faire tapisser leur banc.

Le bailli du Chapitre part à ce sujet pour Bruxelles, et une députation du magistrat.

Du 11 septembre.

On reçoit la nouvelle de la prise de la ville du Quesnoy par les troupes autrichiennes. Le carillon et la grosse cloche du château annoncent cette nouvelle aux habitans vers cinq heures du soir. Bientôt après, on colporte dans les rues l'imprimé ci-joint contenant un extrait de lettre du quartier-général, qui annonce cette prise, et que la garnison est faite prisonnière de guerre.

Du 14 septembre.

On colporte dans les rues la capitulation du Quesnoy.

Du 15 septembre.

Il y a sur la place cinq ou six cents François prisonniers dans l'affaire qui eut lieu hier entre Cambray et Bouchain, dont parle l'extrait de lettre du 14, ci-joint, qu'on colporte dans les rues. Nous n'avons pas encore entendu parler de l'affaire de la forêt de Mormal, dont il est parlé à la fin du même extrait.

1793   Après-midi et jusque vers le soir arrive la garnison prisonnière de Condé ; on dit qu'il y a six mille hommes. On enferme les soldats dans les cazernes et dans des couvens, à l'école dominicale, à l'arsenal de la ville, etc. Les officiers se promènent dans la ville sur leur parole. Cette garnison doit séjourner demain ici.

Du 4 octobre.

On voit passer dans Mons, venant de Bruxelles et de Gand, l'armée hollandoise consistant en dix-sept mille hommes de fort belles troupes, qui vont joindre l'armée autrichienne devant Maubeuge. Ces troupes hollandoises ne logent pas en ville, mais vont camper près de Ciply.

Au *Te Deum* qu'il y a eu ce matin au sujet de la fête de saint François, les bancs des échevins étoient tapissés de tapis rouges, et ce, en vertu, dit-on, d'un décret du Gouvernement qui, durant la contestation avec le Chapitre de Sainte-Waudru met la provision en faveur des échevins de tant que fondés sur un décret précédent. Il a été parlé de cette querelle entre le magistrat de Mons et le Chapitre de Sainte-Waudru, dans les papiers publics. Voici l'extrait du *Journal historique et littéraire*, cahier du 1er septembre 1793, p. 78 :

« Je partage bien sincèrement la douleur de l'honnête
» homme de Mons qui gémit de ce qu'une misérable affaire
» d'étiquette, l'étalage d'un tapis cérémonial, a mis une espèce
» de division entre deux corps respectables ; qu'une magistra-
» ture qui réunit tous les suffrages, et dont la composition
» renfermoit l'idée du bonheur public, ait pu attacher de
» l'importance à un tel joujou, et qu'au lieu de le réclamer,
» elle n'en ait pas envisagé la privation comme un emblème
» précieux de l'abolition de toutes les nouveautés petites et
» grandes qui ont affligé ces provinces. »

Du 5 octobre.

Dans l'après-dînée, on ramène un personnage célèbre fait prisonnier hier matin en sortant de Maubeuge pour se retirer. C'est le nommé Drouet, commissaire de la Convention Nationale, fils du maître de poste de Sainte-Menehoult, le même qui, au mois de juin 1791, a arrêté le Roi à Varennes. Il chercha à l'aide de cent cinquante dragons de percer notre ligne vers Colleret, mais il en fut empêché par les hussards de Blankenstein qui ont sabré une partie du détachement françois, et ont pris les autres avec le commissaire Drouet et un second commissaire ou espèce de secrétaire. On les conduit à Bruxelles.

1793

Du 17 octobre.

Depuis la nuit et jusqu'à midi on voit repasser les bagages et les pontons des Hollandois revenant de l'armée devant Maubeuge, ce qui jette des inquiétudes dans la ville. On apprend dans la matinée que le blocus de Maubeuge est levé et que toute la partie de notre armée qui étoit au dessus de Maubeuge étoit revenue se placer derrière la Sambre. On dit que c'est la suite d'un échec à notre aile gauche.

Du 19 octobre.

L'armée hollandoise, revenant de Maubeuge, vient camper près de Mons à Ciply, à Cuesmes, à Hyon, etc. Leur quartier-général est à Mons.

Du 21 octobre.

On apprend la première nouvelle de l'exécution. ou plustôt l'assassinat de la Reine de France.

Du 4 novembre.

1793 On colporte la représentation faite par les bailli, maire et échevins de Hal aux députés des États, fesant offre des bras de leurs habitans et une juste contribution aux dépenses inévitables de la guerre pour empêcher une deuxième invasion des François ; *item* de porter à la monnoye les argenteries de l'église de N.-D. de Hal, aux conditions y exprimées, priant MM. les députés des États de faire parvenir leur hommage et leurs sentimens au Gouvernement général des Pays-Bas. La réponse de S. A. à ceux de Hal, et la réponse de MM. les députés, ici joint un exemplaire.

Du 9 novembre.

Trois commissaires de la Cour, MM. Paridaens, Anthoine et Lamine, ayant été nommés par la Cour pour travailler à un projet de rescription à faire à la dépêche du Gouvernement du 28 octobre reçue le 2 de ce mois, sur les moyens d'empêcher l'exportation et les accaparemens des choses de première nécessité, se rendent à une assemblée extra-ordinairement convoquée des députés des États, pour se concerter ensemble sur l'objet en question, comme il étoit ordonné par la dite dépêche. M. Paridaens ayant fait une briève exposition de la chose verbalement, pria M. Anthoine de faire lecture de ce qui avoit été rédigé par écrit pour servir, selon le sentiment des dits commissaires, de fondement et même de projet à la rescription à faire ; et après avoir discouru quelque tems sur la matière, M. Paridaens offrit à MM. les députés de leur laisser ce projet afin qu'ils pussent l'examiner tout à loisir et ensuite faire passer leurs observations : ce qui fut accepté. Puis les commissaires se levèrent, MM. les députés les remercièrent de la communication, en témoignant combien elle leur avoit été agréable, et conduisirent les commissaires jusqu'à la porte de la chambre que l'un d'eux passa en éclairant, et le pensionnaire les conduisit en les éclairant jusqu'à la porte de l'escalier, et l'huissier jusqu'en bas.

1793

Du 11 novembre.

Le pensionnaire des États vient prévenir M. Paridaens que MM. les députés ont adhéré au projet, sauf quelques petites observations qu'ils nous feroient parvenir par forme de note. Et le soir je reçois effectivement à mon adresse un paquet des députés des États avec la note signée de leur pensionnaire, et le retour de notre projet. Voici cette note :

« MM. les députés des États du pays et comté de Hainaut,
» après s'être concertés avec MM. Paridaens, Anthoine et
» Delattre, commissaires de la Cour, sur la rescription à faire
» à Sa Majesté en conséquence de Sa royale dépêche du
» 28 octobre, d'abord par leur conseiller pensionnaire et ensuite
» par la conférence tenue le 9 de ce mois avec ces MM. dans
» l'assemblée de la députation pour ce définitivement convo-
» quée, ont définitivement délibéré sur cet objet dans leur
» assemblée ordinaire de ce jour, et résolu de déclarer qu'ils
» adhèrent en tout au projet conçu par mes dits sieurs les
» commissaires de la Cour, sauf qu'ils estiment qu'il convient,
» sur tout dans les circonstances actuelles, que Sa Majesté
» soit servie de permettre généralement l'entrée libre et
» exempte de tous droits dans les Pays-Bas, de tous comes-
» tibles et nourritures des chevaux et des bestiaux : sauf
» aussi qu'ils estiment que la mesure ou précaution des
» acquits à caution dans la lieue de la frontière est trop
» gênante et onéreuse pour les habitans et qu'il seroit préfé-

1793 » rable d'y substituer des certificats expédiés par les gens de
» loi.
» De l'assemblée de MM. les Députés de Mons, le 11 novem-
» bre 1793.
» Par ordonnance : (Signé) GENDEBIEN. »

Nota que les commissaires de la Cour s'étoient rendus à la députation, en manteau et en rabat. S'ensuit extrait de la dépêche du gouvernement demandant l'avis dont il s'agit. Il est important de la conserver à cause qu'elle ordonne à la Cour de se concerter avec les députés des États, ce qui dans les tems passés avoit été si souvent défendu.

» L'EMPEREUR ET ROI,

» TRÈS CHER, CHERS ET FÉAUX,

» Nous vous faisons la présente à la délibération du séré-
» nissime gouverneur général des Pays-Bas, pour vous
» remettre une note qui renferme toutes les dispositions faites
» par le conseil des Finances pour empêcher la sortie de ce
» qui, dans le sens le plus entendu, peut tomber sous la
» dénomination d'objets de nécessité première. Nous joignons
» aussi copie. Nous vous remettons au surplus un extrait
» d'une représentation du magistrat de Bruxelles. Notre
» intention étant qu'après avoir pris en considération les
» mesures prises pour empêcher la sortie des vivres qui sont
» à considérer comme étant de nécessité première, et tout ce
» que la législation existante prescrit tant à cet égard qu'afin
» d'empêcher les accaparemens et les monopoles, et vous être
» concertés sur ces objets avec les députés des États de la
» province, vous Nous rendiez le plus tôt possible votre avis
» sur la question si, et quelles autres mesures vous pourriez
» croire devoir être prises, soit par la voie de législation,

» soit autrement, relativement à ce dont nous venons de parler.

» A tant, etc. De Bruxelles, le 28 octobre 1793.
(Paraphé :) » Fier. V^t.
.« Par ordonnance de Sa Majesté.
(Signé :) » P.-J. Lortye ».
Au pied : » Au Conseil de Hainaut ».
Recepta, le 2 novembre 1793.

1793

Du 13 novembre.

On voit paroître une lettre pastorale de l'archevêque de Cambray, ordonnant des prières publiques pour la guerre et invitant les abbés, etc., à porter à la monnoye les argenteries de leurs églises à l'exemple de ceux de Hal, *dont nous avons approuvé la résolution*. L'archevêque envoye un exemplaire à chaque membre de la Cour : en voici un que j'ai fait chercher chez l'imprimeur.

Du 17 novembre.

On réimprime à Mons une dépêche de S. A. R. aux États de Brabant, du 15 de ce mois fort importante. En voici un exemplaire.

Du 18 novembre.

Monseigneur l'archevêque de Cambray officie pontificalement à Saint-Nicolas. On y dit une messe fort solemnelle de requiem pour le repos de l'âme de la Reine de France.

Du 20 décembre.

Les États envoyent à la Cour, pour chaque membre, un exemplaire d'une adresse de leur part aux corps ecclésiastiques et séculiers, aux corporations et communautés et à tous les

1793 habitans du pays de Hainaut, pour les exciter à faire des offrandes patriotiques pour aider S. M. à subvenir aux frais de la guerre contre les hordes françoises, avec un exemplaire d'une autre adresse de leur part relative au même objet, toutes deux en date du 14 de ce mois. Voici ces exemplaires.

Voici un exemplaire authentique de l'octroi de S. M. accordé aux curés du Hainaut, pour lever sur les biens de leurs cures respectives, les sommes qu'ils voudront destiner en dons gratuits pour les besoins de la guerre, en date du 1er décembre 1793, avec l'autorisation de Monseigneur l'archevêque de Cambray du 14 du même mois. Cette pièce authentique m'ayant été donnée par le sieur Godefroid, secrétaire général de l'archevêché, qui m'a aussi donné un exemplaire imprimé de l'autorisation particulière et déterminée à une somme fixe que l'archevêque donne à chaque curé pour d'autant plus assurer et appaiser les prêteurs.

1794
Du 4 janvier 1794.

La Société du Concert Bourgeois délibère un don gratuit de seize cents livres pour les frais de la guerre. Voici un exemplaire de la résolution.

Du 5 janvier, dimanche.

On lit au prône un mandement de Monseigneur l'archevêque de Cambray, donné en suite d'une dépêche de S. A. R. pour ordonner un jour de prières publiques dans tous les Pays-Bas, fixé à aujourd'hui en huit jours, qui sera le dimanche 12. Voici un exemplaire.

Du 12 janvier

On y lit aussi un avertissement, déjà affiché sur les portes des églises, annonçant que les prêtres émigrés françois sont convenus entre eux de célébrer tous les jours une messe dans l'église de Sainte-Waudru, pour la conservation des jours précieux de S. M. et pour la prospérité de ses armes. Voici un exemplaire imprimé de cet avertissement.

1794

Du 13 janvier.

Aux plaids de la Cour à Mons, tenus cejourd'hui, on publie le décret de S. M. du 31 décembre 1793, attribuant par provision à la dite Cour la juridiction supérieure et d'appel sur toutes les parties du Hainaut françois nouvellement conquises.

Du 22 janvier.

La Cour reçoit une lettre du comité central établi à Bruxelles pour les dons patriotiques, lui envoyant un certain nombre d'exemplaires de la troisième liste. Voici copie de cette lettre.

" Messieurs,

" Nous avons l'honneur de vous remettre un certain nombre
" d'exemplaires de la troisième liste des dons patriotiques
" que nous venons de publier. Nous sommes persuadés de
" l'empressement que vous mettrez, Messieurs, à concourir à
" ce que les effets que nous attendons de la circulation de
" cette liste, ainsi que de celles que nous vous adresserons
" successivement, puissent se multiplier.
" Nous sommes avec la considération la plus distinguée,

1794

« Messieurs,

» Vos très humbles et très obéissants serviteurs.
» Ceux du Comité central pour les dons patriotiques.
(Signé :) Delaunoy.
» Bruxelles, le 18 janvier 1794. »
Au pied étoit : « A Messieurs du Conseil souverain de Hainaut ».

Du 23 janvier.

La Cour reçoit une dépêche de S. A. R. concernant les dons patriotiques en ces termes :

« Charles-Louis, Archiduc d'Autriche,

» Chers et bien amés,

» Nous remettons ci-joint quelques exemplaires de la dépê-
» che-circulaire que nous avons trouvé bon d'adresser aux
» États de ces provinces, pour faire prendre faveur aux dons
» patriotiques individuels. Connaissant votre zèle ainsi que
» celui des suppôts de votre Conseil, nous ne doutons pas
» que vous, ainsi qu'eux, ne le déployez en cette occasion
» importante, en concourant selon ce que dicteront à un cha-
» cun ses facultés et sa bonne volonté, à l'objet recommandé
» par cette circulaire. Vous voudrez bien, au reste, adresser
» au comité central établi en cette ville, les listes contenant
» vos soumissions.
» A Tant... De Bruxelles, le 20 janvier 1794.
(Paraphé :) « Desand. V^t. (Signé :) Charles Louis ».
Au pied. « A ceux du Conseil du Hainaut. »

Ci-joint un exemplaire de la dépêche circulaire mentionnée en la précédente. 1794

Du 14 février.

Monseigneur l'archevêque de Cambray m'envoie un exemplaire de son mandement pour le carême, avec une adresse écrite de sa main. Je joins ici cette pièce comme un monument précieux pouvant même servir à l'histoire.

Du 15 février.

Les députés des États reçoivent un acte de rétablissement des couvents supprimés.

Du 17 février.

M. Obert, chevalier de Cour, distribue à chaque membre de la Cour un exemplaire d'un discours prononcé par un membre des États, à leur assemblée du 1er février 1794. Je devine d'abord que c'est du comte de Thiennes et je devine juste. Voici cet exemplaire.

Du 20 février.

Depuis quelques jours, les troupes autrichiennes quittent leurs quartiers de cantonnement pour rentrer en campagne. Il en passe beaucoup à Mons, ainsi que des munitions et de l'artillerie. Aujourd'hui le prince de Saxe-Cobourg est parti de Mons, allant fixer son quartier-général à Valenciennes. Le militaire remet la garde de la ville aux bourgeois et aux volontaires. La grand'garde est relevée par les serments.

1794

Du 28 février.

Le conseiller avocat de S. M. communique à la Cour, successivement dans les trois chambres, une dépêche qu'il a reçue de S. A. R. touchant les capitaux et effets que des François possèdent dans ce pays.

Voici cette dépêche :

« CHARLES-LOUIS, ARCHIDUC D'AUTRICHE, GOUVERNEUR ET
» CAPITAINE GÉNÉRAL DES PAYS-BAS,

» CHER ET BIEN AMÉ,

» Nous ayant été remontré que la Convention Nationale de
» France auroit résolu d'envahir, non seulement les propriétés
» que les sujets des puissances coalisées possèdent en France,
» mais aussi de s'approprier et de transporter en France, les
» capitaux et effets que des François possèdent, soit dans les
» fonds publics, soit entre les mains de particuliers, sous la
» dénomination des puissances coalisées, et que, pour faire
» rentrer en France ces propriétés étrangères, l'on se serviroit
» de voies détournées, telles que des cessions d'actions, ou
» des opérations de change combiné, nous avons résolu de
» nous faire rendre compte des moyens de représailles ou de
» précautions que l'on pourroit opposer à ces mesures arbi-
» traires, et comme il se pourroit qu'entre autres moyens, l'on
» devroit empêcher durant un certain tems le paiement d'effets
» ou d'argent qui se trouveroient entre les mains des sujets de
» ces provinces, appartenant à des sujets de la France aux
» ordres ou à la disposition des personnes qui exercent actuel-
» lement les pouvoirs du gouvernement dans ce pays-là, et
» qu'entretems néanmoins des concessionnaires ou prête-
» noms des créanciers françois voudroient obtenir des saisies
» ou d'autres provisions de justice à charge des personnes

» domiciliées dans ce pays-ci et réaliser de la sorte leurs
» créances, nous trouvons qu'il ne faut rien négliger pour
» empêcher que les sujets de Sa Majesté n'éprouvent de préju-
» dice des injustes décrets du gouvernement actuel de France,
» et en conséquence, Nous vous faisons la présente pour vous
» charger de prévenir le Conseil des circonstances et observa-
» tions susdites, et nomément les Maîtres aux requêtes par
» forme d'avertissement, afin qu'ils soient à même de ne point
» donner légèrement les mains aux demandes que l'on pour-
» roit faire au Conseil pour impêtrer des saisies-arrêts ou
» autres provisions de justice de l'espèce susmentionnée ;
» vous chargeant au surplus de porter à notre connaissance
» les cas qui pourroient se présenter.

» A tant, cher et bien amé....
» De Bruxelles, le 22 février 1794. (Paraphé :) Fier. V'.
(Signé :) Charles Louis.
Plus bas : « Par ordonnance de S. A. R. (Signé :) P.-J. Lortye.
Au pied est écrit : « Au conseiller fiscal de Hainaut ».
Copié par moi Paridaens, sur l'original.

Dépêche de S. M. aux États de Hainaut concernant le rétablissement des communautés religieuses.

« Rapport fait de la représentation ci-attachée sous le cachet
» secret de S. M., des États de la province de Hainaut, à l'égard
» des communautés religieuses qui ont été supprimées en suite
» de l'édit du 17 mars 1783, Sa Majesté, à la délibération du
» sérénissime gouverneur général des Pays-Bas, a autorisé
» comme elle autorise par les présentes, les mêmes États de
» Hainaut à établir incessamment, de commun accord avec
» l'archevêque de Cambray, diocésain, une commission com-
» posée de sept personnes, dont deux ecclésiastiques et les

1794 » autres laïques, laquelle commission de concert avec le
» Nonce du Saint-Siège et ledit archevêque respectivement,
» rétablira, au nom de Sa Majesté qui l'autorise expressément
» à cet effet, ceux desdits couvents supprimés dans la pro-
» vince de Hainaut, qui pourront l'être, après que tous les
» individus qui voudront y rentrer, auront signé et présenté à
» la dite commission leur acte de renonciation à tous recours
» direct ou indirect contre le trésor royal ou ses représentants,
» tant du chef de l'administration antérieure des biens et des
» aliénations qui peuvent avoir été faites au profit de la
» caisse de la religion qu'autrement, avec leur soumission
» de se contenter des biens de leur maison tels qu'ils se
» trouvent actuellement, lesquels biens, tant des commu-
» nautés à réintégrer que des autres communautés suppri-
» mées dans la dite province de Hainaut qui ne seront pas
» dans le cas de cette réintégration, seront, avec tous les
» documents et titres y relatifs, remis à ladite commission
» aussitôt qu'elle sera établie, pour être par elle remis aux
» communautés à réintégrer et les autres régis au moyen
» des receveurs et administrateurs actuels, (pour autant que
» le comportera l'administration restante) d'après les règles
» de comptabilité et d'administration observées jusqu'ici
» et d'après les baux existants : bien entendu qu'aucun indi-
» vidu ne sera forcé de rentrer, et que la commission
» en rétablissant les couvens qui pourront l'être, prendra les
» arrangements convenables pour assurer le payement exact
» de la continuation leur vie durant des pensions (et des
» secours extraordinaires au besoin) à ceux des individus qui
» ne peuvent pas être rétablis, ou qui en suite de dispense à
» obtenir du Saint-Siège, seront dans le cas de ne point
» rentrer, y compris aussi les religieuses qui se sont expa-
» triées lors de la suppression. Déclare Sa Majesté que les

« couvens à rétablir jouiront de tous les privilèges, droits et
» immunités, avec la faculté de recevoir des novices, comme
» ci-devant ; se réservant du reste à statuer ci-après sur la
» proposition des États, tant à l'égard de la surveillance de
» cette administration qu'au sujet de l'emploi à faire après
» l'extinction de toutes les charges des biens des couvens qui
» ne seront pas réintégrés. Sa Majesté autorise en outre la
» dite commission à porter à la connoissance du gouvernement
» les demandes à faire par des communautés à réintégrer,
» afin d'obtenir l'amortissement d'autres biens-fonds en
» remplacement de ceux qui peuvent avoir été aliénés
» pendant la suppression, lequel amortissement sera accordé
» gratis. Mande et ordonne Sa Majesté à tous ceux qu'il
» appartient de se régler et conformer selon ce. Fait à Bru-
» xelles, le 11 février 1794.

(Paraphé :) » FIER. Vt.

Plus bas : » Par ordonnance de S. M. (Signé :) P.-J. LORTYE »
avec paraphe.

A côté étoit le scel de S. M. sur pain à cacheter vermeil couvert de papier blanc. Encore plus bas étoit écrit : « Acte pour le rétablissement des couvens supprimés dans la province de Hainaut ».

Cet acte fut reçu à la députation des États de Hainaut, le 15 février 1794. Je l'ai eu par occasion en copie le premier mars ensuivant.

Du 1ᵉʳ mars.

Les États envoyent à la Cour des exemplaires de la dépêche qu'ils ont reçue et fait imprimer, par laquelle S. M. leur déclare que les proclamations militaires du 14 mars 1791 et du 29 avril 1792 doivent être regardées à tous égards comme non avenues ; et que les habitants du pays ne peuvent être et

1794 ne seront dans aucun cas traités autrement que suivant les lois et usages. Voici un de ces exemplaires.

Du 5 mars.

On publie un acte d'agréation de S. M. sur une proposition des États, pour la levée des deniers de la Dépositairerie, par forme d'emprunt, aux charges et conditions y mentionnées, ledit acte en date du 26 février dernier. Voyez mon *Recueil des Placards* sous la dite date.

Du 6 mars.

Les États envoyent à la Cour des exemplaires d'une dépêche de S. A. R. le gouverneur général, témoignant sa satisfaction et sa reconnoissance au sujet des dons volontaires. Ci-joint un desdits exemplaires.

Du 24 mars.

On affiche de la part des États un grand placard contenant l'accord et l'octroi des nouvelles impositions : ci-joint un exemplaire.

Du 25 mars.

Fête de l'Annonciation pendant le Carême. On fait une procession solennelle et puis une grand'messe avec *Te Deum* à cause de l'anniversaire de l'évacuation de Mons par les François. La procession se fait comme celle qui fut faite l'année dernière le jour de Sainte-Waudru, sauf que le corps de cette sainte ni le chef n'y furent pas portés. Le Conseil n'y assista pas, la proposition ne lui en ayant pas été faite ; d'ailleurs il ne peut assister en corps à des cérémonies publiques non usitées, sans décret du gouvernement.

On voit paroître une lettre du prince de Cobourg aux députés des États, du 21 de ce mois, sur la bravoure des paysans du pays de Chimay. Ci-joint un exemplaire.

1794

Du 27 mars.

Les États envoient à la Cour pour chacun de ses membres, des exemplaires d'un avertissement tant de leur part que de la part des échevins de Mons, relatif au droit de papier timbré. Ci-joint un de ces exemplaires.

Ils joignent en même temps un exemplaire, pour chaque membre, du placard mentionné en la page précédente, concernant l'accord et l'octroi des nouvelles impositions.

La Cour se trouvant assemblée aujourd'hui, on a parlé de ces deux pièces affichées en public de la part des États, en spécial de celle concernant les impositions, savoir si la publication ne devoit point s'en faire de la part de la Cour en la forme ordinaire pour les ordonnances et placards.

Du 2 avril.

La Cour délibère sur une représentation faite par la chambre consulaire de Valenciennes à la jointe y établie, tendant afin que cette chambre pût juger sans appel, au moins à ce qu'elle ne fût appellable que pour des matières excédant 1500 livres, au lieu que dans le dernier état des choses, avant la révolution, elle ne jugeoit sans appel que jusqu'à concurrence de 500 livres ; à tout évènement, à ce qu'il fût établi une espèce de tribunal d'avocats dans Valenciennes même, pour connoître des matières de commerce en dernier ressort, ou enfin à ce que la Cour à Mons jugeât au moins ses appellations sommairement et sans épices. Cette représen-

1794 tation étoit envoyée par dépêche du Gouvernement en la Cour à Mons pour s'y expliquer. On a résolu de rescrire d'une manière courte et ferme à l'encontre de toutes ces demandes.

Du 8 avril.

La Cour reçoit une dépêche du ministre, en l'absence de S. A. R., qui l'informe que S. M. l'Empereur François II arrivera le 9 à Bruxelles, qu'elle y restera jusqu'au 15 et que c'est dans cet intervalle qu'elle recevra les députations et hommages des corps d'États et des Cours supérieures de justice. En conséquence, on conclut sans délibérer, qu'une grande députation partira demain matin pour Bruxelles, composée du Président, d'un ancien Conseiller ecclésiastique et de l'ancien des Chevaliers de Cour avec les deux anciens Conseillers de robe longue. M. le Président, comte de Gomegnies, dit qu'il se propose de partir déjà de ce soir, pour être à même de faire son service de chambellan auprès de S. M. à son entrée à Bruxelles.

Du 12 avril.

La députation de retour de Bruxelles, sauf M. le Président, fait rapport, les chambres assemblées, qu'elle a été admise à l'audience de S. M. le 10, lendemain de l'arrivée de ce monarque, vers neuf heures du matin ; qu'ils lui furent présentés par le comte de Metternich, ministre, qui en les présentant à S. M. fit un court éloge de la province de Hainaut. Ils disent que l'Empereur les a accueillis avec la plus grande affabilité, qu'il a causé de diverses choses, en spécial des affaires de France et de la guerre, qu'il leur avoit dit que la province de Hainaut avoit été fort exposée, mais qu'il espéroit que, pour le présent, il n'y avoit plus rien à craindre, fesant entendre qu'il comptoit d'être bientôt en possession de Landrecies et de Maubeuge. L'audience a duré environ quatre minutes, ce qui étoit plus long que d'autres corps qui avoient passé avant. Ensuite ils ont été faire leur cour à S. A. R. le sérénissime gouverneur qui les a accueillis avec une cordialité qu'ils n'ont su nous dépeindre : il parloit avec satisfaction de nous avoir amené l'Empereur et sembloit s'en attribuer presque tout le mérite. Il disoit aussi que ç'avoit été une jouissance pour lui de s'entretenir avec S. M. même pendant la route de la conduite sage que la province avoit tenue dans toutes les circonstances. Quelques-uns de nos députés ayant rencontré au cercle de Cour le comte de Trauttmansdorff ci-devant ministre de S. M. pour le gouvernement des Pays-Bas, ils l'ont accosté et ensuite tous les députés ensemble sont allés lui faire visite. Il leur a en quelque sorte fait des excuses de la conduite qu'il avoit tenue pendant son ministère aux Pays-Bas, disant qu'il n'avoit pu faire connoître son cœur, mais qu'il espéroit de faire, de nouveau, connoissance. J'oubliois de dire que nos députés avoient été faire leur cour au jeune archiduc Antoine-Joseph, qui les avoit aussi reçus très agréablement et leur avoit dit qu'il avoit été très enchanté de pouvoir accompagner son frère pour venir voir ce beau pays et faire connoissance avec les Belges.

1794

J'ai eu occasion de voir un membre de la députation des États, qui m'a fait à peu près le même récit de leur réception chez l'Empereur, chez le gouverneur général, chez l'archiduc Joseph son frère, chez Trauttmansdorff, etc. Il m'a donné copie du compliment que M. Gendebien leur pensionnaire a prononcé à Sa Majesté.

1794 Voici ce compliment :

« Sire,

» C'est dans les sentimens du plus profond respect que
» nous venons mettre aux pieds de Votre Majesté l'hommage
» de la soumission et de la fidélité des États et des habitans
» de son pays et comté de Hainaut, et lui présenter le tribut de
» leur amour et de leur éternelle reconnoissance.

» Votre Majesté nous a comblés de ses bienfaits ; les Fran-
» çois nous tenoient dans l'oppression, ils fouloient aux pieds
» la sainte religion, les bonnes mœurs, nos loix et nos pro-
» priétés ; c'est à la puissance que Dieu vous a confiée, Sire,
» que nous sommes redevables d'en être délivrés ; c'est cette
» même puissance qui nous garantit des maux infinis qu'ils
» nous causeroient s'ils pouvoient pénétrer encore.

» Pour vous représenter et pour nous gouverner en votre
» nom, vous nous avez donné, Sire, votre frère chéri. Il est
» l'héritier des vertus de l'auguste Marie-Thérèse et de l'Empe-
» reur Léopold, il est aimé comme eux. Le ministre de Votre
» Majesté seconde ses vues par la droiture de son caractère,
» par sa sagesse et ses lumières.

» Les intentions bienfaisantes de Votre Majesté sont rem-
» plies, les loix et constitutions sont maintenues, la confiance
» est rétablie, le peuple bénit l'autorité de Votre Majesté et
» sent qu'elle est la base de son bonheur.

» Votre Majesté ajoute à tant de bienfaits celui d'avoir
» quitté ce qu'elle a de plus cher pour venir au milieu de son
» peuple Belge et à la tête de son armée. Elle y fixera la
» victoire, son voyage terminera la crise de l'Europe.

» Daignez, Sire, visiter votre comté de Hainaut et y recevoir,
» avec la bonté qui vous est naturelle, les bénédictions et
» les témoignages d'allégresse des habitans. Ils vous doivent

" tout ; les expressions de leur sensibilité et de leur recon-
" noissance seront celles du cœur. Nous implorons avec eux
" la bienveillance de Votre Majesté et nous formons des vœux
" afin que l'Être suprême la récompense par le règne le plus
" long et le plus heureux. "

Du 2 encore.

Les députés des États envoyent aux membres de la Cour des exemplaires d'une exhortation aux habitans pour s'enrôler dans les régimens nationaux, en suite d'une dépêche de S. A. R. Voici un de ces exemplaires.

Dans l'assemblée de ce même jour, les députés des États font une exhortation aux habitans pour les dons volontaires. Voici un de ces exemplaires qu'ils ont envoyés postérieurement à la Cour.

Du 13 avril, dimanche des Rameaux.

Ouverture du jubilé accordé par le Pape pour les fins mentionnées en sa bulle et au mandement de Monseigneur l'archevêque de Cambray, ci-joints.

Le soir, les députés des États partent pour Hal, afin de recevoir demain matin, à l'entrée sur la province, Sa Majesté qui va à l'armée par Enghien, Ath, etc.

Du 15 avril.

Les députés des États rédigent, et ensuite font imprimer par extrait du registre de leurs résolutions, une relation des audiences qu'ils ont eues de l'Empereur à Bruxelles et à Hal. Voici un des exemplaires postérieurement envoyés aux membres de la Cour. On voit paroître un imprimé, contenant

1794

1794 copie collationnée sous la date de ce jourd'hui par le pensionnaire Vigneron (je dis par le sieur Dassonleville, greffier pensionnaire du chef-lieu), de la première liste de souscriptions des habitants de la ville de Mons, pour une offrande patriotique à présenter à S. M. lorsqu'elle fera son entrée en cette ville. Voici un exemplaire. Messieurs du conseil de ville et des soixante hommes se sont ensuite répartis dans toute la ville pour présenter la liste à souscrire, et la souscription a monté à plus de soixante-dix mille livres.

Du 21 avril, lundi de Pâques.

Entrée sollemnelle de l'Empereur François II, a Mons . Jour de Jubilation.

Sa Majesté avoit logé au Câteau-Cambrésis où elle étoit depuis quelques jours au milieu de son armée ; elle est revenue sur Valenciennes et de là par Quiévrain, Boussu, etc. La voiture avoit été traînée presque sur toute la route par les habitants des lieux respectifs. Depuis près de Jemappes jusque près de la porte du Rivage, elle le fut par les étudians du collège de Houdain. Là, elle fut complimentée par le Magistrat qui lui présentèrent les clefs ; elle l'avoit été un peu plus avant par les députés des États. Sa Majesté accepta de faire son entrée sous le dais, sur ce qu'on lui dit que cela avoit eu lieu pour ses augustes prédécesseurs qui avoient fait une entrée solemnelle : elle se plaça donc sous le dais, tout sur le devant, et ses deux frères les archiducs Charles et Joseph, ses compagnons de voyage, s'y mirent aussi sur une même ligne un peu en arrière de l'Empereur. La composition et l'ordre du cortège eurent lieu comme il est détaillé dans l'imprimé ci-joint. Les rues de son passage étoient jonchées de sable, les maisons décorées en dehors et illuminées quoiqu'en plein jour. S. M. se rendit par les rues du Rivage, Petite-Guirlande, des Capucins, Grand'Rue et rue Samson, à Sainte-Waudru, où elle fut reçue et complimentée par les dames chanoinesses et par l'archevêque de Cambrai à la tête du clergé. Elle assista au *Te Deum* et reçut la bénédiction du Très Saint Sacrement. Elle se rendit ensuite, toujours à pied, par les rues Samson et de la Chaussée, à l'hôtel de ville, où elle fut introduite au bureau des échevins qui lui présentèrent la corbeille avec les vins d'honneur ; elle se rendit aussi aux États par le grand escalier de pierres, au pied duquel elle fut reçue par MM. les députés et conduite à la chambre de la noblesse où elle fut successivement haranguée par les pensionnaires de chacun des trois ordres.

1794

Elle se montra à la fenêtre et l'air retentit de : *vive l'empereur !* et de battements de mains ; et sur ce qu'on lui dit qu'il répondroit plus complettement aux désirs du peuple si elle vouloit bien se montrer au grand balcon, elle dit : *Eh bien! qu'on m'y conduise*. Elle y fut conduite et accompagnée, et ce fut dans ce moment que les cris de joie et tous les instrumens se firent entendre avec redoublement. En rentrant dans le grand salon et se tenant debout près du balcon, l'archevêque de Cambrai lui parla encore et lui remit la note d'un nouveau don de vingt mille livres de la part de l'abbaye de Bonne Espérance. Ce fut aussi dans ce moment que la Cour à Mons, qui s'étoit rendue à l'hôtel de ville en corps, lorsqu'on sut que l'Empereur étoit à Sainte-Waudru, et qui l'avoit là attendue dans la salle du tiers-état et ensuite aux archives d'où l'on voyoit tout ce qui se passoit sur la place, ce fut dans ce moment, dit-on, que le Président, à la tête de sa compagnie, s'approcha du monarque et lui fit une courte harangue. Les membres de la Cour étoient, pour ainsi dire, pêle-mêle avec les autres personnes qui se trouvoient au grand salon, en grand nombre

1794 (même des dames), la grande musique turque ayant le comte Tallard à la tête, et une partie du serment de Saint-Sébastien qui servoient de garde du corps au monarque. Alors S. M. est descendue ainsi que les princes ses frères et elle est montée, vis-à-vis de l'hôtel-de-ville, avec l'archiduc Charles dans sa voiture qui fut encore traînée par les étudians, et tout le même cortège le conduisit jusques au delà des Pilastres hors de la porte de Nimy. Je m'attends que les députés des États ou le Magistrat de Mons feront imprimer une relation détaillée de cette journée intéressante, sinon je reviendrai encore sur cet article.

Voici les inscriptions les plus remarquables qui ont été étallées dans cette fête :

noUs aIMons noTre DIeU, notre ConstItUtIon, nos LoIX et franCoIs II notre soUVeraIn.

VIVent L'eMpereUr et Les aUgUstes frères, VraIs LIbérateUrs De La beLgIqUe.

Au-dessus de la porte de Nimy par laquelle il est sorti, il y avoit du côté de la ville :

aBIt eheU ! noBIs VeLUtI raptUs CUM VIX aDest Cæsar.

Il y en avoit une aux Filles de Notre-Dame qui mérite d'être aussi conservée. La voici :

soUVeraIn ChérI, Le roI Des roIs bénIra Vos arMes : peUpLe réJoUIs-toI, La paIX régnera.

L'Empereur est parti pour Bruxelles pour y faire ses Pâques demain, et son jubilé après demain, c'est-à-dire le jubilé accordé par le Pape, et le même jour d'après-demain 23, il célébrera son inauguration en personne, comme duc de

Brabant. Les choses se sont faites ainsi, et parmi les emblèmes 1794
et inscriptions étallées à Bruxelles on a distingué celles-ci :
Sur l'hôtel d'Aremberg :

> Ange de Paix, foudre de guerre,
> Objet d'amour et de terreur,
> A ses sujets il montre un père,
> Aux ennemis un Dieu vengeur.

Chez un particulier on voyoit l'Aigle et le Lion se donnant la patte, avec ce chronique :

InDIssoLUbILI FIDeLItatIs neXU hoDIe ConJUnGUntUr.

Du premier mai.

Vers dix heures du matin, la grosse cloche et le carillon du château annoncent la prise de Landrecies par l'armée combinée. L'expédition du siège avoit été commandée par le prince héréditaire d'Orange, commandant en chef des troupes hollandoises. Le soir, des illuminations.

Du 4 mai, dimanche.

On voit passer à Mons quinze à seize cents prisonniers françois provenant en partie de la garnison de Landrecies faite prisonnière de guerre par capitulation et en partie de la défaite qu'ils ont essuyée le 26 avril près de Cambrai. Du nombre de ces derniers est le général Chappuis, commandant de Cambrai qui avoit fait une sortie. Il est remarquable de le voir voyager sur un chariot. On dit plaisamment que c'est *la voiture de l'égalité*.

Du 7 mai.

On voit encore passer des prisonniers françois de la garnison de Landrecies, au moins deux mille, avec leur commandant Roland,

Du 8 mai.

1794 Encore des prisonniers françois venant de Landrecies, au moins deux mille.

Du 11 mai.

Te Deum à Sainte-Waudru, pour la prise de Landrecies et pour la victoire du 26 avril. La Cour y assiste et se place, pour la première fois depuis le nouveau décrêt, dans les stalles du chœur, à gauche en entrant. Comme les membres de la Cour, surtout en y comprenant les greffiers et en comptant les secrétaires, sont en plus grand nombre qu'il n'y a de stalles, on étoit convenu d'avance que quelques Conseillers s'absenteroient, et qu'il n'y viendroit qu'un greffier et un secrétaire qui à ce moyen conserveroient le rang d'eux et de leurs confrères respectifs.

On avoit appris, dès le matin, l'invasion des François et qu'ils étoient à Thuin et à Lobbes, ce qui jeta beaucoup de morne sur cette cérémonie.

Pendant la journée, les mauvaises nouvelles s'augmentent ; toute la ville de Binche prend la fuite. On les voit arriver à Mons dans la plus grande détresse, ainsi que les habitans des environs avec leurs chariots, meubles, bagages, etc. On entend le canon ronfler très fort. Vers deux heures, le bruit se répand que les François sont déjà à Binche. Plusieurs personnes à Mons font déjà des dispositions pour partir, d'autres partent en effet. Le temps affreux qu'il fait par une pluie abondante et sans discontinuation, rend cette journée encore plus triste. Dans l'après-dînée les nouvelles deviennent un peu plus calmantes ; vers le soir, on dit les François repoussés.

L'illumination ordonnée pour la même cause que le *Te Deum*, n'a point lieu à l'hôtel de ville. Parmi les Conseillers, les uns

illuminent, les autres n'illuminent pas ; quant à moi, j'ai illu- 1794
miné suivant l'exemple de M. le Président et des Conseillers
demeurant dans la rue de Nimy. On passe la nuit assez tranquillement.

Du 12 mai.

On continue à dire que les François sont repoussés, et on
répand diverses nouvelles de détails ; les États font même imprimer une espèce de bulletin, dont voici un exemplaire. *Ils étoient
bien mal informés.*

Du 13 mai.

Toutes les nouvelles consolantes qu'on avoit débitées hier
se trouvent fausses. On apprend que les Autrichiens se sont
retirés de Binche et sont venus se former sur les hauteurs de
Bray, qu'ils sont trop faibles pour y résister longtems si les
secours qu'on attend n'arrivent pas bien vite ; que les François sont pour le coup effectivement à Binche. La désolation
est dans son comble ; toutes les rues de Mons sont pleines de
chariots et de voitures qui arrivent et d'autres qui partent.
Chacun prend ses précautions pour sauver ses effets et pour
se sauver soi-même : les Jacobins marchent tête levée. Les
volontaires font des patrouilles pour contenir les malveillans.

A la séance de la Cour de huit heures, plusieurs membres
sont absens. Les autres se forment en assemblée des
chambres et, sur le rapport du Conseiller avocat de S. M., ainsi
que sur les représentations des greffiers, on fait une disposition concernant la caisse et les registres de la Dépesitairerie
concernant les caisses des greffiers et les principaux registres
de la Cour. Voici l'arrêt :

« Sur le rapport fait par le Conseiller-avocat de S. M. de ce
» que lui a communiqué le dépositaire général de ce pays,

1794 » demandant des directions éventuelles pour la conservation
» de la caisse de son office et des registres y afférents, dans le
» moment d'inquiétude où la ville de Mons se trouve par les
» bruits de l'approche des François,

» Arrêté et conclu d'autoriser le dépositaire général de
» prendre, pour la sûreté et la conservation de sa caisse et des
» registres y afférens, les précautions et les mesures que sa
» prudence lui suggérera, et telles qu'il pourroit employer,
» en se comportant en bon père de famille, pour la conserva-
» tion de ses propres effets ; l'autorisant de déplacer les dits
» caisse et registres et de les transporter en tel lieu qu'il trou-
» vera convenir suivant les circonstances.

» Les mêmes observations et la même demande ayant été
» faites par les greffiers de la Cour au sujet de leurs caisses
» de nantissements et d'épices, ainsi que des principaux
» registres, arrêté et conclu de les autoriser à l'égard des dits
» objets comme il vient d'être statué relativement aux caisse
» et registres de l'office de la Dépositairerie générale.

» Ordonné qu'il sera fait trois expéditions originales du
» présent arrêt pour la direction et décharge de chacun greffier
» et du dépositaire. »

Cet arrêt étant fait, on est resté assemblé jusqu'à onze heures pour ne point allarmer davantage le public.

Les armées combattent toute la journée, le fort de l'action est vers Peissant et Croix à Rouveroy. L'aile gauche des François est enfoncée, sur les autres points on leur résiste. Le soir les sépare, mais on n'est pas hors d'inquiétude de voir recommencer demain. Cependant on dit que les Autrichiens ont reçu des renforts, ce qui rassure un peu. Les députés des États font partir la caisse du receveur général et des papiers vers Ath.

La Cour ne fréquente pas après-midi ; je fais moi-même certaines dispositions pour cacher nos effets les plus précieux,

Mon épouse est résolue dans tous les événements de rester à Mons avec sa famille ; quant à moi, je partirai à la dernière extrêmité pour la sûreté de ma personne, qui seroit dans un danger inévitable à cause de ma qualité de Conseiller et des poursuites faites contre les Jacobins. Tels sont les arrangements éventuellement convenus entre nous.

Du 14 mai.

La nuit a été tranquille ; on apprend que les François ne se représentent pas. Quelques-uns des membres de la Cour, présens en ville, fréquentent et tiennent la séance du matin ; il n'y a que de quoi former une seule chambre. J'en étois. On s'occupa à juger un petit procès au rapport de M. Abrassart. Pendant la séance, on apprend successivement que les nouvelles sont bonnes. On convient de fréquenter l'après-midi et de se former à l'ordinaire en trois chambres si l'on se trouve en nombre compétent ; on ordonne aux huissiers de faire le tour.

L'après-midi les deux premières chambres se trouvant en nombre compétent s'occupent à juger. Dans la troisième chambre nous ne nous trouvons que quatre et après en avoir prévenu M. le Président, nous retournons chez nous, ordonnant aux huissiers de passer chez MM. Anthoine et Fontaine, absens de la ville, pour qu'on leur fasse savoir de revenir.

On apprend que les François ont évacué Binche dans la matinée et que les hussards autrichiens y sont entrés vers midi ; on apprend avec grande satisfaction que les François n'y ont commis aucun excès ni désordres.

Pendant toute la journée, les nouvelles deviennent toujours de meilleures en meilleures, tant à l'égard de la retraite des François qu'à l'égard de l'arrivée des renforts autrichiens

1794 Vers six heures du soir, on ramène à Mons cent soixante-neuf prisonniers françois faits à l'affaire de hier.

Mon domestique qui a été promener par Binche, Anderlues, Mariemont, raconte à son tour qu'il étoit arrivé à onze heures et quart à Binche et que les Autrichiens y étoient déjà ; que les François s'en étoient retirés avec tant de précipitation que trois d'entre eux avoient été écrasés à la sortie de la ville ; qu'il avoit vu leurs corps morts. Il dit avoir appris à Anderlues que les François n'avoient pas été à Fontaine-l'Evêque, ce qui nous fait un grand plaisir à cause de M. de Haussy, mon beau-frère, qui a sa famille et une partie de sa fortune dans la dite ville (1). Mon domestique me dit encore d'avoir vu à Mariemont, vers trois heures, un corps de quatre mille Autrichiens, cavalerie et infanterie, allant renforcer notre armée près de Binche. Il dit de n'avoir pas entendu tirer un seul coup de canon ni de fusil pendant toute sa route.

On voit circuler l'extrait d'une lettre du général Kaunitz, commandant en chef cette armée, datée d'aujourd'hui et reçue à une heure et demie, *qu'il n'y a pas d'endroit où l'on puisse être plus en sécurité qu'à Mons*. D'après cette note et d'autres circonstances satisfaisantes, on se regarde absolument hors de danger, et que la crise est finie.

Du 15 mai.

Tout est tranquille. On apprend que les François se retirent de plus en plus, et que les Autrichiens se disposent à passer la Sambre, pour les poursuivre et pour les couper.

Les trois chambres de la Cour fréquentent quoiqu'il y ait encore quelques membres absens.

(1) Il étoit mal informé. Les François ont fait de grands dégâts à Fontaine.

Je reçois une lettre de Bruxelles datée de hier, qui exprime l'état d'alarme dans lequel cette ville avoit été le jour précédent par les bruits de l'approche des François du côté de Mariemont et de Charleroi, et par la nouvelle d'un échec essuyé par l'armée du général Clerfayt, en Flandre. Ci-joint cette lettre.

1794

Du 18 mai, dimanche.

On reçoit de bonnes nouvelles de la Flandre, d'une attaque générale des armées combinées qui a réussi sur tous les points.

Du 19 mai.

L'on apprend la fâcheuse nouvelle que les avantages remportés en Flandre le samedi 17, ont été perdus en grande partie hier 18. L'on a depuis imprimé un bulletin authentique de ces deux journées, dont ci-joint un exemplaire.

Du 21 mai.

Nouvelles alarmes à cause de la rentrée des François dans Binche, et que leur armée de la Sambre paroît se disposer à une attaque. Le rapport en est arrivé la nuit ; les députés des États s'assemblent à une heure de la nuit et l'assemblée générale est convoquée pour quatre heures, afin de délibérer sur les précautions à prendre pour mettre la caisse du receveur général et les principaux papiers en lieu de sûreté. On dispose tout pour les faire partir, mais on ne part pas, les nouvelles étant devenues rassurantes pendant la journée et vers le soir l'on apprend que les François sont repoussés. Leur principale attaque a eu lieu près de Rouveroy.

Du 23 mai.

1794

On fait réimprimer le bulletin fait la nuit dernière à Tournay, sur l'attaque terrible que les François ont faite hier contre notre aile droite près de Tournay, et qui ne leur a pas réussi. Le major expédié en courrier par l'Empereur, qui est à Tournay, vers le comte de Kaunitz commandant de notre armée de la Sambre, a ajouté qu'avant son départ ce matin de Tournay, l'Empereur avoit déjà reçu deux estaffettes lui annonçant de bonnes nouvelles de l'aile gauche de son armée. Voici ce bulletin.

Du 24 mai.

Jour plein de joie : notre armée de la Sambre a surpris les François à la première pointe du jour, en a fait un grand carnage, leur a fait plusieurs milliers de prisonniers et pris grand nombre de canons ; cette nouvelle arrive déjà vers huit heures du matin, elle se confirme successivement par des détails ; à midi, arrive un officier hollandois d'après le rapport duquel les magistrats font imprimer le bulletin ci-joint.

Vers deux heures après-midi, on voit arriver par la porte d'Havré environ trois mille de leurs prisonniers.

On apprend par d'autres rapports que les François ont quitté Binche dans la matinée.

Du 25 mai, dimanche.

A midi, on voit partir vers Bruxelles les prisonniers françois faits hier par l'armée de la Sambre. Je ne les ai pas comptés, mais il m'a paru qu'il y en avoit au moins deux mille. Ce qu'il y a d'intéressant, c'est que ces prisonniers sont accompagnés, dans leur transport, par les volontaires de Mons qui se sont bien voulu prêter à procurer ce soulagement à la roupe, à la demande du commandant militaire de la ville ; ils n'ont avec eux qu'un piquet de cavalerie autrichienne de dix à douze hommes.

Les dames du chapitre font chanter à onze heures une messe avec *Te Deum*, pour la victoire d'hier ; l'église est pleine de monde.

On apprend que les François ne sont plus à Lobbes, mais qu'ils y ont fait de grands ravages.

Du 26 mai.

On voit arriver par la porte d'Havré, vingt-sept canons et trente-six caissons pris sur les François à l'affaire d'avant-hier.

Du 27 mai.

La Cour porte un arrêt, à mon rapport, contre un Jacobin. Voici cet arrêt :

« Du 27 mai 1794.

» Vu le procès criminel, extraordinairement instruit à la charge d'Augustin Boussingault, âgé de 38 ans à 39 ans, non marié, ouvrier charpentier, natif et habitant de la ville de Mons, arrêté en flagrant délit le 9 mars 1794, décrété de prise de corps par dispositions des sieurs échevins de cette ville du 24 du même mois, remis en cet état à la Cour en suite de résolution des dits sieurs échevins du 25 avril dernier et transféré ès prisons du Châtel en exécution de l'arrêt du 1er mai ensuivant ; ensemble les informations à décharge tenues le 21 du dit mois de mai, en suite de réquisition du prisonnier ; ouï le Conseiller avocat de S. M. : tout considéré.

1794
» Conclu, retenant la connoissance de la matière sans prendre
» égard aux motifs de la représentation, de déclarer le dit
» Augustin Boussingault dûment atteint et convaincu d'avoir
» le dimanche 9 mars 1794, vers dix heures du matin à l'endroit
» dit le trou de Boussu, en cette ville de Mons causé, étant
» ivre, du désordre publiquement et en pleine rue, d'y avoir
» proféré à haute voix, en présence de plusieurs personnes, des
» propos injurieux et calomnieux contre les États du pays et
» contre la noblesse, et tendans par leur nature à la subversion
» de l'ordre public et de la constitution; propos analogues à des
» sentimens qu'il avoit manifestés antérieurement, en se fesant
» membre du Club des Jacobins, ci-devant établi en cette ville
» et en assistant aux assemblées et cérémonies de cette société
» dont le but étoit de renverser toutes les autorités légitimes.
» Pour réparation de quoi, lui imputant sa longue détention
» à partir de la peine, le condamne à être conduit par la maré-
» chaussée aux prochains plaids de la Cour et là, être blâmé
» lui fesant rigoureuse inhibition et défense de récidiver à peine
» de punition plus grièvre : ce fait, être conduit à la conciergerie
» du châtel et y tenir prison basse, à pain et eau, le terme de
» trois jours ; le condamner aux fraix et mises de justice qui
» seront cependant avancés par l'administration de la ville de
» Mons, sauf à elle son recours sur le dit Boussingault et ses
» biens. »

Nota. Les échevins de Mons nous l'avoient remis comme *prévenu de sédition* et la Cour avoit conclu de le recevoir et reprendre sans s'arrêter quant à présent aux motifs de la représentation.

En définitif, la majorité des voix a tenu qu'il n'y avoit pas sédition, mais que le prisonnier ne pouvoit être renvoyé aux échevins parce qu'ils avoient déjà proparlé leur jugement sur le caractère du délit.

Il est apparent que si Boussingault n'avoit pas été ivre, il auroit été puni de bannissement. Il s'est élevé ici une question qui a occasionné une discussion assez longue, savoir si le condamné au blâme devoit être condamné aux fraix et mises de justice. Quant à moi, je regardois la jurisprudence comme certaine pour l'affirmative ; d'autres de nos MM. en doutoient et en théorie sembloient pencher de l'autre part, mais après avoir eu recours à diverses rétroactes, on a été appaisé que la ligne de démarcation entre le cas où le condamné doit être chargé des fraix et mises de justice et les cas où il ne doit pas l'être, est entre le blâme, la prison basse et en dessous ; et l'amende honorable, le bannissement et en dessus.

1794

Du 29 mai.

Le comte de Kaunitz qui commandoit en chef l'armée autrichienne de la Sambre passe à Mons, et puis va se loger à Nimy. On le dit incommodé ; d'autres le disent disgrâcié pour n'avoir pas su profiter des avantages de la journée du 24.

Ce jour est un jour de consternation et d'inquiétude parce que nos troupes, par un changement et position, ont quitté les postes de Marchiennes-au-Pont et de Fontaine-l'Évêque qui, par là, se trouvent de nouveau abandonnés à l'ennemi. On reçoit aussi des nouvelles que, ce matin, les François dans une sortie de Maubeuge, avoient pris une ou deux de nos redoutes. Cependant on ajoute que ces redoutes ont été reprises.

Les nouvelles du comté de Namur et du duché du Luxembourg ne sont pas satisfesantes.

Du 31 mai.

L'Empereur arrive à Mons vers deux heures après-midi ; il prend son gîte à l'hôtel du gouvernement. Il vient de Tour-

1794 nay, sans doute pour visiter son armée de la Sambre. Il loge à Mons. Les députés des États vont lui faire visite, la Cour n'y va pas et la chose n'a pas même été mise en délibération, étant samedi.

Du premier juin.

L'Empereur va voir son camp vers la Sambre. Il sort à neuf heures et demie et revient dîner à Mons à une heure trois quarts. Il part à cinq heures par la porte de Nimy ; on ne sait s'il va à Bruxelles ou à Nivelles, pour être plus à portée de Charleroy qui est attaqué par les François. On a entendu toute la nuit et pendant la journée le canon de ce côté-là.

Les députés des États ont été encore lui faire visite dans l'après-dînée. Sa manière de voyager est extrêmement simple et confiante ; elle le paroît même trop aux braves gens : une simple voiture de campagne avec quatre chevaux de poste, un adjudant avec lui, un seul domestique ou valet de pied et pas un seul homme pour escorte. Pendant son séjour à Mons il y avoit au gouvernement une garde militaire et une garde de volontaires. Le serment de Saint-Sébastien occupoit les postes intérieurs.

Du 2 juin.

Le magistrat de Mons reçoit de S. A. R. une dépêche de remercîment en date du 28 mai, ci-jointe.

Du 11 juin.

On voit passer pour l'armée de la Sambre plusieurs chariots chargés de tonneaux de bière dont la ville de Louvain fait cadeau aux soldats de cette armée. Les chariots sont escortés par des volontaires de Louvain.

Du 15 juin (jour de la Trinité).

La procession de la kermesse se fait dans la ville.   1794

Du 16 juin.

On est consterné par des bruits que l'aile gauche de notre armée de la Sambre seroit enfoncée, et que les François sont jusqu'à Mariemont. Le soir, on est un peu rassuré.

Du 17 juin.

On reçoit les détails de l'affaire de hier ; elle a été très à notre avantage, malgré le petit échec de l'aile gauche. Cette bonne nouvelle est annoncée au public par la cloche et le carillon du château, à midi, et les États en font imprimer le bulletin ci-joint. On carillonne encore le soir.

Du 18 juin.

L'affaire de hier ne paroît pas avoir été si décisive en notre faveur qu'on l'avoit cru hier. On entend encore le canon pendant la journée, et surtout vers six heures du soir. Quatre bataillons autrichiens détachés de l'armée de la Sambre pour aller en Flandre, qui étoient déjà arrivés près de Mons pour y bivouaquer, reçoivent contre-ordre et retournent jusques à la chapellette, à Bray ; les bagages hollandois qui remontoient vers Binche, arrivés à Saint-Symphorien, reçoivent aussi contre-ordre et on les voit rétrograder vers Mons. Tout cela donne des inquiétudes. Cependant dans le même temps on voit ramener, du même côté, des prisonniers françois au nombre d'une soixantaine ou environ.

Du 19 juin (fête du Saint-Sacrement).

1794   Un détachement de volontaires accompagne la procession. On n'entend rien dire de la canonade de hier. Les nouvelles de la Flandre ne sont pas satisfaisantes. On dit Ypres aux abois ou déjà rendu.

Ouverture du Comité de Guerre établi pour promouvoir la recrue du nouveau corps sous la dénomination de Légion de l'archiduc Charles, en suite des dispositions concertées entre le souverain et les États, annoncées au public par l'affiche ci-jointe.

On voit circuler dans le public un petit imprimé intitulé le *Tocsin Belgique*, contenant des réflexions fort simples pour engager les Belges à prendre le parti des armes : ci-joint un exemplaire.

Du 27 juin.

Dans la séance de cejourd'hui matin, la Cour prend la résolution de commencer ses vacances et cela, afin que chacun pût pourvoir à ses intérêts, attendu que l'armée autrichienne et coalisée faisoit sa retraite. *Ce fut sa dernière séance.*

Du samedi 28 juin.

Ce jour fut celui de mon départ pour Hal, avec ma femme et notre fils. Nous laissons à Mons le surplus de notre maison à la garde de Dieu, et sous la direction de Julie, notre fille aînée âgée de 19 ans. Le lendemain, je pars seul de Hal pour Bruxelles.

Du 1ᵉʳ juillet.

Entrée des François à Mons. J'apprends la nouvelle le lendemain à Bruxelles.

Du 14 juillet.

Je reviens à Mons avec ma femme et notre fils, qui s'étoient aussi rendus à Bruxelles près de moi, dans le quartier que j'y ai occupé pendant quinze jours, y vivant pour ainsi dire *incognito*. J'avois cru devoir prendre la précaution de me retirer de Mons pendant quelques jours, dans la crainte qu'il n'y eût un intervalle d'anarchie entre l'évacuation des Autrichiens et l'entrée des François, pendant lequel l'effervescence populaire auroit pu se porter contre ses anciens magistrats.

1794

Ma femme a voulu m'accompagner, et elle n'a su abandonner son fils.

Du 16 juillet.

Je vois passer à Mons, couchée sur un chariot, la fameuse statue de bronze du duc Charles de Lorraine, ci-devant gouverneur des Pays-Bas, qui étoit sur la place Royale de Bruxelles, et qu'on avoit ignominieusement arrachée de son piédestal, pour la transporter en France, où on l'aura vraisemblablement mise au creuset (1).

Du 17 juillet.

On annonce la reprise de Landrecies.

Du 18 juillet.

On annonce la reprise de Namur.

Du 29 juillet.

Le nommé Delneufcourt, frère de l'avocat de ce nom, est fusillé sur la place de Mons, pour cause de faux assignats, en suite du jugement du tribunal révolutionnaire.

(1) Fondue à Maubeuge en 1803. (Note de M. Lemaire.)

Du 2 août.

1794 Pendant la semaine finie aujourd'hui, on a dépendu le carillon de Sainte-Élisabeth et toutes les cloches, à l'exception d'une seule.

Du 31 août.

La garnison autrichienne de Valenciennes, faite prisonnière de guerre et renvoyée sur sa parole, passe à Mons et y séjourne.

FIN

TABLE ANALYTIQUE

DES FAITS CONSIGNÉS DANS LE SECOND VOLUME

1791

			Pages	
Janv.	3	Lettres patentes de LL. AA. RR. comme gouverneurs généraux ; difficultés soulevées pour leur publication à cause qu'elles étaient antérieures à la reconnaissance de Léopold II. — La Cour refuse de laisser le greffier Fleur reprendre ses fonctions	1	1791
—	4	Requête des échevins de Binche nommés par les États pour être maintenus en fonctions	2	
—	7	Mémoire des États à M. Mercy-Argenteau. — Une députation du Conseil part pour aller le complimenter	3	
—	9	Retour de cette députation	3	
—	10	Rapport fait par la députation	3	
—	11	Lettre de l'Empereur aux États	5	
—	12	Les États nomment une députation pour aller à Vienne présenter leurs hommages à l'Empereur	5	
—	19	Réponse du ministre aux représentations des États.	5	
Fév.	8	Déclaration relative aux dignités et emplois conférés et aux monnaies frappées pendant les troubles.	6	
—	9	Circulaire défendant de recevoir dans les couvents des religieux de maisons supprimées en France	10	
—	12	Départ de la députation des États pour Vienne	10	
—	14	Réponse à la représentation des États demandant la confirmation de leur gestion financière pendant les troubles.	10	

1791	Fév.	22	Rapport des députés envoyés à Bruxelles pour le projet de nouvelle composition de la Cour . .	12
	—	24	Représentation du Conseil à ce sujet. — Notions historiques sur son institution	15
	—	25	Le Conseil delibère s'il donnera part au Gouvernement de la mort du conseiller Kovahl. . .	17
	—	26	Le Conseil de Brabant insulté par le peuple. — Pièces relatives à ce sujet	18
	Mars	1er	Nouveaux détails sur ce sujet	18
	— 7 et 8		Querelles de cabarets entre les bourgeois et les soldats	18
	—	15	Premier rapport des députés envoyés à Vienne .	19
	—	16	Rétablissement du magistrat et du conseil de ville de Mons. — Représentations des États et réponses	19
	—	17	Second rapport des députés à Vienne. . .	20
	—	18	Nouvelles de Bruxelles. — On y publie la loi martiale	20
	—	19	Affichage.	20
	—	21	Publication de la déclaration du 16 révoquant certains édits en matière ecclésiastique . . .	21
	—	23	Le Président arrive et convoque le Conseil . .	2
	—	24	Dépêche du ministre pour réintégrer le Conseil avec les membres nouveaux ; les anciens membres résistent et se retirent en protestant . . .	2
	—	25	Texte de la protestation	2
	—	30	Mémoire des anciens Conseillers au ministre contre les nouveaux Conseillers. — Documents historiques sur l'institution de la Cour . . .	2
	—	31	Représentations des États sur le même sujet. — Les Conseillers envoyent leur *Mémoire* aux États. — La Cour inconstitutionnelle publie la déclaration du 16 révoquant certains édits eccléslastlques ,	3

Avril	2	Rapport des députés à Vienne. — La nouvelle Cour publie deux déclarations relatives à l'organisation judiciaire et à l'université	40	1791
—	4	La Cour inconstitutionnelle annonce qu'elle va délibérer sur le mérite des candidats pour la charge de Conseiller vacante	40	
—	5	Publication de placards par la nouvelle Cour. — Publication des pièces relatives à la protestation des anciens Conseillers	41	
—	6	Rapport des députés à Vienne. — Mémoire des États à l'Empereur sur les mesures à prendre pour rétablir l'ordre et la tranquillité	41	
—	7	Publications de pièces relatives à l'institution du nouveau Conseil	45	
—	8	Publication de placards par la nouvelle Cour. — Discussion au conseil de ville sur la légalité de certaines fonctions conférées pendant les troubles .	46	
—	9	Protestation du Tiers État contre les représentations des États au sujet du Conseil. — Assassinat d'un bourgeois par les militaires	47	
—	12	Les anciens Conseillers sommés par le ministre de reprendre leurs fonctions dans les trois jours. — Ils s'assemblent pour délibérer. — Adresse au ministre demandant un nouveau sursis. — Représentation des États sur le même sujet . .	47	
—	17	Les anciens Conseillers signifiés d'une lettre de jussion. Ils persistent dans leur refus . . .	53	
—	18	Délibérations des anciens Conseillers. Les États envoient au ministère pour obtenir le sursis . .	55	
—	19	Rapport des députés à Vienne. L'Empereur approuve la nouvelle organisation du Conseil. — Les anciens Conseillers admis à reprendre leurs fonctions	56	

1791	Avril	20	Paridaens retardataire fait des démarches pour rentrer au Conseil. — Retour des députés envoyés à Bruxelles. — Refus du sursis.	57
—		21	Démarches des Conseillers non encore rentrés pour être relevés de la déchéance	58
—		23	Vers satyriques sur les Conseillers rentrés . .	58
—		25	Démarches de l'auteur pour rentrer au Conseil .	58
—		27	Requête du magistrat relative aux fonctions conférées pendant les troubles	59
—		28	Rapport des députés à Vienne	60
	Mai	1er	Réponse du Président à l'auteur sur sa rentrée. — Mort du greffier Maugis	60
—		2	Rentrée des cinq Conseillers à la Cour. — Mécontentement du peuple. — Protestation du Tiers État contre la députation envoyée à Vienne . .	61
—		3	Représentation du Conseil pour relever les Conseillers et Paridaens de leur déchéance. — Députation des États au sujet de la protestation du Tiers État. — Demande de sursis à la nomination des Conseillers	61
—		4	Retour des députés envoyés à Vienne . .	62
—		8	Députation du Tiers État au ministre . . .	63
—		19	Opérations du Tiers État	63
—		20	Préparatifs pour l'inauguration de S. M. . .	63
—		25	Même sujet. — Conférences sur les conjonctures politiques de la province	63
—		26	Conférences sur ce sujet	64
—		31	Protestation de la ville de Binche contre les nouveaux mayeur et échevins	64
	Juin	1er	Le Prince de Ligne est nommé Grand Bailly. .	65
—		9	Projet de don gratuit du clergé aux États . .	65
—		10	Nouvelle officielle de la nomination du Grand Bailly	65

in	16	Rentrée de Leurs Altesses Royales à Bruxelles .	66	1791
-	22	Monsieur, frère du Roi de France, passe à Mons. — Fuite du Roi et de la famille Royale . . .	67	
-	23	Passage de Madame de France. — Anecdote. — Procession de la Fête-Dieu. — Rentrée au Conseil de MM. Raoux et Paridaëns. — Répartition des Chambres. — Députation pour complimenter LL. AA. RR.	67	
-	24	Nouvelle de France. — Le Roi est sauvé . .	70	
-25, 26		Arrestation du Roi à Varennes	70	
-	27	Première séance du Conseil réorganisé. — Délibération sur le *titre* de la Cour. — Communication officielle des États au sujet de la publication de l'amnistie. — Chronogramme de l'auteur sur l'arrestation du Roi	71	
llet	..	Représentation des États sur l'étendue de l'amnistie.	74	
-	6	Chartre de nouvelle organisation des États. — Lettre à LL. AA. RR. sur l'inauguration . .	74	
-	9	Décret de LL. AA. RR. relatif à la convention de La Haye et les réserves pour les privilèges du pays.	74	
-	11	Arrivée à Mons, de LL. AA. RR., pour l'inauguration. — Réception solennelle	75	
-	12	Inauguration de Léopold II	76	
-	13	Départ de LL. AA. RR. Elles se plaignent de n'avoir pas été bien reçues	77	
-	26	Dépêche relative à la nomination du Grand Bailly et à sa réception	78	
-	27	Lettre du prince de Ligne aux États. — Décrets validant les levées faites par les États . .	80	
-	..	Les États font imprimer l'octroi de validation des levées pendant les troubles	80	
ût	5	La Cour vérifie les patentes du Grand Bailly et publie un nouveau décret d'amnistie . .	80	
-	7	Décret d'amnistie	81	

1791	Août	8	Entrée du Grand Bailly. — Son installation. — Fêtes et réjouissances publiques	8.
	—	9	Publication du serment du Grand Bailly à Mons. — Fêtes	8:
	—	10	Prestation de serment à Soignies. — Fêtes.	8:
	—	11	Le Grand Bailly siège au Conseil. — Grand dîner. — Bal	8.
	—	12	Bal gratis au théâtre et sur la place St-Jean .	8:
	—	13	Départ du prince et de sa famille. . . .	8(
	—	19	Nouvelles de Bruxelles. — Vers du Collège de Houdaing au Magistrat.	8(
	—	23	Diplôme de l'Empereur rétablissant l'ancienne forme de gouvernement. — Dépêche du Gouvernenement relative aux actions en réparation d'injures pendant et à la plainte d'excès contre les échevins de Mons par l'avocat Sirault	8(
	—	30	Conflit de juridiction des échevins au sujet de l'avocat Sirault et de la publication des ordonnances. — Avis d'un Te Deum à cause de la paix avec la Porte	8(
	Sept.	4	Grand'Messe et Te Deum à cause de la paix .	8:
	—	13	Délibération dans l'affaire de l'avocat Sirault contre les échevins de Mons.	8(
	—	19	Même sujet. — Ordonnance relative au séquestre des biens de couvents supprimés en France . .	8(
	—	27	Nouvelles de Bruxelles relatives à l'organisation du Conseil de Brabant.	9(
	Octob.	6	Même sujet. — Édit du 19 septembre sur les actes de juridiction exercés pendant les troubles. — Erratum pour sa publication	9(
	—	10	Réquisition du fiscal du Brabant en matière de finances	9
	—	21	Les États de Hainaut se séparent. . . .	9

Nov.	11	Nouvelles du Conseil et des États de Brabant	91	1791
—	13(¹)	Édit sur les engagements au service des puissances étrangères, publié avec restriction.— Difficultés soulevées à l'occasion de personnes qui demandaient d'être admises à postuler devant la Cour sans justifier d'avoir fait un cours de droit. — Pièces et représentations y relatives	92	
Déc.	1ᵉʳ	Rejet de la requête de l'avocat Couteaux aux mêmes fins	106	
	9	Rejet de semblable requête de l'avocat Criquillon.	106	
—	23	Rejet de semblable requête de l'avocat Bar.	106	

1792

Janv.	1ᵉʳ	Chronogramme de la présente année	107	1792
Mars	9	Mort de Léopold	107	
—	10	Détails à ce sujet	107	
—	19	Patentes et confirmation de LL. AA. RR.	108	
—	21	Réquisitoire contre un abus de juridiction des échevins de Mons	108	
—	24	Même sujet. — Représentation de la Cour au sujet de l'administration financière des lois subalternes	110	
—	29	Dépêches contre les excès des militaires	113	
Avril	5, 6	Assassinat du Roi de Suède	113	
—	23	Notification de la déclaration de guerre de la France à l'Autriche.	113	
—	..	Réponse du général de Beaulieu	114	
—	28	Convocation des États. — Bruits d'invasion de l'armée française	114	
—	29	Nouvelles d'hostilités vers Quaregnon	115	
— / Mai	30 / 1ᵉʳ	Engagement et déroute des Français	115-116	

(1) Paridaëns donne erronément décembre.

1792	**Mai**	2	Relation imprimée de l'engagement . . .	116
—		3	Bruits d'hostilités vers Maubeuge. — Mouvements de troupe. — Rapports militaires	116
—		4	Proclamation de LL. AA. RR. relative à la guerre contre la France	116
—		5	Proclamation du commandant militaire. — Mécontentement du peuple. — Décret relatif aux émigrés français. — Le gouverneur général passe à Mons, allant à l'armée	117
—		7	Mouvement de l'armée. — Protestation contre la proclamation du 5	118
—		9	Le quartier général à Mons	122
—		10	La Cour va rendre hommage à S. A. R. . .	122
—		13	Mandement de l'archevêque de Cambray ordonnant des prières publiques pour le succès de la guerre.	1-3
—		23	Mort de l'Impératrice-mère. — S. A. R. Madame arrive à Mons. — La Cour va la complimenter .	123
—		31	Arrivée de l'Archiduc Charles	124
	Juin	3	Procession de la kermesse	125
—		7	Procession du St-Sacrement. — Préparatifs pour l'inauguration	125
—		9	Le Prince de Ligne fils fait son entrée à Mons .	126
—		10	Dépêche relative à l'inauguration . . .	126
—		11	Inauguration de François I. — Direction pour la solennité (1)	126
—		12	Arrivée de S. A. R. Madame	129
—		23	L'avocat Delward, pensionnaire de la ville, est presque assommé par l'échevin Duval . . .	130
	Juill.	1er	Enlèvement d'une escouade de maréchaussée à Chimay. — Réclamation de la Cour au Commandant de Chimay	131

(1) Note de l'éditeur.

Juill.	6	Le commandant fait droit à la réclamation	135	1792
—	9	Réquisitoire du fiscal au sujet des voies de fait de l'échevin Duval contre l'avocat Delward	135	
—	16	Difficultés relatives au fournissement des contingents de l'armée par les communautés. — Nouvelle officielle de l'élévation de S. M. à la dignité de chef de l'empire	137	
—	26	Dépêche annonçant l'élévation de S. M. comme chef de l'empire	139	
—	30	Manifeste du duc de Brunswick	140	
—	31	Manifeste du Roi de Prusse	140	
Août	12	Te Deum pour le couronnement de S. M.	140	
—	29	Manifestes des frères du Roi de France et des princes du sang	141	
—	16	Le quartier général à Tournay	141	
—	18, 19	Mort du prince Charles de Ligne	141	
—	22	Service pour les confesseurs de la foi massacrés en France	142	
Sept.	17	Nos troupes campent à la frontière en quartier d'hiver	142	
Octob.	25	Ordonnance des échevins relative aux officiers français émigrés	142	
—	30	Quartier général à Mons.—Le duc de Saxe-Teschen, commandant en chef y arrive	142	
Nov.	4	Les Français emportent le poste de Boussu et s'avancent à St-Ghislain	142	
—	5	Les Autrichiens font partir de Mons les bagages et la chancellerie militaire. — Escarmouches à Eugies et Frameries. — Incertitudes	143	
—	6	Bataille de Jemappes. — Les Autrichiens évacuent Mons. — La ville capitule	143	
—	7	Entrée des Français. — Les échevins présentent les clefs à Dumouriez. — Démarches de la Cour auprès des États et de Dumouriez	143	

1792 Nov. 8 Manifeste de Dumouriez. — Le peuple convoqué pour élire des représentants provisoires. — Proclamation de ces administrateurs déclarant l'indépendance du pays, la déchéance de la maison d'Autriche, du Conseil et des États . . . . .

— 9 Serment des administrateurs. — Scellés sur le Conseil. — Adresse des administrateurs. — Formation du Club . . . . . .

10, 11, 12 L'armée française s'avance vers Bruxelles. —Imposition des corps ecclésiastiques. — La Marseillaise.

— 15 Motion du citoyen Criquillion au Club pour le rétablissement des tribunaux . . . .

— 19 Les administrateurs se disposant à nommer des juges de paix, sont arrêtés par une protestation .

— 21 Nouvelle assemblée du peuple qui adopte les vœux du citoyen Criquillion contre les administrateurs, pour le rétablissement des tribunaux et la convocation du peuple par quartiers. — Levée des scellés apposés au Conseil. — Arrêt de la Cour pour la convocation du peuple . . . . .

— 22 La Cour révoque son arrêt du 21. — La convocation est contredite. — Réponse des commandants français aux administrateurs contre cette convocation. — Les Français entrent à Louvain. — Élections des représentants provisoires de Bruxelles . .

— 24 Constitution de l'assemblée des communes du Hainaut Belgique. — Serment des députés. — Elle fait imprimer des procès-verbaux de ses séances .

— 25 Arrêt des administrateurs annulant l'assemblée du 21. — Sermon d'un curé jureur, à Ste-Waudru .

— 26 Protestation du peuple de Louvain en faveur de la constitution. — L'assemblée des représentants du

		peuple de Hainaut décrète la déchéance de l'Autriche et l'abolition du droit de morte-main . . .	158	1792
Déc.	7	Nouvelle de la prise de Namur par les Français .	159	
—	18	Résolution de l'assemblée contre la ville de Hal qui refuse d'y envoyer des députés . . .	159	
—	28	L'auteur nommé juge par l'assemblée. — Il refuse ainsi que presque tous les autres nommés .	159	
—	29	Lettre de refus de l'auteur à cette place. — On imprime celles de MM. Raoux, Delattre et Visbecque.	161	
—	30	Institution du tribunal supérieur provisoire. .	163	

1793

Janv.	..	Passe-port de l'auteur	164	1793
—	6	Plantation de l'arbre de la Liberté. — Fêtes. — Illumination, etc.	164	
—	10	Proclamation de l'assemblée sur l'établissement des tribunaux. — Brochure : « Premier cri unanime de tous les Belges »	165	
—	15	Visites domiciliaires pour reconnaître les effets des émigrés français	165	
—	17	Décret de l'assemblée interprétant celui du 11 sur les biens écclésiastiques. — Critiques à ce sujet .	165	
—	20 et 21	Séances de l'assemblée intéressantes par l'arrivée d'un commissaire français, pour mettre à exécution le décret du 15 décembre	166	
—	22	Le commissaire publie militairement le décret du 15 décembre. — Carillon. — Illumination par ordre des administrateurs	166	
—	23	Le commissaire établit des économes dans les communautés écclésiastiques et fait procéder à des inventaires	166	
—	25	Interprétation du décret du 15 décembre affiché à Mons. — Nouvelle de l'exécution de Louis XVI.	167	

1793	Janv.	26	Détails sur les derniers moments et exécution Louis XVI, extraits de la *Gazette de Bruxelles*. Romance sur la mort du Roi.
	—	28	« Prédiction de Nostradamus », libelle révolutio naire affiché à Mons
	—	29	L'auteur signifié de remettre au greffe du tribu des pièces de procédure.
	Févr.	2	Arrêt des administrateurs ordonnant aux prêt déportés de la France de se retirer du Hainaut qu regardent dès à présent comme partie intégra de la République française.
	—	5	Cérémonie funèbre pour Pelletier de Saint-Farge
	—	6	Détails de cette cérémonie. — « Union, Frat nité, Égalité », libelle révolutionnaire.
	—	9	Convocation du pleuple à Ste-Waudru pour vo sur la forme de gouvernement
	—	10	Les administrateurs offrent des secours a ouvriers sans ouvrage pour gagner leur vote.
	—	11	Assemblée du peuple à Ste-Waudru. — On surprend par force un vote de réunion à la France. Réjouissance par ordre. — Deux relations imp mées de cette assemblée. — Circulaire des admin trateurs aux municipalités
	—	12	Convocation des municipalités en assemblée p maire.
	—	13	Nouvelles des revers des Français qui ont évacuer Ruremonde. — Mouvement de troupe
	—	14	Départ de troupes françaises et de chasseu belges pour Bruxelles. — Décret des administrateu ordonnant aux nobles et privilégiés de renonc à leur noblesse et privilèges. — Registre ouvert la ville pour les réclamations à faire contre l'assem blée du 11.

17	Nouvelle invitation des administrateurs aux nobles et privilégiés de faire leur renonciation, etc. — On y obtempère après avoir pris l'avis de théologiens	1793 178
18	Suppression de la paroisse de Ste-Waudru. — L'église est fermée et les objets qui s'y trouvent transportés à l'hôtel-de-ville	179
19	Invitations aux débiteurs du Chapitre de payer leurs redevances.	179
26	L'assemblée primaire à Bruxelles vote la réunion à la France. — Affliction de l'auteur : maladie de sa fille Melcthilde.	180
27	Mort de Melcthilde Paridaens. — Sa carte de mort.	180
5	Décret de réunion du Hainaut à la France. — Réjouissances publiques. — Nouvelles des revers des Français qui lèvent le siège de Maëstricht .	180
6	Détails sur la défaite des Français . . .	181
10	Ordonnance des administrateurs enjoignant aux habitants de porter leurs armes à l'hôtel-de-ville pour armer les compagnies de Sans-Culottes. .	182
11	Publication solennelle du décret du 6, portant réunion du Hainaut à la France. — Nouvelles de l'armée	182
12	Arrestations de MM. Sécus, Demarbaix, Delcroix, de par ordre des administrateurs. . . .	183
13	Proclamation de Dumouriez pour dissoudre la légion des Sans-Culottes, interdire au Club de s'ingérer dans des affaires militaires ou administratives et ordonner la restitution des argenteries enlevées des églises	183
14	Les proclamations sont affichées à Mons. — Les administrateurs refusent de les reconnaître. —	

1793		Arrêté ordonnant aux religieux de prendre l'habit séculier. — Arrestations. — Visites domiciliaires pour trouver des armes. — Proclamation des commissaires français contre les profanations. — Violences et extorsions des agents de la République	186
—	19	Punition de quelque déserteurs belges	188
—	21	Lettre de Dumouriez à la Convention, du 12. — Sursis à l'ordonnance du 12 relative aux habits séculiers des religieux. — Nouvelles d'une affaire à Landen où les Français ont été battus	188
—	22	Sursis à l'ordonnance du 12 sur les habits des religieux. — Lettre des juges au tribunal de Mons au commissaire de la Convention, du 19 mars	186
—	23	Arrivent à Mons des blessés français	186
—	24	Déroute des Français. — Décret des administrateurs pour la construction d'un canal de Mons à Ath. — Décret de la convention sur les fonctionnaires publics qui marcheront à la défense de la patrie.	186
—	25	Passage de Français blessés et débandés. — Émigration des administrateurs, des juges et autres fonctionnaires. — Pillage du bureau de la guerre et de l'hôtel du Président de la Cour, etc.	190
—	26	Les Français continuent à évacuer la ville	190
—	27	Les compagnies bourgeoises occupent les postes de la ville. — Le peuple brûle l'arbre de la Liberté, l'obélisque de la bataille de Jemappes et la charpente du tombeau de Pelletier ; il enlève les drapeaux français. — La Cour s'assemble. — Attente des Autrichiens. — Te Deum à St-Germain. — Les chanoinesses font nettoyer l'église de Ste-Waudru. — Arrive un détachement d'Autrichiens accueilli avec démonstrations de joie.— Collecte en leur faveur	19

Mars.	28	On attend l'archiduc Charles. — Le peuple convoqué pour aller le recevoir. — Proclamation du prince de Saxe-Cobourg.	193	1793
—	29	On rebénit Ste-Waudru. — Arrivée de l'archiduc Charles. — Cérémonies et joies publiques. — Chronogrammes. — La Cour à l'audience de l'archiduc. — Conversation sur les affaires du temps. — « Adresse des Belges à l'armée de l'Empereur », brochure .	193	
—	30	Passage de troupes autrichiennes. — Arrive un trompette français. — Conjectures sur sa mission. — Arrive le général de Saxe-Cobourg. — Évacuation de Tournay	196	
—	31	Grand'Messe et Te Deum solennels. — Cérémonial. — Illumination	196	
Avril.	1er	Invitation du magistrat de fournir des marmites pour caserner les troupes. — Redoute à la Salle des Concerts et bals gratis. — Concert où assistent l'archiduc et le général de Saxe-Cobourg . . .	197	
—	2	Arrivent le ministre Bournonville et autres commissaires de la Convention assistés par Dumouriez.	198	
—	3	Les commissaires français seront conduits à Maestricht. — Bruit de la défection de Dumouriez . .	199	
—	4	Départ des commissaires français pour Bruxelles.	199	
—	5	Arrivent des militaires français qui ont voulu s'opposer à l'arrestation des commissaires . .	199	
—	6	Ces militaires sont conduits à Bruxelles. — Dumouriez arrive à Mons. — Nouvelle de la réinstallation du Conseil de Brabant	200	
—	7	Beau spectacle sur la Grand'place par les groupes de personnes se félicitant de l'état des choses. Bruits de la prise de Condé. — Les bourgeois prennent les postes de la ville, la garnison devant partir le lendemain	200	

1793	**Avril**	8	Départ de la garnison pour l'armée. — Arrive le général Clerfayt. — Bruit de la prise de Maubeuge. — Arrestation de Jacobins. — Passage d'un train d'artillerie. — Manifeste de Dumouriez à la nation française 2C
	—	9	Procession en l'honneur du retour de l'ordre et des Autrichiens : on y porte les reliques mutilées de Ste-Waudru qui font grande sensation dans le peuple. — Arrestation et résistance du pensionnaire Hamalt 2C
	—	10	Sur la requête du pensionnaire Hamalt, la Cour ordonne son élargissement. — Arrêt de la Cour contre les arrestations arbitraires 2C
	—	11	Les échevins trouvent un paquet laissé par les administrateurs provisoires relatif à l'introduction des assignats en Belgique. — Seconde adresse du général Dumouriez à la nation française. — Seconde déclaration du général de Saxe-Cobourg . . 2C
	—	14	Renouvellement du magistrat de Bruxelles. — Procession solennelle pour aller reprendre le St-Sacrement de Miracles caché pendant le séjour des Français 2C
	—	15	Arrêt de la Cour pour proscrire les assemblées des clubistes. — Patentes de l'archiduc Charles comme gouverneur général 2C
	—	16	Arrivée du ministre de Metternich . . . 2C
	—	20	Ordonnance des échevins contre les clubs . . 2C
	—	23	Nouvelles de Bruxelles 2C
	—	25	La Cour reçoit officiellement les patentes de l'archiduc Charles et décide d'aller le complimenter. — Lettre de l'Empereur aux États 2C

Avril	26	Lettre de l'Empereur sur la manière dont l'archiduc doit se conduire dans son gouvernement.	207	1793
Mai	..	Dépêche du Gouvernement interdisant au magistrat de conférer les places à leur collation	207	
—	6	Ordonnance de la Cour concernant les avocats et suppôts de la Cour qui ont accepté des emplois ou fréquenté les clubs pendant le séjour des Français	208	
—	12	Te Deum pour la naissance d'un archiduc. — Réjouissances publiques. — Lettres pastorales de l'archevêque de Cambrai	209	
—	21	Décret d'amnistie en faveur des Béthunistes. — Réponse du Gouvernement à la représentation du magistrat au sujet de la collation des emplois.	209	
—	31	Dépêche de l'empereur à l'archiduchesse Marie-Christine, du 1ᵉʳ juillet 1792, restée sans publicité et qui prouve les mauvaises intentions du Gouvernement.	210	
Juin	3	Ordonnance de S. M. portant amnistie pour les déserteurs.	211	
—,	10, 13, 14	Procédure sur la plainte d'excès de l'avocat Sirault contre les échevins de Mons.	211	
—	18	Arrêt définitif dans cette affaire.	213	
—	24	Installation du nouveau magistrat. — Cérémonial suivi à cette occasion	214	
—	28	Déclaration de S. M. concernant l'Université de Louvain	216	
Juill.	10	Invitation aux habitants de se prêter à loger les officiers	216	
—	11	Capitulation de Condé. — Réjouissances.	216	
—	15	Relation de l'entrée des Autrichiens à Condé et proclamation du général de Saxe-Cobourg	216	
—	16	Une partie de la garnison de Condé arrive à Mons. — Nouvelles du siège de Valenciennes.	217	

1793	**Juill.** 23	Proclamation de la jointe rétablie pour l'administration provisoire des pays conquis . . .	217
	— 25	La Cour délibère sur un règlement relatif aux charriages et pionnages pour le service de l'armée. — Elle décide de faire une représentation contre le placard de la jointe pour l'administration des pays conquis.	217
	— 27	Bulletin du siège de Valenciennes . . .	217
	— 28	Nouvelle de la reddition de Valenciennes. — Réjouissances publiques. — Illumination . .	218
	— 29	Bulletin de la prise de Valenciennes . . .	218
	Août 1ᵉʳ	Capitulation de Valenciennes. — Représentation de la Cour au sujet de l'administration des pays conquis, demandant que ces pays soient réunis au Hainaut dont ils faisaient partie jadis, et tenus au même titre	218
	— 4	Te Deum solennel et illumination. — Les échevins n'ont plus de tapis sur leur banc	223
	— 10	Députation de la Cour au ministre, au sujet de la représentation relative à l'administration des pays conquis. — Réponse du ministre. — Objection de M. de Firland.	224
	— 15	Les échevins ne paraissent pas à la procession parce qu'ils n'ont pas eu de tapis sur leur banc, le 4 août. — Députation à ce sujet vers le ministre .	225
	Sept. 11	Nouvelle de la prise du Quesnoy. — Réjouissances. — Bulletin imprimé de cette affaire . .	225
	— 14	Capitulation du Quesnoy	225
	— 15	Prisonniers français à Mons, faits au Quesnoy et à une affaire entre Cambrai et Bouchain . . .	225
	Octob. 4	Passage de l'armée hollandaise allant vers Maubeuge. — Te Deum où les échevins ont un tapis rouge sur leur banc. — Cette querelle entre le Cha-	

		pitre et le magistrat était terminée par un décret du Gouvernement adjugeant la provision aux échevins.	226	1793
Octob.	5	Drouet, commissaire de la Convention, est fait prisonnier à Maubeuge et conduit à Mons.	227
—	17	L'armée hollandaise repasse à Mons — Bruit d'un échec.	227
—	19	L'armée hollandaise vient se camper à Ciply, Cuesmes, etc.	227
—	21	Nouvelle de l'exécution de la Reine de France	227
Nov.	4	La ville de Hal offre aux États un don gratuit pour les dépenses de la guerre afin d'éviter une seconde invasion française.	228
—	9	Communication entre la Cour et les États au sujet d'un travail à faire sur les moyens d'empêcher l'exportation et l'accaparement des choses de première nécessité. — Cérémonial	228
—	11	Note des États et dépêches du Gouvernement sur le même sujet	229
—	13	Lettre pastorale de l'archevêque de Cambrai ordonnant des prières publiques et invitant les abbés à porter leurs argenteries à la monnaie.	231
—	17	Dépêche de S. A. R. aux États de Brabant.	231
—	18	Messe solennelle pour le repos de l'âme de la Reine de France, par l'archevêque de Cambrai	231
Déc.	20	Adresse des États pour provoquer des offrandes patriotiques à S. M. — Décret aux curés pour faire des emprunts à cette fin	231

1794

| Janv. | 4 | La Société du Concert Bourgeois délibère un don gratuit de seize cents livres. | 232 | 1794 |

— 284 —

1794	Janv.	5	Mandement de l'archevêque de Cambrai ordonnant des prières publiques	232
	—	12	Les prêtres émigrés français s'engagent à dire une messe quotidienne pour la conservation de S. M. et la prospérité de ses armes	233
	—	13	Décret du 31 décembre qui attribue à la Cour juridiction supérieure sur les parties du Hainaut nouvellement conquises	233
	—	22	Lettre du Comité central pour les dons patriotiques adressés à la Cour	233
	—	23	Dépêche de S. A. R. sur le même sujet . .	234
	Fév.	14	Mandement pour le Carême	235
	—	15	Acte de rétablissement des couvents supprimés .	235
	—	17	Discours prononcé aux États par le comte de Thiennes	235
	—	20	Les Autrichiens quittent leur cantonnement pour entrer en campagne. — Quartier général à Valenciennes.— Les postes de la ville remis aux bourgeois.	235
	—	28	Dépêche de S. A. R. au sujet des capitaux et effets que des Français possèdent en ce pays. — Dépêche de S. M. concernant le rétablissement des couvents supprimés	236
	Mars	1er	Dépêche de S. M. annulant les proclamations militaires des 14 mars 1791 et 29 avril 1792 . .	239
	—	5	Agréation de S. M. à la proposition des États pour la levée des deniers de la dépositairerie, à titre d'emprunt, en date du 26 février	240
	—	6	Dépêche de S. A. R. remerciant des dons volontaires	240
	—	24	Octroi des nouvelles impositions . . .	240
	—	25	Fête de l'Annonciation. — Procession. — Grand' messe. — Te Deum pour l'anniversaire de l'évacuation de la ville par les Français. — Lettre du prince de Cobourg sur la bravoure des paysans de Chimay.	240

Mars	27	Avertissement relatif au papier timbré	241	1794
Avril	2	Représentation de la Chambre consulaire de Valenciennes au sujet de sa juridiction et de celle de la Cour	241	
—	8	Dépêche annonçant l'arrivée de S. M. à Bruxelles. — Députation de la Cour vers S. M. . . .	242	
—	12	La députation fait rapport de son audience chez S. M., S. A. R. et le comte Trauttmansdorff. — Relation de l'audience de la députation des États. — Exhortation des États pour s'enrôler et faire des dons patriotiques	242	
—	13	Jubilé accordé par le Pape. — Les États envoient une députation à Hal recevoir S. M. . . .	245	
—	15	Relation des audiences des États. — Liste de souscriptions pour les dons patriotiques. . .	245	
—	21	Entrée solennelle de François II à Mons. — Fêtes et cérémonies publiques. — Chronogrammes .	246	
Mai	1er	Nouvelle de la prise de Landrecies	249	
—	4	Des prisonniers français passent à Mons. — Le général Chappuis, commandant de Cambrai, sur un chariot	249	
—	7 et 8	Prisonniers français venant de Landrecies . .	249	
—	11	Te Deum à Ste-Waudru. — Nouvelles de l'invasion des Français à Lobbes et à Thuin. — Binche prend la fuite et arrive à Mons. — Forte canonnade. — Meilleures nouvelles	250	
—	12	Nouvelles de l'armée. — Bulletin imprimé par ordre des États	251	
—	13	Mauvaises nouvelles. — Les Autrichiens sont repoussés à Bray. — Les Jacobins lèvent la tête. — Arrêt de la Cour pour mettre les caisses publiques en sûreté. — Disposition des habitants en cas d'invasion	251	

1794	Mai	14	Bonnes nouvelles. — La Cour tient séance — Les Français ont évacué Binche sans commettre de désordres. — Extrait d'une lettre du général Kaunitz. — La confiance renaît	253
—		15	Les Français se retirent.— Nouvelles de Bruxelles. — Échec de Clerfayt en Flandre	254
—		18	Bonne nouvelle de la Flandre	255
—		19	Échecs en Flandre. — Bulletin imprimé	255
—		21	Nouvelles alarmantes à cause de la rentrée des Français à Binche. — Disposition des États et de la Cour	255
—		23	Bulletin d'une affaire près de Tournay. — Mouvement de troupes. — Passages de courriers	256
—		24	Victoire des Autrichiens sur la Sambre. — Bulletin imprimé. — 3000 prisonniers arrivent à Mons.	256
—		25	Les prisonniers partent pour Bruxelles sous l'escorte de volontaires de Mons. — Te Deum. — Les Français quittent Lobbes	256
—		26	Arrivent des canons pris sur l'ennemi.	257
—		27	Arrêt de la Cour contre le sieur Boussingault, Jacobin, condamné au blâme.	257
—		29	Arrive le général de Kaunitz. — Nouvelle d'un avantage remporté par les Français	259
—		31	L'Empereur arrive à Mons	259
	Juin	1er	L'Empereur va au camp et repart pour Bruxelles ou Nivelles dans une simple voiture, sans suite	260
—		2	Lettre de remerciement de S. A. R. au magistrat de Mons	260
—		11	Passent plusieurs chariots de bière donnés par la ville de Louvain à l'armée de la Sambre.	260
—		15	Procession de la kermesse.	261
—		16	Nouvelles des succès des Français	261

Juin	17	Détails de l'affaire d'hier. — Bulletin imprimé par les États	261	1794
—	18	Inquiétudes. — Canonnade. — Mouvement de troupes	261	
—	19	Procession du St-Sacrement. — Nouvelles de la Sambre et de la Flandre. — Ouverture du Comité de la guerre pour promouvoir la recrue du nouveau corps de l'archiduc Charles. — « Tocsin Belgique », brochure	262	
—	27	La Cour commence ses vacances pour que chacun puisse veiller à sa sécurité	262	
—	28	Départ de l'auteur pour Hal	262	
Juill.	1er	Entrée des Français à Mons	262	
—	14	Retour de l'auteur à Mons, après avoir séjourné quinze jours à Bruxelles, incognito, pour la crainte de l'effervescence du peuple.	263	
—	16	Passe à Mons la statue du duc Charles de Lorraine qui était sur la place royale, à Bruxelles .	263	
—	17	Nouvelle de la reprise de Landrecies . . .	263	
—	18	On annonce la reprise de Namur . . .	263	
—	19	Delneufcourt fusillé pour faux assignats . .	263	
Août.	2	On dépend le carillon de Ste-Élisabeth . .	264	
	31	La garnison autrichienne de Valenciennes passe à Mons, prisonnière de guerre. .	264	

TABLE ONOMASTIQUE [1]

ABRÉVIATIONS : av. = Avocat ; c. c. = Chevalier de Cour ; c. c. s. = Conseiller au Conseil souverain ; c. s. = Conseil souverain ; d. c. = Député de la Chambre du Clergé ; d. n. = Député de la Chambre de la Noblesse ; d. t. = Député de la Chambre du Tiers État ; éch. = Échevin ; m. c. = Membre de la Chambre du Clergé ; m. n. = Membre de la Chambre de la Noblesse ; m. t. = Membre de la Chambre du Tiers État.

ABLAY, av.-pensionnaire de la Ville, II, 160.
ABRASSART, Pierre-Joseph, c. c. s., I, 9, 30, 69, 70, ●09, 115, 121, 122, 137, 200, 215, 238. — II, 23, 25, 38, 48, 49, 53, 54, 57, 58, 60, 61, 69, 160, 161, 253.
ACHMET IV, grand sultan de Turquie, I, 79, 182, 184, 185.
AGUILAR (d'), receveur général des États de Brabant, I, 175.
AIX-LA-CHAPELLE, I, 242. — II, 182, 219, 222.

[1] Les particules *d'*, *de*, *du*, *de le*, *de la*, *van*, *van den*, *van der*, *von*, détachées du nom d'une personne, sont placées après le nom dans le classement alphabétique. Des documents contemporains ont rectifié les noms propres et identifié les personnages.

ALAVOINE, Benoît, abbé de Saint-Denis, m. c., l. 73. — II, 134 (n.).
ALBERT, archiduc d'Autriche, souverain des Pays-Bas, II, 221.
ALBERT-CASIMIR, duc de Saxe-Teschen, et Marie-Christine, lieutenants, gouverneurs et capitaines généraux des Pays-Bas, I, XI, 1, 5, 6, 7, 8, 9, 10, 12, 14, 16, 17, 19, 20, 21, 22, 23, 27, 28, 29, 31, 32, 33, 42, 48, 49, 50, 51, 53, 55, 56, 62, 79, 95, 98, 100, 108, 110, 111, 118, 119, 121, 124, 125, 126, 127, 128, 131, 132, 133, 134, 135 (n.), 141, 143, 147, 163, 189, 234, 242, 271. — II, 2, 3, 5, 66, 70, 74, 75, 76, 77, 78, 86, 87, 90, 91, 97 (n.), 105, 107, 108, 110, 112, 113, 116, 117, 118, 119, 120, 121, 122, 123, 124, 125, 126, 129, 131, 137, 139, 141, 142, 206, 211.
ALLEMAGNE (gazette d'), I, 242.
AMSTERDAM (gazette d'), II, 177.
ANDERLECHT, I, 265.
ANDERLUES, II, 254.
ANDOY, I, 243.
ANGLETERRE, voir : AUCKLAND et GEORGES III.
ANTHOINE, Philippe-Joseph-Théodore, av., I, 194 ; éch., 196, 204. — II, c. c. s., 14, 68, 70, 160, 228, 229, 253.
ANTOINE-JOSEPH, archiduc d'Autriche, II, 243.
ANVERS, I, 38, 68, 69 (n.), 106, 108, 138, 139, 170, 173, 174, 178, 186, 204, 230, 235, 241, 264, 266. — II, 201 ; évêque, voir : NÉLIS.
APONCOURT (d'), voir : CIVALLART D'HAPONCOURT.
ARBERG DE VALLENGIN ET DU SAINT-EMPIRE ROMAIN (Charles-Alexandre comte d'), évêque d'Ypres, I, 223.
ARBERG DE VALLENGIN ET DU SAINT-EMPIRE ROMAIN (comte d'), général au service impérial, I, 42, 76 ; grand-bailli, 95, 114, 115, 116, 117, 121, 124, 125, 126, 128, 134, 139, 144, 145, 189. — II, 65, 78, 80.

ARBERG DE VALLENGIN ET DU SAINT-EMPIRE ROMAIN (comtesse d'), I, 118, 119, 120, 184, 189.
ARBERG, (dragons), I, 62, 98, 106.
ARENBERG (Louis-Englebert duc d'), grand-bailli, m. n., I, XI, 22, 32, 37, 38, 39, 42, 43, 45, 46, 48, 50, 51, 52, 53, 54, 55, 56, 57, 60, 61, 62, 69, 73, 75, 86, 95, 108, 114, 115, 218, 223. — II, 78, 79.
ARENBERG (duchesse d'), II, 85.
ARENBERG (Pauline d'), II, 85.
ARLON, II, 70.
ARTOIS (Charles-Philippe comte d'), I, 177.
ASSONLEVILLE (d'), c.-pensionnaire-greffier du chef-lieu, I, 9, 25, 184, 185, 186, 199, 201, 256. — II, 160.
ATH, I, 21, 27, 97, 141, 164, 188, 190, 242, 246. — II, 141, 190, 245, 252.
ATTRE, II, 58, 60.
AUCKLAND (lord), ministre d'Angleterre, I, 258, 259, 260.
AUDENARDE, I, 186.
AUQUIER, (Louis-Bruno), av., c.-pensionnaire de la ville, m. t., I, 97, 138, 139, 142, 201, 215.
AUXY DE NEUFVILLES (Charles-Emmanuël comte d'), m. n., I, 52, 53. — II, 15, 56, 57.

BAILLET, membre des États de Brabant, I, 262.
BANCALE, député de la Convention nationale, II, 199.
BAPTE, J., I, 30.
BAR, François-Joseph, II, 92, 106.
BARRE (Ferdinand de la), président de l'assemblée générale des représentants du peuple souverain de Hainaut, II, 160, 161, 162, 163.
BARRE DU MAINIL (J. baron de la), II, 186.

BARTENSTEIN (J. baron de), commissaire civil du gouvernement, I, 2. — II, 137, 138, 139.
BATTELET, N.-B.-J., I, 30.
BAUDOUR, II, 82.
BAVAY, I, 202.
BEAULIEU (de), général au service impérial, II, 113, 114, 116.
BEAUMONT, I, 21, 232, 238, 249.
BEAURAING, I, 240.
BEHAULT (de), lieutenant-prévôt, I, 220, 227.
BEHAULT (de), J.-P., av., II, 98.
BEHAULT (Pierre-Joseph-Médard de), c. c. s., I, 43, 113, 167. — II, 35.
BEHAUT de WARELLES (de), av., premier éch., I, 18, 19.
BEGHIN, Catherine, aquafortiste, I, XII, XIII.
BEGHIN, Jean-François, orfèvre, I, XII.
BEGHIN, Jeanne-Catherine, miniaturiste, I, XII, XIII.
BEKEN (van der), greffier c. s., I, 104.
BELGIOJOSO (comte de), ministre de l'empire, I, 21, 46, 62.
BELGRADE, I, 185, 188.
BELHOMME, I, 8.
BELŒIL, II, 82, 141.
BENDER (baron de), général d'artillerie au service impérial, maréchal commandant général des armées, I, 242, 262, 267, 266. — II, 18, 20, 21, 119.
BENDER (régiment de), I, 179, 210, 230, 231.
BERGEYCK (comte de), I, 176.
BERGH (F. van der), I, XIV.
BERLIN, I, 242, 257 ; voir : KELLER (DE).
BÉTHUNISTES, partisans de Chavrot de Béthune, II, 209.
BETTIGNIES, curé, voir : GUYOT.
BETTIGNIES (de), P.-F., av., éch., I, 146, 196. — II, 152 (n.),

BEURNONVILLE, *erronément* Bournonville, ministre de la guerre de la République française, II, 198, 199.
BIGWOOD, G., I, III (n. 1).
BINCHE, I, 24, 180, 190, 244, 245, 246, 266. — II, 3, 64, 116, 250, 251, 253, 254, 255, 256, 261.
BISEAU DE FAMILLEUREUX (de), av., éch., II, 198, 212, 213.
BLANKESTEIN (hussards de), II, 227.
BLOIS DE QUARTES (de), I, 225.
BOCQUET, Nicolas, imprimeur montois, II, 202.
BOIS-BOURDON, II, 116.
BONDY (forêt de), II, 67.
BONN, I, 242. — II, 66.
BONNE-ESPÉRANCE, abbaye, II, 247 ; abbé, voir : DAUBLAIN.
BONNET, I, 206.
BORGNET, Adolphe, I, XIV.
BORINAGE (le), I, 245.
BOTTE, C.-J., I, 30.
BOUCHAIN, II, 225.
BOUILLEZ, commandant de Metz, II, 70.
BOULANGER, Pierre, curé de Saint-Nicolas-en-Havré, I, 226.
BOURBON (duc de), I, 177.
BOURGOGNE (cercle de), II, 140.
BOUSIES, Bonaventure-Hyacinthe (chevalier de), maire, I, 19, 141, 272.
BOUSIES, vicomte de Rouveroy (Féri-François de), m. n., I, 52, 53, 262.
BOUSSINGAULT, Augustin, II, 257, 258, 259.
BOUSSU, I, 265. — II, 115, 137, 138, 142, 201, 246.
BOUSSU (Gilles-Joseph de), I, 243.
BOUVIGNES, I, 203, 264.
BRABANT, I, 75, 127, 149, 181, 183, 185, 188, 201, 232, 258, 260. — II, 17, 27. *Conseil*, I, 89, 90, 92, 108, 123,

142, 144, 149, 150, 172, 173, 174, 175, 176, 177, 182. — II, 90, 200. *États*, I, xi ; 12 et 13, propositions ; 28, 46, 50, 51, 54, 55, 56, 64, 65, 67, 68, 69 (n.), 72, 76, 93, 98, 108, 124, 129, 143, 169, 170, 171, 172, 174, 175 ; 202, union ; 234, 255, 262, 263, 270. — II, 18, 86, 231.

BRABANT-WALLON, I, 142.

BRAINE (De), commandant en chef les patriotes montois, I, 219.

BRAINE-LE-COMTE, I, 21, 220, 246. — II, 186.

BRAY, I, 266. — II, 261.

BRÉDA, I, 181. — II, 180.

BRÉDART, secrétaire c. s., II, 150 (n).

BROECHEM, (Nicolas-Antoine van), écuyer c. c. s., I, 104, 105.

BROËTA, major au régiment de Bender, I, 230, 231.

BROGNIEZ, F.-J., huissier des États, I, 27, 28, 32.

BROGNIEZ, official de la chambre des comptes, I, 47.

BROUWET, receveur général des domaines et finances, I, 46, 47, 62.

BRUGELETTE, I, 111.

BRUNSWICK (duc de), commandant en chef des armées du Roi de Prusse et de l'empire, II, 140.

BRUXELLES, I, xi, 46, 51, 56, 61, 62, 63, 64, 67, 68, 69, 70, 71, 72, 74, 83, 94, 96, 97, 98, 102, 107, 108, 111, 113, 120, 123, 124, 125, 126, 128, 129, 131, 132, 134, 136, 138, 140, 142, 143, 144, 148, 150, 152, 157, 158, 166, 169, 170, 171, 172, 173, 174, 175, 176, 178, 179, 180, 181, 182, 189, 201, 203 ; 207, Sainte-Gudule ; 208, 218, 227, 233, 234, 238, 239, 241, 246, 250, 551, 255, 257, 260, 261, 262; 263, 264, 266, 268, 269, 270. — II, vii, viii, 3, 5, 6, 7, 8, 9, 10, 11, 12, 16, 18, 20, 21, 49, 54, 56, 57, 58, 60, 61, 62, 63, 66, 78, 79, 86, 88, 89, 90, 91, 97, 105, 107, 108, 111, 114 ; 116, gazette ; 117, 118,

120, 139, 143, 146, 156, 158 ; 167, gazette ; 177 ; 180, assemblée primaire à Sainte-Gudule décrétant la réunion à la France ; 181, journal ; 183, gazette ; 185, 186 ; 187 : gazette ou journal ; 188 : gazette ; 189, 190 ; 194, gazette ; 199, 200, 204, 205, 208, 210, 211, 212, 226, 227, 230, 231, 233, 234, 237, 239, 242, 245, 248 ; 249, hôtel d'Arenberg ; 255, 256, 260, 261, 262, 263.
BRYAS, P., I, 145, 146.
BUISSERET-DEFAUX, I, 242.
BUREAU DE LA WASTINNE, av., éch., m. t., receveur général du chapitre Sainte-Waudru, I, 195, 215.— II, 15, 19, 179.
BURGT (van den), I, XIV.

CAMBIER, II, 152 (n.).

CAMBRAI, II, 225 ; archevêché, 164 ; archevêque, voir : ROHAN (DE).
CAMBRON, abbaye, I, 142, 143, 230, 231 ; abbé, voir : PEPIN, Florent.
CAMUS, député de la Convention nationale, II, 188, 199.
CANARIS (corps des), patriotes belges, I, 264.
CAREZ, II, 152, (n.).
CARONDELET (marquis de), I, 246.
CARPENTIER, P.-J., doyen du chapitre de Binche, m. c., député ordinaire, I, 52, 138, 139, 140, 215. — II, 5, 10.
CASTEAU, I, 60, 246.
CATEAU-CAMBRÉSIS, II, 246.
CAULIER, A.-J., I, 30.
CELLES (baronne douairière de), I, 176.
CELLES-MOLEMBAIX, I, 226.
CHALON, Renier, I, V, VIII, X. — II, VIII.
CHAPELIER, I, 151.
CHAPPUIS, général commandant la place de Cambrai, II, 249.
CHARLEROI, II, 255, 260.

CHARLES (légion de l'archiduc), II, 262.
CHARLES II, II, 221.
CHARLES III, roi d'Espagne, I, 79.
CHARLES IV, I, 162. — II, 33, 96 (n.), 220.
CHARLES DE LORRAINE, archiduc d'Autriche, gouverneur général des Pays-Bas, II, 263.
CHARLES-LOUIS, archiduc d'Autriche, I, XII. — II, 124, 125, 128, 129, 191, 192, 193, 194, 195, 196, 197, 198, 201, 204; gouverneur et capitaine général des Pays-Bas, 205, 206, 207, 208, 210, 212, 218, 219, 223, 224, 228, 231, 232, 234, 236, 237, 240, 242, 243, 244, 245, 246, 248, 260.
CHARLIER, I, 150.
CHASTELER marquis DE COURCELLES (Jean-François du), c. c., I, 111.
CHASTELER-MOULBAIX (marquis du), m. n., I, 31, 47, 51, 52, 72, 73.
CHAVROT DE BÉTHUNE, II, 209.
CHESTRET DE HANEFFE (J. baron de), I, XIV.
CHEVALIER, official, I, 14, 15.
CHIMAY, I, 21, 160, 190, 232, 233. — II, 131, 132, 133, 134, 241.
CHOISŒUL-MEUS (comtesse de), I, 48, 54, 119, 223.
CHUQUET, A., I, XIV.
CIMENTS (les), compagnie bourgeoise, I, 107.
CIPLY, II, 226, 227.
CIVALLART-D'HAPONCOURT (comte de), général au service impérial, commissaire du gouvernement autrichien, I, 197, 198, 199, 223. — II, 116.
CLAUS, II, 65.
CLERFAYT (comte de), général au service impérial, II, 142, 181, 201, 215, 255.
COBENTZIL, (comte de), vice-chancelier de Cour et d'État, I, 110, 203, 229, 233.
COBOURG (régiment de), II, 127.

COCK (de), pensionnaire des États de Brabant, I, 130, 177, 190.
COLFONTAINE, II, 164.
COLINS, chevalier de HAM (de), m. n. I, 59, 67.
COLLERET, II, 227.
COLOGNE, II, 181.
CONDÉ, I, 189. — II, 200, 216, 217, 226.
CONDÉ (prince de), I, 177.
CONDÉ (princesse de), I, 177.
CORBY, général au service impérial, I, 266.
CORNET, receveur général des États de Hainaut, I, 52.
CORNET, Gabriel-Gommaire-Laurent-Joseph, c. c. s., I, 9, 113, 215. — II, 25, 38, 48, 49, 68, 69, 160.
CORNEZ de GREZ, c. d'État, I, 12, 51, 53, 55, 61.
COSSÉE, I, 215.
COURCELLES (marquis de), voir : CHASTELER.
COURT (Charles De Le), I, v, vii, viii, x, xiv. — II, ix.
COURT (Gilles De Le), c. c. s., I, 9, 25, 46, 59, 110, 116, 189, 191, 200, 215, 250, 254. — II, 1, 4, 25, 38, 48, 49, 50, 53, 54, 55, 60, 61, 68, 69, 71, 123, 124, 140, 144, 148, 151 (n.), 160, 194, 206.
COURT (Jules De Le), I, v (n. 4), viii, ix (n. 1), x, xii.
COUTEAUX, Nicolas-Ghislain-Joseph, II, 92, 93, 97, 98, 99, 100, 102, 103, 104, 105, 106.
CRAMILLON, lieutenant de la maréchaussée, I, 263.
CRESPIN, abbaye, II, 116.
CRIQUILLION, Alexis, av., II, 104, 105, 106, 147, 148, 149 (n.), 152 (n.).
CROIX, II, 252.
CROIX (madame de), première aînée du chapitre de Sainte-Waudru, II, 130 (n.).
CROQUET, curé de Sainte-Waudru, II, 173.

CRUMPIPEN (G. de), vice-président du conseil du gouvernement, secrétaire d'État, I, 2, 87, 94, 166. — II, 7, 9, 11, 97, 105, 139.
CUESMES, I, 206, 238. — II, 227.
CUNOTE, C. N., ou QUINET, député de la convention nationale, II, 199.

DANUBE (journal du), I, 129 ; (courrier du), 149.
DARIS, J., I, xiv.
DAUBLAIN, Bonaventure, abbé de Bonne-Espérance, m. c., I, 73, 215, 216, 217, 258.
DEBAY, apothicaire, I, 140.
DEFACQZ, N.-Q., av., éch., I, 113, 194, 196.
DEGAYE, Léonard, doyen de Lessines, m. c., I, 229.
DEINZE (régiment de), I, 85.
DEJARDIN, colonel commandant les troupes impériales à Mons, I, 267, 268, 269.
DEJONGE, c. au conseil de Brabant, I, 173.
DELACOUX, II, 165.
DELACROIX, II, 150 (n), 152 (n).
DELATTRE, Nicolas-Joseph-Germain, c. c. s., I, 171. — II, 68, 69, 160, 163, 183, 229.
DELAUNAIX, I, 27, 78, 152. — II, 234.
DELCROIX, capitaine au régiment de Wurtemberg, II, 183.
DELEDERER, A.-G., II, 207.
DELEENER, substitut-procureur général du c. de Brabant, II, 90.
DELHAYE, I, 240.
DELHAYE, Catherine, I, xii.
DELMARMOL, c. au conseil de Brabant, I, 172, 173, 174. — II, 90.

DELMOTTE, Henri, I, XIII (n.).
DELMOTTE, Henri-Florent, I, V, VI, VII, VIII, X, XIII, 43 (n.).
— II, VIII, IX.
DELMOTTE, Philibert, I, XIII.
DELNEUFCOURT, II, 263.
DELPLACE, L., I, XIV.
DELVAUX, I, 175.
DELWARDE, av.-pensionnaire de la ville, II, 130, 135, 136, 137.
DEMANEZ, II, 152 (n.),
DEMARBAIX, Augustin-Philippe-André-Joseph, secrétaire c. s., II, 48, 49, 61.
DEMARBAIX, Charles-Joseph, c. c. s., I, III (n. 2), 8, 9, 84, 89, 94, 135 (n.) ; sa suspension comme c. c. s., 136, 138, 144, 145, 152, 153, 158, 167, 185 ; président du comité général du Hainaut, 219. — II, éch., d. t., 5, 13, 15 ; sa rentrée à la Cour, 21, 48, 49, 68, 70, 87, 160, 161, 163, 176, 183, 195, 224.
DEMARBAIX, Jacques, c. c. s., I. 9, 59, 107, 110, 111, 112, 116, 158, 159, 190, 191, 195, 196, 197, 200, 202, 214, 215, 218, 230, 232, 238, 249.
DEMARBAIX, X., av., II, 10, 61.
DEMEULDRE, André, I., 102.
DEMEULDRE, C.-A.-J., chanoine du chapitre de Soignies, d. c., II, 15, 56, 57.
DEMULLER, H., I, 21, 87, 160.
DENDRE (la), II, 190.
DERAMAIX, av., I, 194.
DESAILLEZ, dit l'artifail, II, 134.
DESAND, II, 234.
DESCAMPS, J.-F.-C., c. c. s., I, 109, 154, 164, 212, 215 ; 230, chanoine du chapitre de Tournai.
DESCAMPS, Nicolas, I, IX (n. 1), XI, XII (n. 1), 29.

DESCHUYFELEER, II, 180.
DESMANEZ, éch., I, 196.
DESMEUNIERS, membre de l'Assemblée nationale, II, 70.
DEUNHOVEN, II, 181.
DEVILLERS, Léopold, I, x (n.), xii (n. 2), xiii (n.). — II, 149 (n.).
DEVOS, Anne-Marie, I, 102.
DIEST, I, 167.
DINANT, I, 203, 206.
DINNE, E., I, xiv.
DIRICX, général des patriotes volontaires montois, I, 198, 208, 210, 217, 229, 265. — II, 183.
DIRICX (madame), I, 229, 236.
DISCAILLES, E., I, xiv,
DOHM (von), I, xiv.
DOLEZ, Jean-François, av., I, v. — II, viii.
DOLEZ, Hubert, I, v. — II, vii.
DOLEZ, Léon, I, viii.
DONGRIE, II, 152 (n.).
DOUAI, I, 97.
DROUET, commissaire de la Convention nationale, II, 227.
DUBOIS, av., éch., II, 212, 213.
DUBUS, av., trésorier de la ville, II, 46.
DUCHESNES, av. à Bruxelles, I, 150.
DUCORNET, Joseph, m. c., abbé du Val des Écoliers, I, 50, 258.
DUFOUR, abbé, I, 74.
DUFRESNES, curé de Saint-Julien, à Ath, I, 188.
DUMAREZ, A.-J., I, 30.
DUMONT, J.-B., archiviste des États et de la ville, I, 58, 60, 64. — II, 77.

DUMONT, Philippe-François, juge royal à Chimay, puis c. c. s., I, 159, 160, 167, 168, 170, 192, 239. — II, 21, 23, 48, 69, 150.
DUMOURIEZ, général en chef des armées de la République française, II, 143, 144, 145, 146, 147, 152 (n.), 153 (n.), 154 (n.), 183, 184, 185, 186, 188, 198, 199, 200, 201, 204.
DUPONT, huissier c. s., I, 21.
DURAS (de), I, 176.
DURIEU, André-Joseph, greffier c. s., I, 103, 105, 159, 160, 165.
DURIEU, Norbert, abbé de l'abbaye de Saint-Feuillen, au Rœulx, m. c., I, 179, 258. — II, 10, 62.
DURIEU, P., av., éch., I, 196. — II, 10, 61.
DURŒULX, secrétaire c. s., I, 190.
DUTILLŒUL, T.-J., I. 30.
DUVAL (Emmanuël chevalier), av., éch., II, 130, 136, 137.
DUVAL greffier de Leuze, I, 209, 210.
DUVAL (Léopold chevalier), I, 208, 209, 210, 211, 222, 223.
DUVAL (madame), I, 222.

EDGEWORTH DE FIRMOND *erronément* : ou FERMOND, II, 168.
ELISABETH DE FRANCE, II, 73.
ENGHIEN, I, 21, 57, 62, 108, 189, 209, 247. — II, 191, 245.
ENGHIEN (duc d'), I, 177.
ENGLING, J., I, xiv.
ENNETIÈRE, comte de MOUSCRON (marquis d'), m. n., I, 42.
EPINAY (marquis d'), II, 67, 68.
ERDEN, courrier, I, 69.
ERGY (d'), I, 223.
ESCHWEILER, II, 181.
ESPAGNE, voir : CHARLES III.

ESTINNES, I, 140.
EUGIES, II, 143.
EUROPE (journal général de l'), voir : HERVE.

FABRY, préposé principal à la caisse provinciale, I, 153.
FAIDER, F., av., I, 194.
FANCHEY, J.-B.-C., I, 30.
FARIN, av., I, 38 (n.).
FARIN, Charles-Adrien, c. c. s., I, 59, 84, 94, 154, 164, 203, 215. — II, 25, 38, 48, 49, 53, 54, 58, 61, 68, 69, 70, 123, 206.
FAYT, capitaine de volontaires, I, 180.
FELLER (De), I, XIV.
FERRAND, général français, commandant la place, II, 153 (n.), 157, 167, 174, 175.
FERRIÈRE-LA-GRANDE, *erronément* : FIER-LE-PETIT, I, 49 (n.).
FIER-LE-PETIT, voir : FERRIÈRE-LA-GRANDE.
FIERLAND (de), chef et président du Conseil privé, II, 224, 225, 231, 237, 239.
FION, II, 152 (n.).
FLANDRE, I, 232. — II, 261, 262. *Conseil*, I, 142. — II, 211. *États*, I, 66; 202, résolutions; 207, 262.
FLESCHER, av., éch., I, 195.
FLEUR, Balthazar-Louis-Joseph, greffier c. s., I, 159, 165, 193, 194 (n. 1), 196, 232. — II, 2, 6, 25, 41, 61, 70, 154.
FONSON, apothicaire, I, 30.
FONSON, capitaine de la compagnie bourgeoise « les ciments », I, 107.
FONSON, J.-J., I, 30.
FONTAINE, av., greffier de police, I, 146, 239. — II, 136.

FONTAINE, lieutenant-prévôt, I, 196.
FONTAINE, Pierre-Joseph, c. c. s., II, 14, 68, 70, 84, 160, 253.
FONTAINE-L'ÉVÊQUE, I, 21, 264. — II, 254, 259.
FORSTER, G., I, xiv.
FRAMERIES, II, 115, 118, 143.
FRANCÈS, av., m. t., I, 215.
FRANÇOIS I, roi de Hongrie et de Bohême, II, 114, 117, 118, 120, 124 ; comte de Hainaut, 126, 127, 128, 129, 130 (n), 131 (n.), 132 (n.), 133 (n.), 135, 137, 138 ; empereur sous le nom de François II, 139, 140, 141, 192, 195, 197, 198, 205, 206, 207, 211, 212, 213, 214, 216, 218, 219, 220, 221, 223, 224, 229, 230, 231, 232, 233, 236, 237, 238, 239, 240, 242, 243, 244, 245, 246, 247, 248, 249, 256, 257, 259, 260.
FRANEAU D'HYON, comte de GOMMEGNIES (François-Ferdinand-Joseph), m. n., commissaire du Gouvernement, II, 63, 85.
FRANEAU D'HYON, comte de GOMMEGNIES (François-Ghislain-Joseph), m. n., chambellan de S. M., c. d'état et d'épée, c. c., I, 29, 41, 82, 83 ; intendant du Hainaut, 35, 36; président du c. s., 102, 105, 111, 112, 113, 115, 117, 118, 119, 123, 131, 132, 134, 136, 152, 163, 164, 165, 167, 169, 170, 184, 186, 189, 190, 194, 249, 271. — II, 21, 35, 49, 54, 55, 57, 58, 59, 60, 68, 69, 70, 72, 73, 76, 80, 81, 83, 84, 90, 123, 124, 144, 150 (n.), 194, 209, 212, 215, 218, 242, 247, 251, 253.
FRANCFORT, I, 260.
FRANCOTTE, H., I, xiv.
FRANKENBERG (Jean-Henri comte de), archevêque de Malines, I, 56, 180. — II, 171.

FRANQUÉ (Ferdinand baron de), av., receveur général du clergé, chef du magistrat ou premier éch., I, 100, 205. — II, 19.
FRÉDÉRIC-GUILLAUME III, roi de Prusse, I, 79, 270. — II, 140.
FROMONT, A., greffier d'Enghien, I, 248.

G ACHARD, I, xiv.

GALESLOOT, L., I, xiv.
GAND, I, 60, 127, 189, 204. — II, 226.
GAVRE (prince de), grand écuyer de LL. AA. RR. Albert-Casimir et Marie-Christine, II, 75.
GAVRE (princesse de), grande maîtresse de la Cour, II, 75, 76.
GENDEBIEN, Jean-François, av.-pensionnaire des États de Hainaut, I, 38, 146. — II, 243 ; greffier échevinal, I. 185, 186, 199, 201 ; membre du congrès souverain, 251 ; d. t., II, 5, 15, 62, 64, 230.
GENTINNES (baron de), m. n. des États de Brabant, I, 47.
GEORGES III, Roi d'Angleterre, I, 79, 270.
GHISELAIN, av., c. pensionnaire du clergé, II, 160.
GHLIN, I, 246.
GOBART, Charles-Ursmer, commissaire de l'intendance de Mons, puis c. c. s., I, 159, 160, 167, 168, 170, 171, 182, 188, 192. — II, 21, 23, 48, 69, 93, 96, 109 (n. 2), 110, 150, 224.
GODEFROY, secrétaire général de l'archevêché de Cambrai, I, 226, 232.
GOMMEGNIES, voir : FRANEAU D'HYON.
GOSSUIN, membre de la convention de France, commissaire près l'armée et dans les pays de la Belgique, de Liège, etc., II, 188.

GOUVION (de), commandant en chef l'armée française, II, 128.
GRAMMONT, I, 33.
GRAVE (de), I, 178.
GRAVE (de), capitaine au régiment d'infanterie de Hainaut (patriotes), I, 236, 262.
GRENET, bailli-général d'Enghien, I, 247.
GRIEZ, av., I, 239 ; éch., II, 212, 213.
GRIMBERGE (prince de), grand maître de la Cour, I, 111. — II, 66.
GROUFF DE FRAMERIES (chevalier de), Nicolas-Baudouin, m. n., I, 52, 53, 215.
GUILLAUME I, comte de Hainaut, I, 243.
GUILLAUME IV DE BAVIÈRE, comte de Hainaut, I, 243.
GUSTAVE III, roi de Suède, II, 113.
GUYOT, curé de Bettignies, II, 158.

H ACHEZ, F., I, xiv.

HAHN, Jean-Hubert-Joseph, II, vii (n. 3), viii (n.).
HAHN, Jean-Pierre, II, vii (n. 1).
HAHN, Pierre-Servais, II, vii.
HAINAUT. Assemblée générale des communes, II, 157, 165.
‖ Assemblée générale des représentants du peuple souverain. Président : Ferdinand de la Barre ; secrétaires : Neute, B., et Pollart, II, 158, 159, 161. ‖ Comité général de la province. Président : du Pré ; secrétaire : Latteur, I, 210, 211, 212, 217, 222, 226, 233, 257, 258, 259. ‖ Conseil souverain ou la Cour, I, III, IV, V, IX, 6, 11, 13, 16, 18, 19, 21, 28, 29, 32, 33, 34, 37, 45, 46, 48, 49, 52, 53, 57, 59, 62, 64, 65, 69, 70, 78, 79, 80, 81, 82, 83, 84, 85, 86, 87, 88, 89, 90, 91, 92, 93, 95, 98, 100, 101, 102, 103, 104, 108, 109, 111, 114, 115, 117, 121, 122, 131, 132, 134, 136, 137, 139, 141, 144, 149, 151,

152, 153, 154, 155, 156, 157, 158, 159, 160, 161, 162, 163, 164, 165, 166, 167, 168, 184, 185, 186, 187, 188, 189, 190, 191, 193, 194, 195, 196, 197, 198, 199, 200, 201, 202, 204, 205, 206, 209, 210, 211, 213, 214, 215, 217, 218, 220, 221, 223, 224, 226, 227, 229, 230, 231, 232, 235, 237, 238, 239, 240, 242, 243, 249, 250, 251, 252, 253, 254, 255, 256, 257, 270, 271. — II, 1, 2, 3, 12, 13, 14, 15, 16, 17, 21, 22, 23, 24, 25, 26, 27, 28, 29, 30, 31, 32, 33, 34, 35, 36, 37, 38, 39, 40, 41, 43, 44, 45, 46, 47, 48, 49, 50, 51, 53, 54, 55, 56, 57, 59, 61, 62, 65, 69, 71, 72, 73, 74, 78, 79, 83, 86, 87, 88, 89, 90, 92, 93, 94, 95, 96 (n.), 97, 98, 103, 104, 107, 109, 110, 111, 112, 114, 116, 117, 118, 119, 120, 122, 126, 128 (n.), 131, 134, 135, 137, 138, 139, 140, 152, 155, 156, 163, 190, 191, 202, 203, 204, 205, 206, 208, 209, 211, 212, 213, 214, 217, 218, 219, 220, 221, 222, 223, 228, 229, 230, 231, 233, 234, 235, 236, 237, 239, 240, 241, 245, 251, 252, 253, 254, 257, 258, 260. COMPOSITION. *Grands baillis* : comte d'Arberg, duc d'Arenberg, prince de Ligne. *Présidents* : Franeau d'Hyon, comte de Gommegnies François-Ghislain, Pepin. *Conseillers ecclésiastiques* : Descamps, Farin, Hardenpont. *Conseillers nobles* ou *Chevaliers de Cour* : du Chasteler marquis de Courcelles, Obert de Quévy, comte de Thiennes de Lombise. *Conseillers de robe longue* : Abrassart, Anthoine, Cornet, de Behault Pierre, De Le Court Gilles, Delattre Nicolas, Demarbaix Charles, Demarbaix Jacques, de Wolff, Dumont, Fontaine, Gobart, Henry, Kovahl de la Haye, Lamine, Lemaître Lolivier, Maleingreau, Marousé, Papin, Paridaens Albert, Raoux, Sebille, Van Broechem. *Substitut avocat de S. M.* : Paternostre. *Greffiers* : De Ronquière, Durieu, Fleur, Maugis, Paridaens

Albert-Joseph, Paridaens Jean-Baptiste, Vander Beken. *Secrétaires* : Brédart, Demarbaix Augustin, Durœulx, Petit, Senault. *Huissiers* : Dupont, Leclercq, Riddenbosch. *Avocats* : Ablay, Anthoine, Auquier, Brouwet, de Behault, de Behault de Warelles, de Bettignies, de Biséau de Familleureux, Defacqz, baron de Francqué, de la Roche, Delwarde, Demarbaix, Deramaix, Dè Royer, baron de Sécus, Dolez, Dubois, Dubus, du Pré, Durieu, chev. Emm. Duval, Criquillion, Faider, Flescher, Fontaine, Gendebien, Ghiselain, Griez, Hamalt, Harmignie C., Harmignie P., Houzeau de la Perrière, Latteur, Lelièvre, Lolivier, Le Mayeur, Mary, Papin, Pepin, Petit, Pollart, Raoux, Sirault, Soyer, Truffart, Vanderstoken, Vigneron, Visbecque. *CONSEIL DU TRIBUNAL DE 1re INSTANCE DE MONS*, voir : organisation judiciaire de Joseph II. *DINERS*, I, 39, 42, 43, 119, 123.—II, 85. *INTENDANCE DE CERCLE*, I, 35, 36, 41. *INVASION FRANÇAISE (PREMIÈRE)*, voir : suppression par les administrateurs provisoires, rétablissement par le peuple montois, tribunal supérieur. *INVASION FRANÇAISE (SECONDE)*, II, 262, dernière séance de la Cour. *OFFICES RELIGIEUX*, I, 44, 54, 73, 77, 105, 147, 171, 212, 222, 258, 259. — II, 68, 125, 193, 196, 215, 250. *ORGANISATION JUDICIAIRE DE JOSEPH II*, I, 1, 2, 3 (n.), 4, 7, 9, 14, 21, 22, 23. *RÉCEPTIONS*, I, 24, 25, 26, 30, 40, 41, 66, 94, 107, 110, 112, 113, 116, 118, 119, 169, 170, 216. — II, 4, 75, 76, 80, 81, 84, 123, 124, 144, 194, 195, 224, 242, 243, 244, 247. *RÉTABLISSEMENT PAR JOSEPH II*, I, 21, 23, 25, 26, 30. *RÉTABLISSEMENT PROVISOIRE PAR LE PEUPLE MONTOIS*, II, 148, 150 (n), 151 (n.). *SUPPRESSION PAR LES ADMINISTRATEURS PROVISOIRES*, II, 146. *SUSPENSION PAR JOSEPH II*, I, 7, 8, 9. *TRIBUNAL SUPÉRIEUR PROVISOIREMENT ÉTABLI POUR LE PAYS*, ll, 159, 160, 161. *TRIBUNAL SUPÉRIEUR DU PEUPLE SOUVERAIN*, ll, 172. ‖ ÉTATS (les) I, x, 10, 11, 14, 28, 34, 35, 36, 37, 44, 45, 48, 49, 50, 51, 53, 54, 55, 56, 57, 58, 59, 60, 62, 64, 65, 66, 67, 69, 72, 73, 74, 75, 76, 77, 78, 80, 82, 83, 85, 86, 89, 91, 92, 101, 102, 120, 121, 124, 125, 126, 127, 128, 130, 131, 132, 134, 135, 138, 139, 140, 149, 152, 155, 205, 209, 213, 214, 215, 219, 220, 222, 223, 224, 225, 229, 231, 232, 234, 236, 237, 241, 242, 244, 245, 246, 248, 250, 251, 260, 261, 262, 263, 265, 266, 269, 270. — ll, 2, 3, 5, 6, 8, 10, 11, 12, 15, 16, 17, 19, 20, 23, 24, 25, 26, 28, 32, 37, 39, 40, 41, 43, 44, 45, 46, 50, 51, 53, 56, 57, 62, 63, 64, 65, 66, 71, 73, 74, 75, 76, 77, 80, 87, 91, 113, 114, 118, 119, 126, 130, 131 (n.), 132 (n.), 217, 228, 229, 230, 231, 237, 239, 240, 241, 243, 244, 245, 251, 260, 261, 262. COMPOSITION : *Chambre du Clergé*. Membres : Alavoine, abbé de Saint-Denis; Daublain, abbé de Bonne-Espérance; Degaye, doyen de Lessines ; Ducornet, abbé du Val des Ecoliers ; Durieu, abbé de Saint-Feuillen ; Letot, abbé de Saint-Ghislain. Députés : doyen Carpentier, chanoine Demeuldre. Conseiller-pensionnaire : Ghiselain. Receveur général : baron Francqué. *Chambre de la Noblesse*. Membres : comte d'Arberg, de Colins chevalier de Ham, marquis d'Ennetière comte de Mouscron, prince de Ligne, de Rodoan de Boussoit, Franeau d'Hyon comte de Gommegnies François-Ferdinand, Franeau d'Hyon comte de Gommegnies François-Ghislain. Députés : comte d'Auxy de Neufvilles, de Bousies, vicomte de Rouveroy, chev. de Grouff de Frameries, comte de Thienne de Lombise, d'Yve vicomte de Bavay, marquis du Chasteler-Moulbaix. *Chambre de tiers-état* : Cossée, Francès, Pepin, Petit, Sirault. Députés : Bureau de la Wastine, de Behault de Warelles, de Biseau de Familleureux, baron de Franqué, Flescher, Jacquier de Virelles. Conseil de ville de Mons. Députés : chev. de Bousies, Demarbaix Ch., Plunkett de Ratmore et les conseillers-pensionnaires (voir Mons). *Conseillers-pensionnaires* : du Pré, Gendebien. *Huissier* : Brogniez. *Archiviste* : Dumont. *Receveur général* : Cornet. *BALS, DINERS*, I, 43, 61. *RÉCEPTIONS*, I, 37, 38, 39. *INTENDANCE DE CERCLE*, I, 27, 36, voir : Franeau d'Hyon, comte de Gommegnies François-Ghislain. *INVASION FRANÇAISE (PREMIÈRE)*, voir : assemblée générale des communes, assemblée générale des représentants du peuple souverain, tribunal provisoirement établi pour ce pays, tribunal du peuple souverain. *ORGANISATION JUDICIAIRE DE JOSEPH II*, I, 20, 22, 26, 63, 123. *RÉVOLUTION BELGIQUE*, voir : comité général de la province.

HAL, I, 21, 108, 207, 209, 225, 230, 231, 248, 249. — II, 89, 159, 192, 213, 228, 245, 262.

HAM (chevalier de), voir : COLINS (de).

HAMALT, av., c.-pensionnaire de la ville, I, 18, 19, 29, 39, 58, 78. — II, 145, 202, 203.

HANOT D'HARVENGT, c.-pensionnaire, bailli du chapitre de Sainte-Waudru, II, 225.

HARDENPONT, I, 228.

HARDENPONT, c. c. s., II, 68, 69, 140.

HARMIGNIE, Charles-François, av., I, IV, 14.

HARMIGNIE, Pierre-Philippe-Joseph, av., I, IV, IX, XIII, 14, 44.

HAUSSY (de), II, 254.

HEINGEN, II, 181.

HEMPTINNES, I, 225, 228, 237.

HENNEBERT, I, 178, 180, 182, 225, 228.

HENNET, chevalier, député aux États généraux de France, II, 170 (n.)
HENRI IV, II, 170.
HENRY, Pierre-Eugène-Joseph, juge au tribunal de première instance, c. c. s., I., 159, 160, 167, 168, 170, 177, 192. — II, 21, 23, 48, 69, 150.
HERVE (feuille de), voir : EUROPE.
HÉVERLÉ, I, 267.
HOENSBROECK D'OOST (César, comte de), prince-évêque de Liége, I, 175.
HOLLANDE, voir : SPIEGEL (van de).
HONGRIE (d'), I, 223.
HOUZEAU DE LA FERRIÈRE, av.-pensionnaire de la ville, I, 185.
HOVE (baron d'), député des États du Brabant, I, 127, 176.
HUART (baron d'), major du régiment d'infanterie du Hainaut (patriotes), I, 236.
HUBERT, I, XIII.
HUVELLE, I, 228.
HUY, I, 242.
HYON, I, 48, 49, 50, genièvrerie ; 246. — II, 227. Voir : FRANEAU.

IRCHONWELZ, I, 41.

JACQUIER DE VIRELLES, éch., d. t., I, 186. — II, 183.
JAMENNE, curé de Saint-Nicolas-en-Bertaimont, I, 145.
JEMAPPES, II, 143, 181, 182, 191, 246.
JOSEPH II, I, XIII, 1, 2, 3, 4, 5, 6, 7, 8, 10, 11, 17, 18, 20, 26, 35, 36, 37, 47, 48, 49, 51, 54, 59, 61, 64, 67, 70,

72, 74, 76, 78, 82, 88, 90, 91, 99, 100, 102, 105, 108, 111,
121, 123, 124, 125, 126, 127, 129, 130, 131, 132, 133,
135, 136, 137, 138, 139, 141, 143, 145, 146, 147, 148,
149, 151, 152, 153, 154, 155, 157, 158, 159, 160, 162,
163, 164, 165, 167, 171, 174, 176, 180, 182, 183, 186,
187, 188, 189, 191, 192, 195, 199, 201, 206, 213, 215,
233. — II, 1, 27, 33, 112, 139, 209.
JUAN d'AUTRICHE (don), I, 62.
JUSTE, Th., I, xiii.

KAUNITZ (comte de), général commandant en chef l'armée de la Sambre, II, 254, 256, 259.
KAUNITZ (régiment de), I, 85.
KAUNITZ-RIETBERG (Wenceslas, prince de), ministre de Joseph II, I, 47, 48, 49, 55. — II, 60.
KELLER (comte de), ministre de Berlin, I, 258, 259, 260.
KELLER, lieutenant au régiment de Bender, I, 231.
KOELLER (baron de), général en chef de l'armée belgique, I, 264, 265.
KOVAHL de la HAYE, Pierre-Joseph-Médart, c. c. s., I, 59, 109, 215.
KULBERG (de), c. au conseil de Brabant, I, 172.
KUNTIG (dragons de), régiment ducal brabançon, I, 238.

LAEKEN, I, 170, 257.
LAFAYETTE (de), commandant en chef l'armée du centre, II, 116, 135.
LA HAYE, II, 5, 41, 64, 74.
LAMARLE ou LAMARQUE, député de la convention nationale, II, 199.

LAMINE, Sévérin-François, c. c. s., I, 196, 270. — II, 68, 70, 73, 160, 228.
LANDEN, II, 189.
LANDHON (de), feld-maréchal au service impérial, I, 185.
LANDRECIES, II, 249, 250.
LANNOY (comte de), commandant les patriotes tournaisiens, I, 219.
LATOUR (régiment de), II, 82, 128 (n.), 129 (n.), 132 (n.).
LATTEUR, J.-F., av., secrétaire général du comité général de la province, I, 30, 211, 251, 260. — II, 160, 163.
LAUDE, I, 120, 121, 122.
LAUNÉ, F., greffier du c. de Brabant, I, 176.
LAURAGAIS (comte de), II, 85.
LEBRUN, capitaine de la maréchaussée du Hainaut, I, 270.
LECLERCQ, Alexandre, I, 30.
LECLERCQ, c., I, 74.
LECLERCQ, huissier c. s., I, 122.
LEDERER (R.-G. de) I, 83, 130.
LEGIER, commissaire national français, II, 171.
LEGRAND, M., I, xiv. — II, viii.
LELANGUE, curé de Roucourt, I, 141, 145, 146, 204.
LELIÈVRE, av. éch., I, 101. — II, 136.
LELOUP (compagnie franche des chasseurs de), II, 19, 47.
LELOUP, Jean, capitaine de cette compagnie, II, 19 47.
LEMAIRE, Louis, I, IV. — II, 263 (n.)
LEMAITRE, Pierre-Charles-François, c. s. s., I, 159, 167, 168, 170, 171, 177, 189, 190, 192. — II, 21, 69, 150.
LE MAYEUR de MERPRÈS et ROGERIES, I, 34,
LE MAYEUR de MERPRÈS et ROGERIES, Adrien-Jacques, av., I, 39.
LEMBERG, I, 51.
LEMBESC (prince de), II, 125.

LENS, II, 111, 112.

LÉOPOLD II, grand duc de Toscane et de Hongrie, roi de Bohême, I, 234, 260, 261, 262, 266, 271. — II, 1, 2, 4; empereur, 5, 6, 7 ; retrait des monnaies belgiques, 8 et 9 ; 10, 11, 15, 16, 17, 19, 22, 23, 24, 25, 35, 36, 37, 40, 41, 42, 44, 45, 46, 47, 48, 49, 52, 53, 54, 56, 57, 58, 63, 64, 65, 71, 72, 74, 76, 78, 86, 87, 88, 90, 93, 96, 97, 98, 99, 102, 104, 105, 106, 107, 108, 110, 111, 121, 139, 244.

LE PELLETIER DE SAINT-FARGEAU, II, 172, 191.

LESSINES, voir : DEGAYE.

LE TELLIER, Abel, I, VI, VIII, X. — II, VIII.

LE TELLIER, Adrien, I, IV. — II, 170, (n. 2).

LETO, Jean-Baptiste, (dom Augustin), abbé de l'abbaye de Saint-Ghislain, I, 59, 73, 258.

LEUZE, I, 21, 208, 209, 210, 211, 222, 223, 235, 236, 246. — II, 122.

LEUZE (dame de), I, 223.

LEVIE, A., I. XIV.

LEYDE (gazette de), II, 177.

LIÉGE, II, VII, (n. 3), 66 ; prince de, voir : comte de HOENSBROECK-D'OOST.

LIÉNARD, Germain-Joseph, dit comte TALLARD, I, X, XII, 34, 39, 70, 71, 72, 75, 225. 228. — II, 193, 248.

LIGNE (prince de), général d'infanterie, grand-bailli, m. n., II, 65, 74, 78, 79, 80, 81, 82, 83, 84, 85, 86, 88.

LIGNE (Charles prince de), colonel du génie au service impérial, II, 81, 84, 85, 126, 127, 128 (n.), 129 (n.), 130 (n.), 131 (n.), 132 (n.), 133 (n.), 134 (n.), 141, 142.

LIGNE (princesse de), II, 81, 83, 84, 85.

LIGNE (princesses de), II, 81, 83, 85.

LIGNE (régiment de), I, 85.

LILLE, II, 71.
LIMBOURG, I, 142, 175. *Conseil*, II, 91.
LIMMINGEN (comte de), ministre des États de Brabant, I, 46.
LINGUET, I, 124, 151, 180, 233.
LOBBES, I, 139. — II, 250, 257 ; abbé, voir : SIMON, Joseph.
LOLIVIER, Jean-Baptiste-Joseph, av., éch., juge de première instance, c. c. s., I, 159, 160, 167, 168, 170, 192. — II, 14 (n.).
LONDRES, I, 257.
LONGWY, II, 70.
LORENTZ, O., I, xiv.
LORTYE, G., II, 105, 117, 139, 210, 231, 237, 239.
LOUIS-CHARLES, dauphin, II, 73.
LOUIS XIIII, II, 222.
LOUIS XV, II, 168, 170 (n. 1).
LOUIS XVI, I, 79. — II, 67, 68, 70, 71, 73, 141, 167, 168, 169, 170, 172, 227.
LOUIS XVII, II, 199.
LOUIS-STANISLAS, Monsieur, II, 67, 68.
LOUVAIN, I, 64, 103, 143, 166, 167, 173, 174, 179, 180, 183, 267. — II, 106, 152, 182, 188, 189, 260 ; université, II, 40, 41, 92, 93, 95, 96, 99, 100, 101, 102, 104, 105, 216.
LUXEMBOURG, I, 84, 95, 178, 203, 219, 220, 225, 229, 233.

M ADAME, voir : MARIE-JOSÈPHE de SAVOIE.

MADRID, I, 147. — II, 219.
MAESTRICHT, II, 180, 181, 182, 199.
MAISIÈRES, I, 48.
MALDEGHEM (comtesse de), I, 60.
MALDEGHEM (de), major au service impérial, I, 207.

MALEINGREAU (Siméon-Florent écuyer de), vétéran du c. s., I, 232.
MALESHERBES (de), II, 167.
MALINES, I, 106 ; *conseils*, 172, 173, 174, 175. — II, 224.
MARCHE, I, 240.
MARCHIENNE-AU-PONT, I, 264. — II, 259.
MARIE-ANTOINETTE, reine de France, II, 73, 227, 231.
MARIE-CHRISTINE, archiduchesse d'Autriche, voir : ALBERT-CASIMIR.
MARIE-JOSÈPHE DE SAVOIE, épouse de MONSIEUR, II, 67, 68.
MARIE-LOUISE, impératrice, II, 108.
MARIEMONT, I, 108, 109. — II, 254, 255, 261.
MARIE-THÉRÈSE, impératrice, I, 207. — II, 33, 64, 66, 75, 87, 94, 101, 244.
MARIE-THÉRÈSE-CAROLINE, II, 73.
MAROUSET, Maximilien-Emmanuël-Joseph, juge au tribunal de première instance, c. c. s., I, 159, 160, 167, 168, 170, 192, 239. — II, 21, 23, 40, 48, 69, 150.
MARTINI (baron de), I, 14.
MARY, av., I, 38.
MARY, chatelain de Braine, I, 38.
MASQUELIER, Nicolas-Joseph, I, 143.
MATHIEU, Adolphe, I, IX.
MATTHIEU, Ernest, I, XIII (n.). — II, VII.
MAUBEUGE, I, 49, 203. — II, 116, 127, 131, 134, 135, 142, 196, 201, 226, 227, 259, 263 (n.).
MAUGIS, greffier c. s., I, 79, 104, 105, 110, 111, 112, 215, 217, 232. — II, 2, 17, 48, 49, 61.
MAULDE (camp de), II, 198.
MAURICE, av. à Bruxelles, I, 127.

MAYENCE, II, 218.
MAYRIES (fief des), aux Estinnes, I, III, 140. — II, 179.
MEERSCH (François van der), général d'artillerie au service des patriotes, I, 219, 238, 241.
MENIN, I, 241.
MERCY-ARGENTEAU (Florimond comte de), ministre plénipotentiaire en l'absence de LL. AA. RR., I, 262, 267, 268, 271. — II, 2, 3, 5, 6, 7, 8, 9, 11, 22, 23, 45, 48, 49, 53, 54, 56, 57, 60, 66.
MERTENS, I, 98.
METTERNICH-WINEBOURG (comte de), ministre plénipotentiaire, II, 76, 89, 205, 208, 212, 242.
MERLIN DE DOUAI, membre de la Convention de France, commissaire près l'armée et dans les pays de la Belgique, de Liége, etc., II, 188.
MEURET, Philippe-Toussaint, c. c. s., I, 59, 74, 177.
MONS, I, III, IV, V, VI, VIII, IX, X, XI (n.), XII, XIII, XIV, 6, 11, 18, 21, 29, 30, 32, 53, 55, 56, 62, 67, 79, 84, 85, 133, 139, 140, 144, 153, 157, 162, 189, 203, 214, 256, 271. — II, VIII, 6, 15, 18, 20, 24, 25, 27, 28, 29, 38, 39, 41, 46, 53, 55, 59, 62, 71, 72, 92, 94, 105, 113, 116, 118, 124, 138, 140, 141, 161, 163, 165, 227, 230, 235, 242, 251, 252, 254, 263, 264. ABBAYES. *SAINT-GHISLAIN. Refuge*, I, 67. *VAL DES ÉCOLIERS*, I, 50 ; suppression, 142 ; 143. ‖ ADMINISTRATEURS PROVISOIRES, II, 145, 146, 147, 155, 166, 172, 173, 177, 178, 183, 188, 189, 190. ‖ ARRESTATIONS, II, 183, 186, 187, 198, 199, 202. ‖ ARSENAL, II, 226. ‖ ASSEMBLÉE PRIMAIRE DU PEUPLE, II, 173, 176. ‖ BALS, CONCERTS, FÊTES, SOUPERS, I, 48, 75. — II, 77, 83, 84, 85, 86, 164. ‖ CABARET. *SAINTE-BARBE*, I, 106, 224. ‖ CAFÉ. *GRAND CAFÉ*, II, 76. ‖ CONCERT BOURGEOIS (société), II, 84, 86, 197 ; redoute, 198 ; 223, 232.

‖ CHAPELLES. *FILLES DE SAINTE-MARIE,* I, 229. *SAINT-ESPRIT,* I, 61. *SAINT-GEORGES,* I, 196, 197. *VISITATION,* I, 182, 184.
‖ CHASSEURS BELGES, II, 177, 188. ‖ CHATEAU, I, 72, 116, 141, 146, 218, 235, 237. — II, 82, 115, 166, 180, 191, 192, 212, 216, 218, 223, 225, 257, 261. ‖ CLUBS ET CLUBLISTES, II, 180, 185, 186 ; voir : jacobins. ‖ COMITÉ DE LA VILLE, I, 206, 209, 212, 226, 233, 241, 245. ‖ COMMISSAIRES DE LA CONVENTION NATIONALE, II, 165, 166, 171, 187, 188, 189, 198, 199. ‖ COMPAGNIES BOURGEOISES, II, 82. ‖ COMPAGNIE DES SANS CULOTTES, II, 172, 177, 182. ‖ CONSEIL DU TRIBUNAL DE PREMIÈRE INSTANCE, I, 2, 3, (n.). ‖ ECOLE DOMINICALE II, 226, ‖ GARDE NATIONALE, voir : compagnie des sans culottes. ‖ HÔPITAL, II, 190.
‖ HÔTELS. *FRANEAU D'HYON COMTE DE GOMMEGNIES,* (rue des Étampes), I, 177, 249. — II, 57, 190, 193, 195. *GOUVERNEMENT et GRAND BAILLIAGE,* I, 40, 43, 61, 66, 75, 82, 83, 116, 117, 119, 120, 217. — II, 122, 125, 129, 144, 190, 194, 196, 259. *MARQUIS DE GAGES,* (rue d'Enghien), I, 144. *PRINCE DE LIGNE,* (rue de la Grosse Pomme), I, 61. — II, 126, 127, 128 (n.), 134 (n.). *VILLE,* I, 38, 39, 45, 72, 130, 187, 224, 236, 237, 249. — II, 127 (n.), 128 (n.), 129 (n.), 130, 144, 146, 151 (n.), 157, 174, 178, 179, 191, 192, 195, 216, 223, 248, 250. ‖ HÔTELLERIES, *AIGLE D'OR,* I, 109, 110. *COURONNE,* I, 208, 218, 229, 265. — II, 67, 128 (n.), 198. ‖ ILLUMINATIONS, I, 33, 74. — II, 164, 166, 181, 192, 195, 215, 218, 223, 249, 250. ‖ INAUGURATIONS, II, de LL. AA. RR. le duc Albert et Marie-Christine, 75, 76 ; de François I, comte de Hainaut, 126, 127, 128, 129, 130 (n), 131, 132 (n.), 133 (n.), 134 (n.). ‖ INTENDANCE DE CERCLE, *Commissaires :* Gobart, Marousé, I, 27, 35, 41, 49, 82, 102, 123, 160. ‖ INVASION FRANÇAISE *(PREMIÈRE),* II, décla-

ration de guerre de la France, 114 ; capitulation, 143 ; rentrée des Autrichiens, 193 ; voir aussi : administrateurs provisoires, assemblée primaire du peuple, chasseurs belges, clubs, commissaire de la Convention nationale, compagnie des sans-culottes, jacobins, société des amis de la liberté et de l'égalité, tribunal révolutionnaire. *SECONDE*, rentrée des français, 262. ‖ JACOBINS, II, 163, 180, 191, 204, 208. ‖ MAGISTRATS, I, 33, 35, 43, 44, 49, 64, 65, 66, 76, 97 ; prestation de serment, 100, 101 ; 106, 115, 119, 120, 121, 222, 125, 126, 142, 146, 187, 190, 191, 195, 196, 197, 198, 201, 202, 205, 206, 211, 212, 239, 240, 241, 243, 244, 267, 268, 269. — II, 19, 26, 79, 86, 87, 88, 89, 108, 110, 126 (n.), 127 (n.), 128 (n.), 129 (n.), 130 (n.), 131 (n.,), 133 (n), 135, 142, 143, 150 (n.) ; élection, 153 et 154 ; 155, 192, 193, 194, 196, 197, 202, 203, 205, 207, 208, 210, 211, 212, 213, 214 ; installation, 215, 216 ; 223, 225, 226, 241, 246, 247, 248, 258, 260. *COMPOSITION: Maires* : Chev. de Bousies, De Royer de Woldre. *Premiers échevins* : Bureau de la Wastinne, de Behault de Warelles, baron Francqué. *Échevins* : Anthoine, de Biseau de Familleureux, de Bettignies, Defacqz, Demarbaix Ch., de Sécus, Desmanet, Dubois, Dumont, du Pré, Durieux, Chev. Emm. Duval, Flescher, Griez, Henry, Jacquier de Virelles, Laminnes, Lelièvre, Lolivier, Petit, Raoux, Vigneron. *Conseillers-pensionnaires* : Auquier, De Royer, Hamalt, Vigneron. *Conseiller-pensionnaire-greffier du chef-lieu* : d'Assonleville. *Avocats-pensionnaire de la ville* : Ablay, Delwarde, Houzeau de la Perrière. *Greffiers échevinaux* : Gendebien, Visbecque. *Greffier de police* : Fontaine. *Trésoriers* : de la Roche, Dubus. *Conseil de ville*, I, 15, 16, 19,

35, 209, 239 269. — II, 10, 19, 46, 128 (n.), 131 (n), 133 (n.), 150 (n.), 153, 154; installation, 216. *Archiviste de la ville* : Dumont. *Premier membre du c.* : Plunkett de Batmore. ‖ MONT PANISEL, II, 191. ‖ MUSIQUE TURQUE, I, x, xi, xii, 34, 37, 40, 45, 46, 48, 54, 61, 71, 73, 75, 96, 98, 219, 222, 231, 237, 244. — II, 129 (n.), 130 (n.), 132 (n.), 134 (n.), 193, 195, 205, 209, 215, 218, 248. *Chef*, voir : Liénard. *Cymbalier*, I, x, xii, xiii. *Musiciens*, x (n.), xiii (n.). ‖ PAROISSES. *Curés*, II, 127 (n.), 129 (n.) et 131 (n.). *BÉGUINAGE. Église*, chapelle de N.-D. de Bon-Secours, I, 61. SAINTE-ÉLISABETH. *Église*, I, 22, 33, 47, 53, 54, 72, 77, 186, 218, 223, 245, 259. — II, 82 ; carillon et cloches dépendues, 264. Confrérie de N.-D. de Hal, I, 224. *Curé*, voir : Wilmet. — II, 124. SAINT-GERMAIN. *Église*, I, 100, 116, 117, 147, 228. — II, 47, 81, 83, 125, 127 (n.), 128 (n.) ; 214, 215. Translation de la paroisse de Sainte-Waudru, 179. *Chapitre*, I, 147. — II, 127 (n.), 128 (n.), 132 (n), 134 (n.) ; impositions, 147; 166, 192. SAINT-NICOLAS-EN-BERTAIMONT. *Curé*, voir : Jamenne. SAINT-NICOLAS-EN-HAVRÉ. *Curé*, voir : Boulanger. SAINTE-WAUDRU. *Église*, I, 44, 45, 46, 73, 105, 116, 117, 118, 147, 185, 220, 254, 258, 269. — II, 6, 8, 75, 81, 83, 88, 112, 157, 158, 145, 148 ; inventaire, 166 ; 173, 174, 178; suppression de la paroisse et fermeture, 179 ; rebénédiction, 193 ; 195, 196, 205, 223, 225, 233, 240, 250, 257. Confrérie N.-D. de Tongre, I, 57. *Chapitre*, I, 254. — II, 77 ; imposition, 147 ; 129 (n.), 226. *Officiers du chapitre* II, 127 (n.), 128 (n.), 130 (n.), 132 (n.), 134 (n.). *Chanoinesses*, I, 44, 45, 48, 52, 54, 57, 60, 61, 75, 76, 108, 109 120, 212, 255. — II. 75, 126 (n.), 127 (n.), 128 (n.), 130 (n.), 133 (n.), 134 (n). *Curé*, voir : Croquet. *Officiers du bureau*, c. pensionnaire et bailli, voir : Hanot d'Harveng. Receveur, voir : Bureau. ‖ PATRIOTES,

I, 39, 49, 57, 61, 70, 72, 73, 75, 76, 77, 96, 107, 193, 207, 208, 211, 217, 219, 222, 225, 228, 231, 232, 233, 235, 236, 237, 242, 244, 246, 254, 264, 266. ‖ Pilastres (les), II, 75, 248. ‖ Portes. *BERTAIMONT*, II. 143. *HAVRÉ*, I, 106, 138, 219, 266. — II, 126, 256, 257. *NIMY*, I, 46, 71, 188. — II, 186, 190, 191, 248. *RIVAGE*, II, 190 246. ‖ Prévôté, lieutenant-prévôt, voir : de Behault. ‖ Processions, I, 31, 171, 220, 221, 222, 240. — II, 63, 125, 225, 240, 261, 262. ‖ Réceptions, I, du duc d'Arenberg, grand bailli, 37, 38 ; du comte d'Arberg, grand bailli, 116. — II, de Madame de France, 68 ; du prince de Ligne, grand bailli, 84 ; de S. A. R. Marie-Christine, 124 ; de S. A. l'archiduc Charles, gouverneur et capitaine-général, des Pays-Bas, 193 ; de François II, empereur, 246, 247, 248. ‖ Religieux. *FILLES DE N.-D.*, II, 156, 248. MINIMES. *Église*, I, 33. JÉSUITES. *Cense*, 231. *Collège Saint-Stanislas*, II, VIII (n.) ‖ Révolution belgique. Voir : comité de la Ville et patriotes. ‖ Rues. *BERTAIMONT*, I, 206. *BICHE*, II, 82. *BOUSSU*, (trou de), II, 258. *CAPUCINS*, II, 128 (n.), 247. *CHAUSSÉE*. I, 38, 196. — II, 52, 125, 128, 132 (n.), 247. *CINQ VISAGES*, II, 134 (n.). *CHAPITRE*, (Cloître du), II, 132 (n.). *ENGHIEN*, I, 130. — II, 75. *ÉTAMPES*, (les), II, 193. *GOUVERNEMENT*, II, 125. *GRAND'PLACE*, I, 38, 96, 130, 184, 197. — II, 82, 125, 126, *GRAND'RUE*, II, 128 (n.), 247. *GROSEILLERS*, I, 38. — II, 125. *GROSSE POMME*. II, 134 (n.). *GUIRLANDE*, II, 125 (n.). *GUIRLANDE*, (petite), II, 247. *HAUTBOIS*, I, 38. — II, 125. *HAVRÉ*, II, 82, 125. *HOUDAING*, I, 38. *MARCHÉ AUX BÊTES*, I, 184. *MARCOTTES*, II, 75. *MONT DE PIÉTÉ*, II, 75. *NEUVE*, I, 130. — II, 126. *NIMY*, II, 82, 128 (n.), 192. *PLACE SAINT-JEAN*, I, 96, 184. — II, 68, 77, 85, 86. *PLACE SAINTE-WAUDRU*, II, 134 (n.). *RIVAGE*, II, 247. *SAMSON*, II,

125, 132 (n.), 134 (n.), 247. *SÉMINAIRE*, II, 128 (n.). *TERRE DU PRINCE*, I, 196.—II, 132 (n.), 134 (n.). *VERTE*, I, IV, 41, 219, 205. —II, 125. *VIÉZIERS*, (rues actuelles N.-D. et des Fripiers), I, 38. *VOUTE DE SAINT-GERMAIN*, II, 186. ‖ SERMENTS, I, 72, 125. —II, 192, 235. *ARBALESTRIERS, DE N.-D.*, I, IV (n. 2). ‖ SAINTE-CHRISTINE, II, 191, 201. ‖ SAINT-LAURENT, II, 191, 201. ‖ SAINT-MICHEL, II, 127. *SAINT-SÉBASTIEN*, I, 141, 246, 260. ‖ SOCIÉTÉ DES AMIS DE LA LIBERTÉ ET DE L'ÉGALITÉ, II, 146, 147, 174. ‖ SOIXANTE HOMMES, I, 19. — II, 246. Voir : Conseil de ville. ‖ THÉATRE, I, redoute, 229. —II, 85, 86. ‖ TOISON D'OR (salle de la) I, 27, 137. — II, 39. ‖ TRIBUNAL DE PREMIÈRE INSTANCE, *Juges :* Henry, Lolivier, Marouset, I, 1, 7, 9, 16, 26, 160. ‖ TRIBUNAL RÉVOLUTIONNAIRE, II, 263. ‖ VOLONTAIRES, II, 205, 235, 256, 262, voir aussi : patriotes. ‖ WAUDRU (sainte), l. 46. —II, 127 (n.), 133 (n.), 179, 240.

MONSIEUR, voir : LOUIS-STANISLAS.
MORETON, général au service de la République française, II, 154 (n.).
MOSSELMAN, av. à Bruxelles.
MOUCHET, commissaire national français, II, 171.
MOUSCRON (comte de), voir : marquis D'ENNETIÈRE.
MOULBAIX (marquis de), voir : CHASTELER-MOULBAIX.
MOUSTIER, I, 235.
MOZET, I, 243.
MULLENDORFF (Martin-Joseph de), président de la chambre des comptes, I, 111.
MURRAY (Joseph comte de), général au service impérial, gouverneur et capitaine général par intérim des Pays-Bas, I, 56, 57, 58, 59, 60, 61, 62, 63, 64, 69, 70, 71, 72, 74, 76, 77, 78, 82, 83.

MURRAY (régiment de), I, 96, 139, 140, 207. — II, 129 (n.), 133 (n.), 134 (n.).
MÜSCH, Joséphine, II, VII (n. 1).

NAMUR, I, 64, 96, 203, 204, 211, 240, 242, 262, 264. — II, 67, 68, 116, 118, 159, 259. *États*, 259, 262.
NANCY (université de), II, 99, 100, 104.
NECKER (de), ministre de Louis XVI, I, 177.
NEEFS, Benoît, abbé de Saint-Bernard, d. des États de Brabant, I, 127, 173.
NÉLIS, C. F., évêque d'Anvers, I, 181.
NÉNY (comte de), chef et président du Conseil privé, II, 140.
NEUTE, B., secrétaire des représentants du peuple de Hainaut, II, 160.
NIEULANT, I, 166.
NIMÈGUE, II, 222.
NIMY, I, 28, 61, 247. — II, auberge du Grenadier, 71, 81, 82 ; 190, 259.
NIVELLES, I, 178, 179. — II, 260.
NOIRCIN, Étienne, II, 152 (n.).
NOOT (Henri comte van der), agent plénipotentiaire du peuple branbançon, ministre de la République belge, I, 174, 176, 181, 188, 203, 263.
NOSTRADAMUS, II, 171, 172.

OBERT DE QUÉVY (Zacharie-Vincent-Joseph vicomte), m. n. ; c. c., I, 8, 41, 52, 59, 84, 94, 110, 123, 134, 152, 153, 154, 200, 203, 221, 224, 242, 251. — II, 38, 48, 49, 53, 54, 61, 69, 70, 117, 118, 119, 123, 135.
O'KELLY, c. de S. M., roi et héraut d'armes du pays et comté de Hainaut, II, 129 (n.), 130 (n.), 134 (n.).
ORANGE (prince héréditaire d'), commandant en chef les troupes hollandaises, II, 249.

ORANGEOIS (l'), corps des chasseurs volontaires, I, 264.
ORTS, A., I, xiv.
OTRENGE (d'), I, 28.

PAPE (le), voir : PIE VI.

PAPIN, Louis-Joseph, c. c. s., av. fiscal de la Cour, I, 108, 109, 158, 184, 215, 216. — II, 4, 25, 38, 48, 49, 53, 54, 55, 56, 61, 69, 70, 137, 160.

PARC, abbaye, I, 144 ; abbé, voir : WAUTERS, Simon.

PARIDAENS, Albert-Joseph, greffier c. s., puis c. c. s., I, III, IV, V, VI, IX, X, 1, 3, 9, 14, 15, 19, 26, 43, 47, 48, 49, 51, 52, 55, 56, 62, 65, 66, 67, 69, 70, 71, 72, 79, 80, 86, 90, 94, 100, 101, 108, 109, 113, 114, 117, 119, 120, 124, 128, 140, 143, 144, 145, 148, 165, 167, 172, 174, 176, 177, 178, 179, 180, 183, 184, 187, 190, 202, 208, 212, 215, 218, 219, 227, 229, 233, 234, 236, 238, 239, 240, 241, 242, 243, 244, 246, 255, 257, 260, 262, 263, 264, 265, 269. — II, VII (n. 2), VIII, 25, 38, 48, 49, 53, 54, 58, 59, 60, 61, 74, 87, 91, 93, 96 (n.), 149 (n.), 156, 158, 159, 160, 161, 163, 164, 165, 166, 167, 169 (n.), 175, 177, 178, 179, 187, 194, 195, 200, 205, 228, 229, 231, 235, 237, 239, 240, 243, 248, 251, 252, 253, 254, 255, 256, 257, 259, 262, 263.

PARIDAENS, Bibiane-Ursule, I, iv.
PARIDAENS, Cécile, I, iv.
PARIDAENS, Euphrasie, I, iv.
PARIDAENS, Ferdinand, I, iv, vi. — II, 262, 263.
PARIDAENS, Irénée, I, 264.
PARIDAENS, Jean-Baptiste, greffier c. s., I, III.
PARIDAENS, Julie, I, iv. — II, 262.
PARIDAENS, Melchthilde, I, 117. — II, 83, 180.
PARIDAENS, Philippe, I, III.

PARIDAENS, Théodore, I, 264.
PARIS, II, 172.
PARIS(ville), I, 250, 252, 261. — II, 67, 68, 70, 71, 107, 167, 169, 200.
PATERNOSTRE, av., I, 227.
PATERNOSTRE (mademoiselle), I, 234.
PATERNOSTRE, substitut-av. c. s., I, 141, 145, 187, 204, 227, 235. — II, 40.
PATIN (comte de), major au régiment de Murray, I, 198, 199.
PATTE, greffier de Quiévrain, I, 265.
PATOUL (de) DE PETIT-CAMBRAY, I, 241. — II, 152 (n).
PAUWELS, imprimeur à Bruxelles, II, 8, 9.
PEPIN, abbé de Cambron, conseiller d'état de S. M., d. c., I, 203.
PEPIN, Jean-Antoine-Joseph, président c. s., I, 1, 2, 6, 7, 8, 11, 14, 15, 21, 23, 24, 30, 32, 37, 39, 40, 41, 42, 57, 58, 66, 77, 79, 88, 89, 102, 103 ; président, grand bailli de Tournai, 105, 107, 112.
PÉRIN, préposé principal à la caisse provinciale, I, 141, 153.
PETIT, secrétaire c. s., I, 230. — II, 48, 49, 61.
PETIT, L., av., éch., d. t., I, 37, 59, 63, 101, 146, 196.
PETIT-JEAN, membre des États de Namur, I, 262.
PÊTRE, maire de Hal, I, 248.
PEUTEMAN, Jules, II, VIII (n.).
PHILIPPE II, I, 62.
PHILIPPE IV, II, 221.
PIE VI, pape, II, 245, 248.
PINAUX, madame, I, 174.
PINCHART, Al., I, XIII.
PIOT, Ch., I, XIV.
PIRENNE, Henri, I, XIII.
PLISNIER, E.-J., I, 30.

PLUMKETT DE RATHMORE, premier membre du Conseil de Ville, I, 19.
POITOU (régiment de), II, 177.
POLLART, av., secrétaire de l'assemblée générale des représentants du peuple souverain de Hainaut, II, 161.
PORTE-OTTOMANE, voir : TURCS ou TURQUIE.
POTTELBERCQ, colonel des volontaires de Hal, I, 248, 249.
POULLET, P., I, xiv.
PRAET (van), I, xiv.
PRÉ (DU), seigneur de Harbil, av., éch., pensionnaire des États, I, 11, 28, 125, 138 (n.), 185, 186, 199, 211, 214, 216, 221, 225. — II, 12, 45.
PRUD'HOMME, II, 152 (n.).
PRUSSE, voir : FRÉDÉRIC-GUILLAUME III.

QUAREGNON, II, 115.
QUIÉVRAIN, I, 245, 265. — II, 114, 115, 116, 118, 246.

RANÇONNET, c. du Conseil royal, I, 130, 146, 163, 180 190.
RAMAIX (DE), av., I, 194.
RAEPSAET, c. pensionnaire des États de Flandre, I, 186, 223.
RAOUX, Adrien-Philippe, éch., c. c. s., I, 159 ; commissaire de l'intendance, 160 ; 167, 168, 170, 189, 190, 192, 202. — II, 21, 23, 25, 40, 41, 48, 69, 70, 87, 88, 89, 148, 160, 163, 176, 183, 195, 212.
RATISBONNE, I, 63.
RECQ DE PAMBROYE, éch., I, 196, 241.
REIMS (université de), II, 92, 93, 94, 94, 95, 97, 98, 100, 104.
REINCHENBACH, I, 259.

RIDDERBOSCH, J.-B., huissier c. s., II, 49, 55.
ROBAUX D'HANTES (de), prévôt de Beaumont, I, 238.
ROBERTE, Antoine, maire de Roucourt, I, 205.
ROBERTSART (comte de), capitaine de cavalerie, commandant les volontaires, I, 207.
ROCHAMBEAU (de), général au service de France, II, 114.
ROCHE (de la), av., trésorier de la ville, I, 67, 138.—II, 46, 60.
RODOAN DE BOUSSOIT (Charles-Joseph comte de), m. n., I, 42.
RŒULX (le), I, 198, 199, 245.
ROHAN (Ferdinand prince de), archevêque, duc de Cambrai, I, 65, 145, 148, 225. — II, 123, 142, 209, 231, 232, 235, 237, 238, 245, 247.
ROLAND, II, 152 (n.).
ROLAND, commandant la garnison de Landrecies, II, 249.
ROLDUC, II, 182.
RONQUIÈRE (J.-B. de), greffier c. s., II, 70, 123, 150.
ROUCOURT, I, 205 ; curé, voir : LELANGUE ; maire, voir : ROBERTE.
ROUSSELLE, Charles, I, IV (n. 4.), V (n. 1), IX (n. 1).
ROUSSELLE, Hippolyte, II, VIII.
ROUVEROY, II, 252, 255.
ROYER DE WOLDRE (de), c. av.-pensionnaire de la ville, I, 224 ; maire, 272.
RUELLE, II, 152 (n.).
RUREMONDE, II, 177.
RYSWICK, II, 96.

SAINT-AMAND, II, 201.
SAINT-BERNARD, abbaye, I, 144 ; abbé, voir : NEEFS, Benoît.
SAINT-DENIS, abbé, voir : ALAVOINE, Benoît.
SAINT-FRANÇOIS-XAVIER, voir : VERVIERS.

SAINT-FEUILLEN, abbé, voir : DURIEU, Norbert.
SAINT-GHISLAIN, I, 245. — II, 142 ; abbé, voir : LETO ; refuge, voir : MONS.
SAINT-MOULIN (DE), lieutenant-châtelain de Leuze, I, 208, 222, 224.
SAINT-MOULIN (DE), médecin à Leuze, I, 223.
SAINT-NICOLAS-EN-HAVRÉ, voir : MONS.
SAINT-NICOLAS-EN-BERTAIMONT, voir : MONS.
SAINT-STANISLAS, voir : MONS.
SAINT-SYMPHORIEN, II, 261.
SAINT-TROND, I, 181. — II, 181.
SAINTE-ÉLISABETH, voir : MONS.
SAINTE-GUDULE, voir : BRUXELLES.
SAINTE-MÉNÉHOULD, II, 227.
SAINTE-WAUDRU, voir : MONS.
SANDELIN, II, 93.
SARS, II, 164.
SAXE-COBOURG (prince de), maréchal, général en chef des armées impériales, I, 184. — II, 181, 193, 194, 195, 196, 197, 198, 201, 204, 211, 216, 217, 235.
SCAUFLAIRE, I, 30, 120, 121, 122.
SCAUFLAIRE, C.-H.-F., I, 30.
SCHLITTER, H., I, xiv.
SCHOENFELD (baron de), général au service impérial, I, 263, 264, 265.
SEBILLE DE PELOYNE, Ignace-François-Joseph (écuyer), c. c. s., I, 9, 84, 105, 215. — II, 4, 25, 38, 48, 49, 53, 54, 61, 70, 79, 87, 89, 155, 160, 224, 225.
SECKENDORFF (comte de), grand-maître de la Maison du duc Albert de Saxe-Teschen, II, 123.
SECUS, François-Marie-Joseph-Hubert (baron de), II, 183.
SECUS, Procope-François-Xavier (baron de), II, 183.

SÉLIM III, grand sultan de Turquie, II, 88,
SEMLIM, I, 112, (n.).
SENAULT, secrétaire c. s., II, 48, 49, 62.
SENEFFE, I, 95, 96.
SERIGAN (de), I, xiv.
SHLER, officier au service impérial, I, 259.
SIMON, II, 152 (n.).
SIMON, Joseph, abbé de Lobbes, I, 140.
SIRAULT, I, 164.
SIRAULT, av., m. t., I, 215. — II, 87, 88, 89, 211, 212, 213, 214.
SIRAULT (madame), voir : TONDEUR, Henriette.
SIRAULT, I, 164.
SOIGNIES, I, 21, 72, 102, 107, 118, 220; chapitre, 245 ; 255. — II, 83.
SOYER, av., I, 200.
SPLEIN, (régiment d'infanterie hongroise de), II, 194.
SPIEGEL (L.-P.-J. van de), grand pensionnaire, ministre de Hollande, I, 258, 259, 260.
SPIEGEL, (L.-P.-J. van de), I, xiv.
STAES, J., I, xiv.
STAHN, K., I, xiv.
STARENBERG (prince de), gouverneur par intérim des Pays-Bas, I, 57, 58, 203.
STASSART (de), major au service impérial, II, 3.
STRAETEN (Edouard van der), I, xi (n.).
STÖGER, professeur au Séminaire général, I, 225.
SUÈDE (roi de), voir : GUSTAVE III.
STOKEN (van der), av., I, 194. — II, 160, 163.

TALLARD (comte), voir : LIÉNARD.

THIENNES DE LOMBISE (Charles-Ignace-Philippe comte de), m. n., I, 52, 53, 215, 251; c. c., 256, 260, 261. — II, 5, 62, 68, 69, 73, 235.
THIONVILLE, II, 142.
THUIN, II, 250.
THYS, A., I, xiv.
TIMOLA, I, 240.
TIRLEMONT, I, 166, 167, 179, 180. — II, 189.
TONDEUR, II, 152 (n.).
TONDEUR, Henriette, II, 87, 213.
TOURNAI, I, 102, 105, 111, 153, 154, 164, 190, 210, 219, 220, 227. — II, 67, 196, 256, 259, 260.
TRAUTTMANSDORFF (Ferdinand de), comte du Saint-Empire, ministre de Joseph II, I, 43, 83, 86, 87, 88, 91, 92, 94, 108, 109, 110, 123, 126, 160, 163, 180, 184, 193, 206. — II, 206, 243.
TRAUTTMANSDORFF (madame de), I, 184.
TRAUTTMANSDORFF (madame de), chanoinesse du chapitre noble de Sainte-Waudru, I, 108, 109, 110.
TREILLARD, membre de la Convention de France, commissaire près l'armée et dans les pays de la Belgique, de Liége, etc., II, 188.
TRESZENIES, L.-J., I, 30.
TRONCHIENNES, II, vii (n. 3).
TRUFFART, av., II, 160, 163.
TUBIZE, I, 62. — II, 177.
TURCS ou TURQUIE, voir : ACHMET IV et SÉLIM III.

URSEL (duc d'), I, 234.
URSEL (duchesse d'), II, 85.
UTRECHT, II, 219.

VAL-DES-ÉCOLIERS, abbaye, voir : MONS ; abbé, voir : DUCORNET.
VANDERHOOP, H.-J., av., c. du Brabant, I, 80.
VANDERSTADTS, A., I, 30.
VANDERSTADTS, L.-F.-J., I, 30.
VANDEVELDE, L.-C., vice-chancelier impérial, I, 7, 94, 100, 150, 158, 193. — II, 7, 9, 49, 54, 97.
VANLANGHENOVEN, Christine, I, III.
VANLEEMPOEL, I, 260.
VALENCIENNES, I, 41, 257. — II, 58, 183, 187, 217, 218, 224, 225, 235 ; chambre consulaire, 241 ; 246, 264.
VARENNES, II, 70, 71, 73, 227.
VERHAEGEN, P., I, XIV.
VERSAILLES, I, 147.
VERVIERS, II, VII (n.), VIII.
VIELLEUZE (de le), membre du conseil du Gouvernement, I, 14, 15, 16, 19, 27, 94, 98, 130. — II, 13, 14, 63.
VIENNE, I, 51, 55, 56, 58, 64, 65, 66, 67, 101, 123, 125, 126, 128, 130, 142, 146, 148, 150, 155, 170, 182, 203, 233, 237. — II, 1, 5, 10, 19, 20, 39, 60, 61, 62, 63, 64, 86, 219.
VIGNERON, av., c.-pensionnaire, I, 141. — II, 136, 214, 246.
VILAIN XIIII (Charles-Joseph-François vicomte), I, XIV.
VISBECQUE, av., greffier échevinal, II, 163.
VIVARAIS, colonel au service de la république française, commandant la place par intérim, II, 153 (n.).

WALCKIERS, Édouard, président de l'assemblée nationale, à Bruxelles, II, 18.
WARGNY (chevalier de), bailli de Hal, I, 249.
WAUDRU, sainte, voir : MONS.

WAUTERS, Simon, abbé de Parc, I, 127, 174.
WAVRE, I, 142.
WEBER, Armand, II, VII, (n. 1).
WESEMAL DES MAYRIES, (Marie-Magdeleine-Joseph de), I, III, 117, 119, 127. — II, 83, 187, 201, 262.
WEST-FLANDRE, II, 4.
WILDT, H., I, 88.
WILMET, curé de Sainte-Élisabeth, I, 226, 243.
WINS, Alphonse, I, VIII, XIV. — II, VII, IX.
WIRIX, I, 150.
WITDONCK, C., Brabant, II, 90.
WOLFF (de), médecin, I, 178.
WOLFF (Dominique-Antoine de), écuyer, c. c. s., I, IV.
WURMER (hussards autrichiens de), I, 266.
WURTEMBERG (duc de), général au service impérial, II, 181.
WURTEMBERG (prince de), colonel au service impérial, I, 85, 86, 95.
WURTEMBERG (Élisabeth de), archiduchesse, I, 233.
WURTEMBERG (François de), archiduc d'Autriche, I, 233.
WURTEMBERG (régiment de), I, 84, 85, 86, 95.

YPRES, II, 262 ; évêque, voir : ARBERG (comte Charles d').
YTTRE (marquis d'), I, 52.
YVES (Ferdinand-Antoine-Joseph d'), vicomte de Bavay, m. n., I, 52, 202.

ZÉLANDE, II, 220.
ZEISSBERG, H. (von), I, XIV.

CORRECTIONS

TOME I

Page III, 4ᵉ ligne,
 au lieu de : 1762, *lisez :* 1765.

Page XIII, 18ᵉ ligne,
 au lieu de : 4283-4285, *lisez :* 4665.

Page 14, 31ᵉ ligne,
 au lieu de : père, *lisez :* frère.

Pour le surplus, voir le 1ᵉʳ volume.

TOME II

Page 6, 28ᵉ ligne,
 au lieu de : était, *lisez :* étoit.

Page 40, 1ʳᵉ ligne,
 au lieu de : signee, *lisez :* signée.

Page 61, 28ᵉ ligne,
 au lieu de : Demarabix, *lisez :* Demarbaix.

Page 126, (n.), 5ᵉ ligne,
 au lieu de : nous nous, *lisez :* nous.

Page 171, 16ᵉ ligne,
 au lieu de : un un, *lisez :* un.

Page 245, 6ᵉ ligne :
 au lieu de : 2, lisez 12.

Page 251, 10ᵉ ligne,
 au lieu de : dépesitairerie, *lisez :* dépositairerie.

Page 319, 3ᵉ ligne,
 au lieu de : Bathmore, *lisez :* Rathmore.

TABLE DES MATIÈRES

INTRODUCTION I

JOURNAL HISTORIQUE I

TABLE ANALYTIQUE DES FAITS CONTENUS DANS LE SECOND
    VOLUME 265

TABLE ONOMASTIQUE GÉNÉRALE 289

CORRECTIONS 333

PLANCHE

MUSIQUE DE LA ROMANCE SUR LA MORT DE LOUIS XVI . . 169

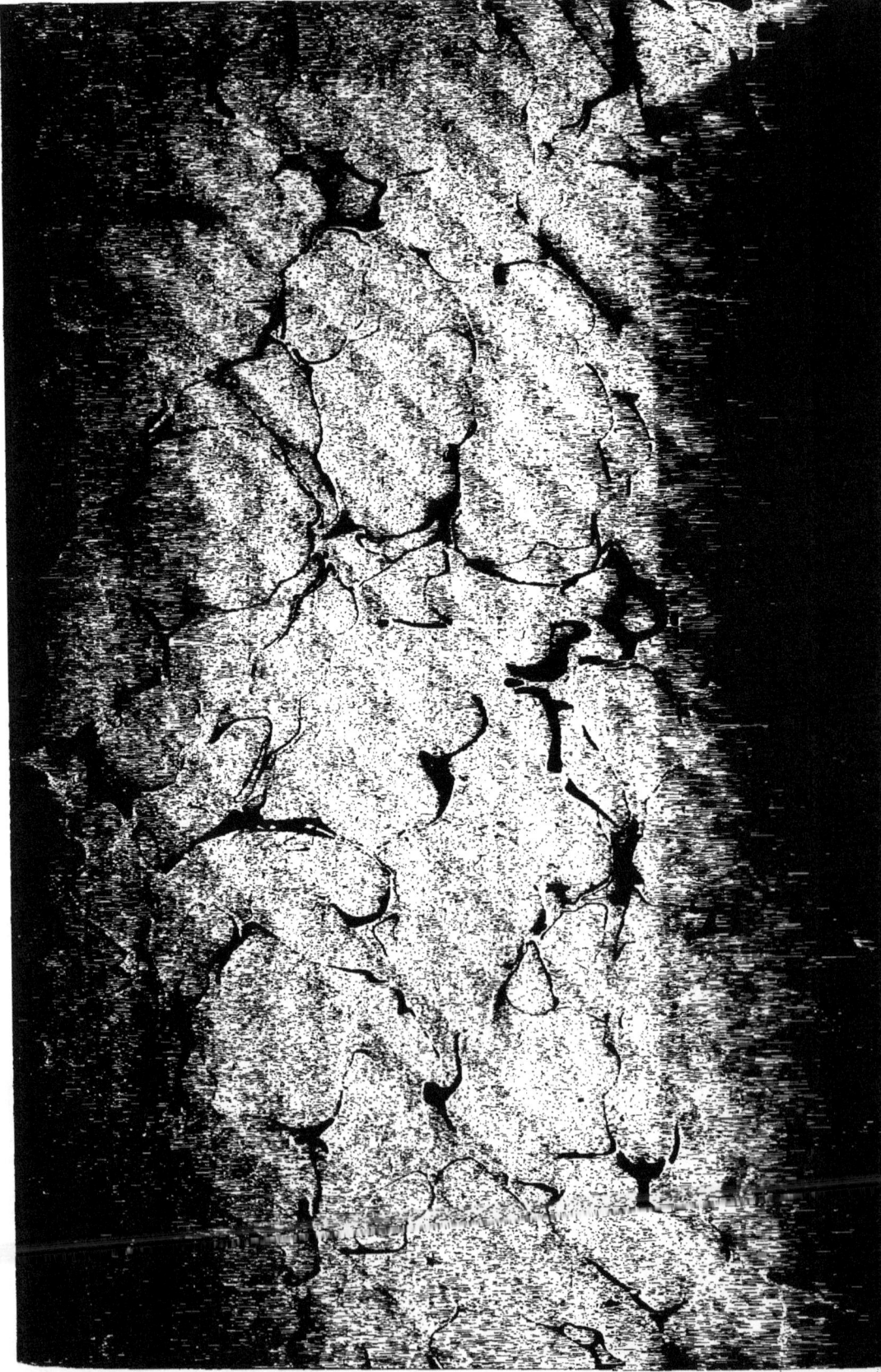

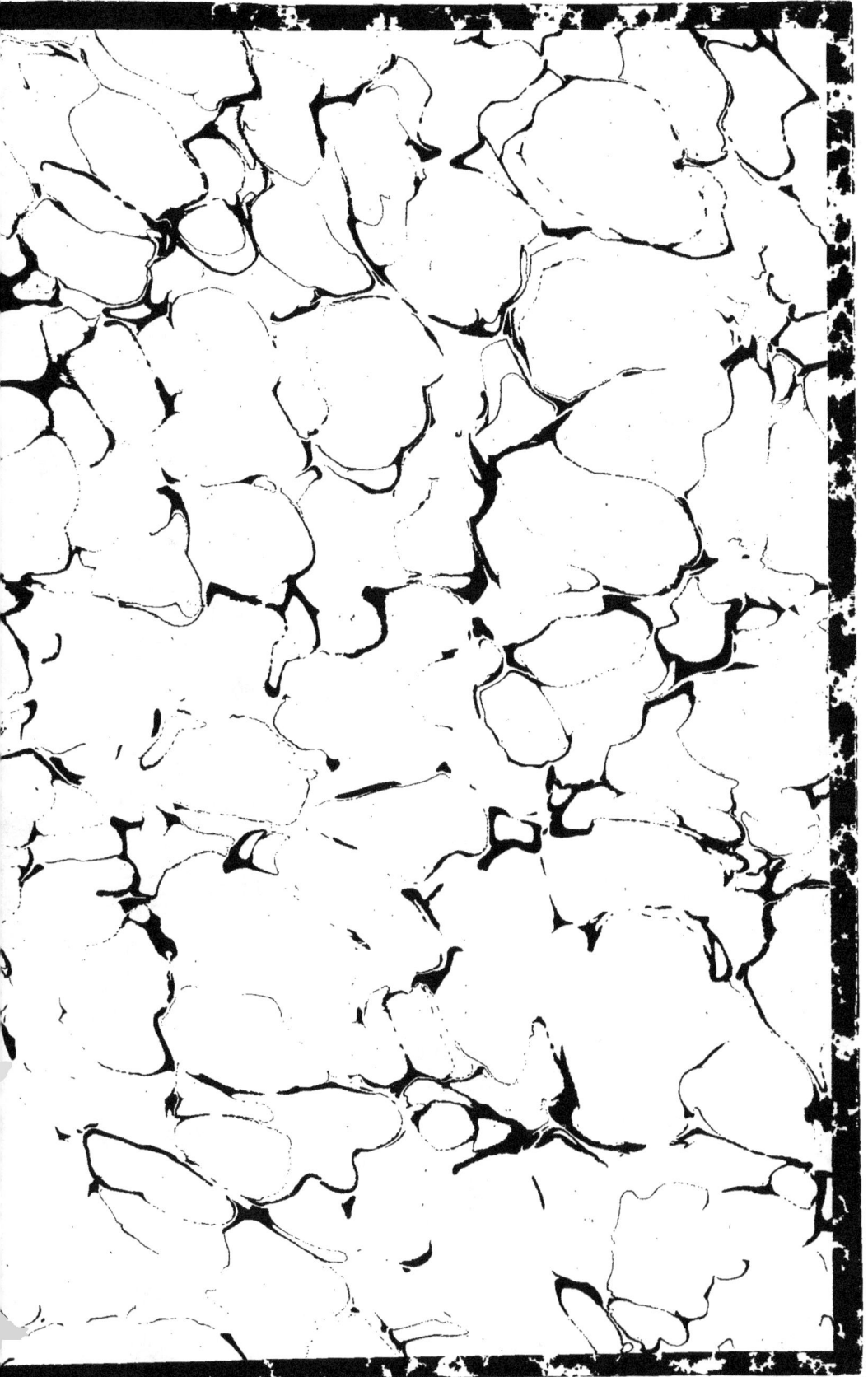

www.ingramcontent.com/pod-product-compliance
Lightning Source LLC
Chambersburg PA
CBHW050258170426
43202CB00011B/1729